genron

ゲンロン叢書｜003

テーマパーク化する地球

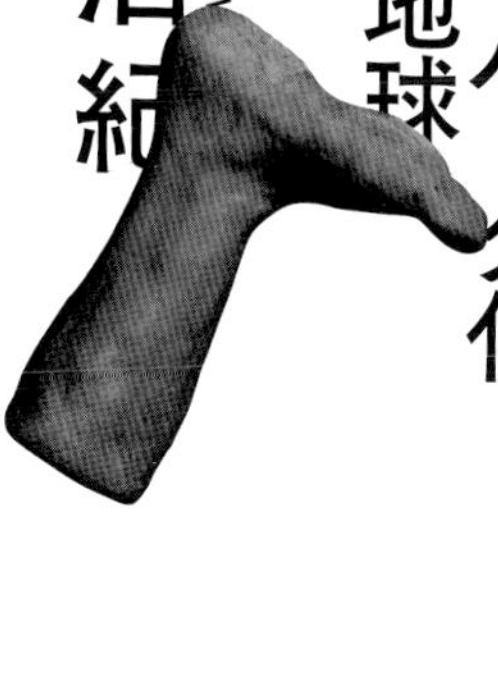

HIROKI AZUM

東浩紀

テーマパーク化する地球　目次

4 誤配たち 279

1 テーマパーク化する地球

テーマパークと慰霊

大連で考える

2019

1

この数年の自分の仕事を振り返ると、『観光客の哲学』の構想に伴奏するように、テーマパークと慰霊というふたつの大きな主題があったことに気づく。ショッピングモールと廃墟といいかえてもいい。

テーマパークあるいはショッピングモールのテーマは、ゲンロンを始めるまえ、ゼロ年代に現れてきたものである。最初に明確に打ち出したのは、二〇〇七年に出版された北田暁大との共著『東京から考える』だろうか。ぼくはそこで、テーマパークやショッピングモールの出現を、公共性の喪失と捉えるのではなく、むしろ新たな公共空間の萌芽と見る可能性を探ろうとしている。この問題意識はゲンロン創業後もいだき続けていて、二〇一一年の『思想地図β』創刊号ではショッピングモールを特集したし、二〇一五年には大山顕と『ショッピングモールから考える』という対談集を刊行している。

　他方で、慰霊や廃墟といったテーマは、ゲンロンの創業後、すなわち震災後に強く意識するようになった。二〇一二年には、「怨霊史観」で知られる梅原猛の著作をあらためて読み返し、『日本2・0』で対談を申し込んだ。二〇一三年には、ダークツーリズムのアイデアを学び、チェルノブイリと福島を訪れた。二〇一六年の『ゲンロン2』では「慰霊の空間」を特集し、第二次大戦の死者をめぐる加藤典洋と高橋哲哉の二〇年前の論争の意味をあらためて考えた。そして昨年秋にはロシアに赴き、旧ソ連が建設した収容所（ラーゲリ）跡を取材している。

　それら慰霊や廃墟をめぐる仕事の背景にあるのは、ぼくたちが生きるこの現実が、生者だけにより作られているのではなく、多くの死者の思いのうえに存在しているという認識である。なにをいまさらと思われるかもしれないが、ゼロ年代のぼくは死者の存在感を十分に理解していなかった。その意識が変わったのは、むろん震災が大きな理由だが、かならずしもそれだけではない。二〇一九年のいま、国内でも世界でも、人々は正義とヘイトに振り回され、現実のあるべきすがたを見失っているように思われる。多くの人々が、過去を穿《ほじく》り返し、現在を犠牲にして対立を深めている。ぼくにはそれは、慰霊、梅原の言葉でいえば「鎮魂」が、世界中で失敗していることの現れだと見える。生者の判断は、生者にとっての合理性だけではなく、死者が残した思いにも規定される。それが非合理的だろうとなんだろうと、そうなるのが人間というものだ。慰霊とは、ほんらい、そこで生者が合理性を回復するためにこそ必要な儀式ではなかったか。

テーマパークと慰霊。このふたつの主題はいかにも対照的だ。前者は明るく、後者は暗い。前者は生をめぐる話で、後者は死をめぐる話だ。そしてイデオロギーの観点からすれば、前者は新自由主義肯定で消費社会礼賛でつまりは保守派の関心にもとづく議論で、後者は人文的で権力批判的で反消費社会的でつまりはリベラル派の関心にもとづく議論のように見える。

けれども、ぼくは、同じひとりの人間がやっているのだから、両者はどこかでつながっているはずだと感じていた。

2

先日、正月休みを利用して、大連に行った。中国遼寧省の遼東半島、かつて関東州と呼ばれた旧日本植民地に位置するあの大連である。

大連は複雑な歴史をもつ街である。一九世紀末まで、この地には小さな村落しかなかった。そこに帝政ロシアが、一八九八年に商業都市の新設を計画した。ロシアは当時不凍港を求めて南下政策をとっており、清から遼東半島を租借していたのである。ところがそのわずか七年後、ロシアは日露戦争で敗れ、半島の租借権を日本に奪われてしまう。そこから一九四五年の終戦まで、大連は日本の都市として発展した。とりわけこの地の発展を支えたのは、戦前の日本政府が満洲進出のため作った特殊会社の南満洲鉄道株式会社、いわゆる「満鉄」である。大連には満鉄の本社が置かれ、都市インフラは満鉄によって整備された。

その複雑な歴史を反映して、大連には豊かな建築遺産が残っている。ロシアの支配は一〇年に満たないものだったが、パリをモデルとした円形広場と放射状の街路を中心とした都市構造は残された。ロシア人が建てた建築も一部は残り、現在は「ロシア風情街」という名で観光客を集めている。引き継いだ日本政府（関東都督府）と満鉄も、国家の威信をかけて先進的な都市建設に努めた。市中心の巨大な円形広場には、妻木頼黄《つまきよりなか》設計の横浜正金銀行大連支店や太田毅設計と考えられる大連ヤマトホテルなどすぐれた洋風建築が集まり、いまは「大連中山広場近代建築群」として史跡に指定されている。現在も現役で使われている大連駅は出発客と到着客を上下分離する斬新な設計で、隣接する商店街は、一階を店舗、二階と三階を住居とした集合住宅を計画的に配置し、映画館や公衆浴場も設けた一種のニュータウンとして設計された。南部に広がる丘陵地帯には、アカシアの並木沿いにレンガ造りの洋風住宅が並ぶ高級住宅街が形成された。こちらも一部は住宅が残り、「日本風情街」として観光地化されている。

今回の取材では、それら建築遺産を訪ね歩いた。といっても、ぼくは建築史の専門家ではないし、中国語も読めない。現地のひとに案内をしてもらったわけでもない。日本語の一般書とネットの投稿だけを頼りにぶらぶらと歩いただけなので、取材よりも観光と呼んだほうがいいかもしれない（取材と観光の境界などほんとうは存在しないのだ、というのがぼくの持論ではあるのだが）。

とはいえ、そんないいかげんな滞在でもひとつだけ気づいたことがあった。それは、大連はテーマパークに似ているということである。

どういうことだろうか。大連はロシアが建設した都市である。ロシアは上海や香港を強く意識しており、引き継いだ日本はそのロシアを意識して街並みを整備した。つまりは大連は、はじめから列強の国威を示すショーケースとして作られた都市だった。土地の風土や住民の生活と関係なく、グローバルな「観客」を意識して作られたその風景が、テーマパークを連想させるのは当然のことである。

けれども、今回気づいたのはそれだけではない。さきほど記したように、ロシアは大連の街路設計にあたってパリをモデルにした。そして建築技師にはドイツ人を招いた。ロシア街に残る代表的建築（東清鉄道汽船会社本社）は、ドイツ風のハーフティンバー様式になっている。つまり、ロシアはかならずしも大連にロシア的な風景や建築を導入したわけではなかった。

同じことは日本についてもいえる。日本は大連に日本家屋を建てたわけではない。日本政府は一九〇五年に大連の管理を引き継ぐと、すぐに民間人向けの建築規則を公布している。当時の大連にはすでに多くの日本人が渡り、木造建築が並び始めていた。規則はその流れを抑えるために定められ、木造建築と小規模レンガ建築を「仮建築」とし、将来的な改築を求めるものだった[1]。その後も大連では細かい建築規制が定められ、それがいまも残る洋風の街並みを作り出している。つまり日本もまた、大連に日本的な都市風景を再現することは避けたのである。ロシアと日本はともに後発の帝国主義国だった。グローバルな「観客」にアピールするためには、両国はまずイギリスやフランスやドイツのような先進国の風景を模倣するほかなかったのだ。

付け加えれば、ここにはもうひとつ入り組んだ関係がある。日本はたしかに大連にヨーロッパ建築の模倣物を多数建設した。しかし、問題はその模倣の対象である。日本が近代化の過程でヨーロッパから建築を学ぼうとしたとき、いまだ近代建築（モダニズム）は誕生しておらず、流行のスタイルは歴史主義だった。歴史主義とは、古典主義やゴシックやルネサンスなど、過去のさまざまな様式の復古運動の総称である。つまり、そこで設計された建築物は、すでにそれ自体が過去の模倣物だった。そして日本の近代建築は、そんな模倣をさらに模倣することから始まることになった。したがって、大連に残された植民地建築もまた、多くが模倣の模倣である。さきに紹介した横浜正金銀行大連支店は三連のバロックドームが特徴で、大連ヤマトホテルはイオニア式オーダーを並べたルネサンス様式だといわれる。けれど、そこで建築家は直接にバロックやルネサンスを模倣していたわけではない。バロックを模倣する同時代のヨーロッパ人を模倣し、ルネサンスを模倣する同時代のヨーロッパ人を模倣していたのだ。

大連はかつて植民地で、その宗主国はロシアと日本だった。にもかかわらず、残る風景はロシア風でも日本風でもない。その「根無し草」感が、大連のテーマパークとしての印象をますます強めている。

そして、以上はけっして、史跡ばかりを見て回ったがゆえの、懐古的な印象というわけでもなかった。ぼくには、その「根無し草」感は、他国の支配から解放され、中国人による中国人のための都市になって七〇年以上を経たいまも、いまだ大連という街のアイデンティティを強く規定しているように感じられたのである。

3

繰り返すが、ぼくは建築の専門家でも中国の専門家でもない。中国語はまったく理解しないし、大連についても、わずか数日間滞在した観光客にすぎない。この文章はそんなぼくの「いいかげんな連想」を記したものでしかない。だからあまり学問的な根拠がある考察と捉えてほしくないのだが、その前提のうえで書き進めるとすれば、ぼくが気づいたのはつぎのようなことだ。

日本ではあまり話題になっていないが、大連の湾岸部には「海昌・東方水城」という名の巨大なテーマパークがある。東京ディズニーランドとほぼ同じ面積（約四〇万平方メートル）の敷地に、ローマのコロッセオやミラノのアーケード（ヴィットリオ・エマヌエレ二世のガレリア）などヨーロッパの有名建築のコピーがずらずらと並び、ヴェネツィアをイメージした水路にゴンドラが浮かぶかと思えば、隣にはバベルの塔が聳《そび》え立つというたいへんキッチュかつポストモダンな空間だ。開発会社は大連を拠点とする新興企業グループ（大連海昌集団）であり、二〇一一年に建設が始まっていまも一部で工事が続いている。入場無料の開かれた公園だ。

ぼくがこの公園を訪れたときは、冬季はそもそもオフシーズンということもあり、ほとんど訪問客がいなかった。日も暮れかけており、色とりどりのイルミネーションで照らされた模倣建築が並ぶ無人の街路は、まるでスケール感がなく、廃墟というよりもゲームのCGのようで、そのなかを歩く体験はじつに非現実的で奇妙な趣があった。しかし、そのなかでもぼくが興味を惹かれたのは、案内板に記された「布鲁日风情街」の文字、すなわち「ブリュージュ風情街」という名称である。この名称はじつに意味深く思われた。

なぜか。ブリュージュ風情街という名称は、海昌・東方水城内に建設された、ベルギーのブリュージュを模倣した街区を意味している。それ自体はいたってふつうの名称だ。にもかかわらずこの名称が本稿の文脈で重要なのは、それが大連の観光地図においては、「ロシア風情街」「日本風情街」と完全に連続した命名になっているからである。前述のように、「ロシア風情街」は、ロシア時代の建造物が残る一角を再整備し、観光客向けに新しく作られた名称である。同じように「日本風情街」は、日本時代の住宅が残る一角を再整備し、観光客向けに新しく作られた名称だ。つまり、ロシア風情街はかつて現実にロシア人が働いた街だし、日本風情街はかつて現実に日本人が住んだ街なのである。他方で、ブリュージュ風情街にはそのような現実はいっさいない。大連の歴史にベルギーはなんの役割も果たしていないし、そもそも海昌・東方水城の敷地はひとむかしまえは海である。にもかかわらず、三者は同じ名前で呼ばれている。

この連続性はなにを意味しているのだろうか。すぐに思いつくのは、中国人は歴史を尊重していない、史跡とテーマパークの区別がついていないという批判である。

じっさいに日本人のブログを漁ると、ロシア風情街と日本風情街については、肝心の史跡保存をあと回しにしたまま、安っぽい観光地を作る再開発でしかなかったとの非難の声を見かける。旅行ガイドにも似たことが書いてある。その批判については、たしかに現地を歩くと肯《うなず》くしかないものがある。どちらの街でも、貴重な歴史的建造物を放置し荒廃に任せる一方、「ロシア風」「日本風」の土産物屋やレストランは野放図に新築されるちぐはぐさが目立つ。二一世紀の大連は、ロシアの史跡も日本の史跡もテーマパークに変えてしまった。だからこそ、一〇年の歴史もない偽物の街区にも、抵抗なく同じ名前をつけてしまったのだろう。

この解釈は、これはこれであたっているにちがいない。けれども、ぼくはもう少し「深読み」したい欲望に駆られる。

というのも、さきほども記したように、ぼくの考えでは、そこで「本物」の「史跡」とされている旧ロシア人街や旧日本人街、それそのものも、見かたによっては最初から偽物であり模倣であり、つまりはテーマパーク的だったといえるはずだからである。ロシア人街に残るロシア建築はじつはロシア風ではないし、日本人街に残る日本建築は日本風ではない。それらはいずれも、ロシアと日本が国家の威信をかけて建設したテーマパーク建築でしかなく、しかも当時は模倣する先の流行も過去の模倣(歴史主義)だった。だとすれば、それらの街区がもつ風景の本質は、いま、中国の新興企業が巨費を投じ、威信をかけて建設しているテーマパークのそれとどれほどちがうことだろう。ロシアも日本も中国も、みな等しくヨーロッパの模倣をしているだけではないか。そしてそれこそが大連の建築史ではないか。じっさい、海昌・東方水城の公式サイトを見てみると、そこには、新設された偽物の洋風建築は今後大連の大きな遺産となるだろうと衒《てら》いもなく記されている[2]。ぼくにはそれは、歴史に鈍感どころか、むしろ逆に、大連という都市の本質についてきわめて正確な、深い洞察にもとづいたもののように読めてしまうのだ。

大連の歴史はテーマパークの歴史でしかない。そこには最初から「風情」しかない。だとすれば、ロシアの史跡も日本の史跡も等しくテーマパークに変えてしまうこと、ロシア風情街と日本風情街とブリュージュ風情街をみな等しく風情街と呼ぶこと、それこそがもっとも正しい歴史の継承であり、正確な命名なのではないか。大連の市民は、無意識のうちにそのことに気づいているのではないか。

ロシア風情街も日本風情街もブリュージュ風情街もみな等しく風情街と呼んでしまうこと、それは、かつての支配者の「業績」に対する、被支配者の子孫たちからの痛烈な一撃であるにちがいない。

もうひとつだけ「いいかげんな連想」を展開してみるとしよう。大連には、終戦時におよそ二〇万人の日本人がいたといわれる。そのなかに、のちに作家となる清岡卓行《たかゆき》がいた。

清岡は一九二二年に大連で生まれ、学生時代に数年を東京で過ごしたあと、ふたたび大連に戻り、現地で終戦を迎えた。帰国したのは三年後の四八年で、五〇年代に詩人として活動を始めるが、六八年の妻の死をきっかけに小説を書き始め、六九年に「アカシヤの大連」で芥川賞を受賞する。受賞作のほかにも、戦前の大連を主題とした小説、詩、エッセイを多数残している。

それら清岡の文章は、フィクションかノンフィクションかを問わず、独特の透明性と静謐さを湛えている。戦後の作家が旧植民地の経験を振り返るときにありがちな、暗く悲惨な光景や生々しい情念の描写はほとんど見られない。たとえば、被支配層である中国人との軋轢や伸長する軍国主義への違和感といった主題はないわけではないが、かぎりなく存在感が薄い。むしろ、清岡が描く大連は、広い並木道にレンガ造りの洋館が並び、大きな球場があり、夏は家族で海水浴に出かけ冬はスケートに興じるような平和で豊かな文化都市で、その描写は、あえていえば、ひとむかしまえの少女マンガの世界にも似た非現実的で夢想的な印象を与えるものである。文学的にはその夢想性はけっして否定すべきものではないが、あの激動の時代に植民地に現実に身を置いていた作家にしては、大連という街の特殊性（ほとんど戦争に巻き込まれなかった）、清岡家が属した階層（父が満鉄の社員でかなり豊かだった）、清岡個人の資質などを考慮するとしても、いささか謎めいていると感じていた。

けれどもその謎が、今回の滞在で少し解けた気がした。清岡が生まれ育ったのは、じつは、まさにいま日本風情街と呼ばれている高級住宅街周辺（南山麓）である。ぼくは、正確な彼の生家の場所はわからないながらも、エッセイの端々を思い起こしながら街路をめぐってみた。

その街並みは、事前にはまったく想像もしなかったことだが、ぼくが少年時代を過ごした多摩田園都市の風景を思い起こさせた。多摩田園都市は、戦後、東京急行電鉄が鉄道新線（東急田園都市線）の建設とともに開発した、神奈川県の川崎市から大和市にわたる広大な地域である。ぼくの両親は、一九八〇年代にその一角の住宅を買い求めた。多摩田園都市の構想は、その名が示すとおり、エベネザー・ハワードが二〇世紀のはじめに『明日の田園都市』で示した都市計画に遡る。もしかしたら、一九一〇年代から二〇年代にかけて整備された南山麓もまた、同じようにハワードの田園都市構想に影響を受けていたのかもしれない。

ぼくは今回、その想像が正しいのかどうか、確認できる文献を探しだすことができなかった[3]。けれども時期的には、それはいかにもありそうなことのように思われる。ハワードの構想は、発表直後にはすでに内務省官僚によって日本に紹介されていたし[4]、大連には、内地ではできない先進的な建築や都市計画を歓迎する風土があった。もしもその想像が正しいのだとすれば、清岡が育った土地とぼくが育った土地は、同じ田園都市の子孫として、兄弟のような、時代のずれを考慮すればおじと甥のような関係にあることになる。

その関係は、大連とテーマパークのつながりについて新たな示唆を与えてくれる。そしてまた、清岡の文学について新たな導きの糸も与えてくれる。ハワードの構想は、デザインだけ見るとテーマパークにたいへんよく似ている。じっさいにウォルト・ディズニーは、フロリダのディズニーワールドを設計するにあたり、ハワードの著作を参照していたことが知られている[5]。だから歴史的には、テーマパークのほうがむしろ田園都市構想に影響を受けたと考えるべきなのかもしれない。いずれにせよ、ハワードの構想はテーマパークに似ていたし、したがってその子どもたちもテーマパークに似ている。ぼくは、多摩田園都市で生活していた一〇代のころ、つねに、まわりの街並みがすべて偽物で、作りもので、舞台のセットであるかのような、小説でいえばフィリップ・K・ディックが好んで描き、映画でいえばピーター・ウィアー監督の『トゥルーマン・ショー』が主題としたような感覚に悩まされていた。しばしば記しているように、その感覚はのちのショッピングモールやテーマパークへの関心につながっている。ぼくは南山麓の住宅地をさまよいながら、もしかしたら清岡もまた同じような非現実感を感じていたのかもしれないと考えた。

テーマパークへのノスタルジー。すなわち虚構へのノスタルジー。清岡の夢想性を生み出していたのは、そんな矛盾した感情だったのではないか。

芥川賞受賞作である「アカシヤの大連」には、大連の並木道に多く植えられ、大連を象徴する樹木とされるアカシアが、正確にはニセアカシアと呼ばれる樹木だと教えられた主人公が、本物のアカシアを見に行く場面がある[6]。主人公は、本物のアカシアよりもニセアカシアのほうが美しいと感じ、これからはそのニセの樹木こそをアカシアと呼ぼうと決意する。清岡が大連にいだく屈折した感情が、このエピソードにはみごとに表現されている。

4

ぼくが今回、大連を訪れたのは、そろそろ満洲について本格的に考え始めたかったからである。大連は旧満洲国の領土ではない。けれども満洲の経営は大連から始まった。だから出発点として大連を選んだ。

満洲に対する関心は、冒頭の二分法でいえば、慰霊あるいは廃墟の主題と深く関係している。最近あるエッセイで記したように［7］、ぼくが虐殺や収容所といった問題一般に関心をいだくようになった、その原点として森村誠一が一九八一年に出版した『悪魔の飽食』という著作がある。ぼくは小学生のころたまたまこの本を手に取り、一読して衝撃を受け、人間の悪に関心をいだくようになった。『悪魔の飽食』は関東軍の戦争犯罪を告発したノンフィクションで、その舞台は満洲である。ぼくの満洲への関心はそこに始まっている。以後長いあいだ、ぼくの仕事と満洲への関心は交わることがなかったが、近代日本の歩みを振り返るたびに、あるいは日中関係や日韓関係の袋小路について考えるたびに、それがどのような内容になるかはわからないなりに、いつかは満洲について書かねばならないという思いだけを強めてきた。

満洲あるいは満洲国の問題は、いまのぼくには、冒頭に記した「慰霊の失敗」の典型のように思われる。満洲国は中国では「偽満洲国」と「偽」をつけて呼ばれ、存在の意味が明確に否定されている。そもそもいまの中国では「満洲」すら地名としては使われておらず、該当する地域は東北地方と呼ばれている。にもかかわらず、日本ではいまだ満洲国時代の東北地方は、どこかロマンが宿る土地として小説やマンガの舞台として健在で、満鉄の高速鉄道や新京（長春）の都市計画など、国家としての先進性を評価する声もあとを絶たない。ひとことでいえば、日本人はいまだ満洲国のユートピアとしての可能性を信じたがっているが、中国人はそんなものはさらさら信じていない。近代史の専門家でないぼくは、そのどちらが正しいか判断することはできない（あるいは専門家のほうが判断はむずかしいかもしれない）。ただそれでも、その落差にこそ、いま日本が中国や韓国とのあいだで抱える困難が凝縮していることはわかる。日本は満洲国の霊を、きちんと慰め追悼することができていない。終戦から七〇年以上を経たいまも、死んだ子の歳を数え続けている。

そこで、ぼくは、満洲国の霊を、すなわち「王道楽土」と「五族協和」のアジア主義の霊を、いまあらたに「慰めなおす」ためになにが必要なのか、それを考えるために東北地方を旅してみたいと考えた。

だからぼくは、ほんとうはこの原稿では、慰霊や廃墟の主題に近い報告を書き記すつもりだった。そしてじっさいにそのような取材も行ってきた。大連現代博物館では旅順大虐殺の展示を見てきた。

大連郊外の旅順では、東郷平八郎と乃木希典が建てた巨大な記念碑を訪れ、日本では伊藤博文を殺したテロリスト、韓国では民族主義の英雄であるところの安重根が処刑された絞首台跡（旅順刑務所跡）を見学した。後者は献花で飾られ、まるで聖人を祀る祭壇のようで、日本と中韓のあいだに広がる歴史認識の差が、世俗的な議論を超え宗教的なものに変わりつつあることを実感した。この気づきについては、いつか書くこともあるかもしれない。

けれども、今回机に向かい、まず書きたいと思ったのは、大連がテーマパークだという気づきについてだった。満洲国の霊を探しに行ったら、そこにはテーマパークが広がっていた。ぼくはいま、その意味について考えている。

［注］

1 西澤泰彦『図説　大連都市物語』、河出書房新社、一九九九年、四〇頁以下。なお、植民地時代の大連、とりわけ建築についての本稿の記述は、本箇所以外にも多くをこの著作に拠っている。記して感謝したい。

2 URL=http://www.eastmontage.com/index.html　読解にあたってはグーグル翻訳を利用したので、参照などする場合は注意されたい。

3 ただし、第一次大戦後の大連の住宅開発において、「田園都市」という表現が使われていたことは確認できた。水内俊雄「植民地都市大連の都市形成　１８９９～１９４５年」、『人文地理』第三七巻第五号、人文地理学会、一九八五年。URL=https://www.jstage.jst.go.jp/article/jjhg1948/37/5/37_5_438/_article/-char/ja/

4 東秀紀、風見正三、橘裕子、村上暁信『「明日の田園都市」への誘い』、彰国社、二〇〇一年、一九五頁以下。

5 ニール・ゲイブラー『創造の狂気　ウォルト・ディズニー』、中谷和男訳、ダイヤモンド社、二〇〇七年、五六六頁。なお該当ページには、ディズニーがディズニーワールド（正確にはそのなかのトゥモローランド）の建設にあたり参照していた文献として、ハワードと並びヴィクター・グルーエンの著作が挙げられている。グルーエンは、ショッピングモールの生みの親とされる建築家である。

6　清岡卓行『アカシヤの大連』、講談社文芸文庫、一九八八年、一一五頁。
7　東浩紀「悪と記念碑の問題」、『新潮』二〇一九年一月号。

テーマパーク化する地球

2012−2013

1　2012年2月　東京

ここ数年、ぼくの頭の片隅をいつも占めているキーワードは「ツーリズム」である。つまり観光だ。

観光についてとくに本を読んだわけではない。そもそも、本質的な着想はあまり書物からはやってこない。たとえば『一般意志2・0』の骨格にある「ひきこもりの作る社会秩序」という着想は、ルソーから来たものではなく（ルソーを読むだけではあの解釈を導くのはむずかしいだろう）、むしろ『動物化するポストモダン』出版以後の雑多な経験にもとづいている。理論はつねに経験のあとにやってくる。

それでは、なぜツーリズムなのか。ひとことでいえば、それは、ぼくがこの数年、子連れで海外旅行を繰り返しているからである。

娘が産まれるまで、ぼくはホテルやリゾートに興味をいだいたことがなかった。旅行といえば遺跡めぐりや美術館めぐりが基本で、ホテルは寝ることができればいいぐらいにしか考えていなかった。ぼくの大学時代はまだバックパッカーが憧れをもって見られていたので、その影響もあったのかもしれない。

けれども、娘ができてからはそうはいかなくなった。幼い子どもを連れ、快適かつ安全に旅行を楽しみたいとなると、必然的に滞在先はかぎられてくる。ルームサービスやランドリーサービスなど、かつては無駄な贅沢品にしか思えなかったサービスが必要に思えてくるし、ホテルにプールがあれば子どもは喜ぶと考えるようになる。というわけで、娘が産まれて半年後、二〇〇六年の正月にハワイ島のシェラトン・ケアウホウ・ベイに一週間ほど滞在したのを皮切りに、ぼくは休暇先を探すため、なかば趣味で、なかば必要に迫られて国内外のリゾート情報を集めるようになった。つまりはぼくは、たんなるいち消費者として、ホテルやリゾートに関心をいだき始めたのである。

けれども、調べ始めると、たちまち現象のおもしろさに取り憑かれるようになった。というのも、そこには、まさにトーマス・フリードマンのいう「フラット化する世界」の問題が典型的に現れていたからである。

現代世界はかつてなくフラットになりつつある。世界のどこでも同じ仕事ができ、同じ生活ができる、そのようなインフラが整いつつある。先進国と新興国の経済格差は——それは各国内の格差拡大を引き替えにしてではあり、そのことはけっして忘れてはならないのだが――、急速に縮まりつつある。ぼくたちはいまや、世界のどこに行っても、同じような服を身につけ、同じような音楽を聞き、同じような映画を見、同じような欲望に駆動されている等質の「消費者」に出会うようになっている。読者の多くは『思想地図β』創刊号の巻頭言をお読みだろう。シンガポールのホテルで出会った、クロックスを履いた少年を連れた中国人一家。彼らは貧しくはない。しかし富裕層というほどのものでもない（そうだったらぼくと一緒のホテルに泊まったりしていない）。フラット化するいまの世界経済は、彼らのような新しい「グローバル・アッパーミドル層」の欲望を一気に解き放っている。

そしていま観光は、まさにその受け皿として大きな変化を遂げ始めている。カタログを取り寄せウェブを巡回していると、二一世紀の観光産業が、文字どおり世界中の土地を観光地に変えようと、おそろしく貪欲に動いていることがわかる。たとえばみなさんは、オマーンに多くのリゾートがあることや、ナミビアで気軽にサファリが楽しめることや、砕氷船で北極点に行くツアーが催されていることを知っていただろうか。ぼくは知らなかった。そしてそのような事実に、感銘に近い感覚を覚えている。ぼくたちはいまや、つい数十年前までは命を落とす覚悟でしか赴けなかったような場所に、あるていどの金さえ出せばいともたやすく行ける時代に生きている。

ツーリズムのフラットな視線が引き起こすその変化を、地球のテーマパーク化とでも呼んでみよう。そう、ぼくたちはいま、地球全体がテーマパーク化しつつある時代に生きているのだ。

日本では、この数十年世のなかはたいして変わらなかったし、これからも変わることがないという言説が力をもっている。じっさい、国内に目を向けているとそう感じられる。けれども現実には、いま「世界」のイメージは観光の力で大きく変わりつつあるのだ。『一般意志2・0』のつぎは、そのような新しい世界に対応した、新しいスタイルの社会思想を提案したいと考えている。

2　2012年3月　カリブ海

二月末から三月のあたまにかけて、七泊八日のクルーズに参加した。舞台はカリブ海である。

ぼくが乗船したのは、ロイヤル・カリビアン・インターナショナル社のアリュール・オブ・ザ・シーズという船である。世界最大の大型客船で、総トン数二二万五〇〇〇トン、乗船可能な旅客は六〇〇〇人以上、全長は四〇〇メートル近い。数字を並べてもいまひとつピンと来ないかもしれないが、大型ホテルが海上を移動していると想像すればだいたいまちがいない。ぼくが参加したのは、アメリカ・フロリダ州のフォートローダーデールを出航し、ハイチ（イスパニョーラ島）のラバディ、ジャマイカのファルマス、メキシコ（ユカタン半島）のコスメルに寄港して、ふたたびフロリダに戻るクルーズだ。

なぜクルーズに参加したかといえば、単純に豪華客船の画像や動画を見て行きたくなったからである。加えて、娘もこの春から小学校にあがり、好き勝手に休むわけにいかなくなるので、いまのうちに派手な旅行をしておこうという考えもあった。というわけで、これは取材でもなんでもない、私的な休暇でしかなかった。けれどもそれが意外にも、この連載の主題と深く関係する経験だったのである。

ぼくがこの旅で興味を覚えたのは、現代のクルーズが提供しているのが、たんなる船旅ではない、まさに「動くテーマパークとしての船」であり、「世界をテーマパーク化する視線」だということに対してである。

どういうことだろうか。日本ではクルーズというと、引退した金持ちの老人向けの娯楽という印象が強い。じっさい、郵船クルーズが運航する豪華客船「飛鳥Ⅱ」のパンフレットを覗くと、目の玉の飛び出るような料金と高齢者に照準をあてた船内プログラムが記載されている。テーマパークの印象からはほど遠い。

けれども、ぼくが乗ったロイヤル・カリビアン社のビジネスモデルは、そのようないわゆる「豪華客船」と異なっていた。それはまず、料金面ではるかに庶民的であり（詳しくは後述する）、そしてまた、内装やプログラムにおいてもはるかにポップカルチャー寄りだったのである。

写真を二枚見てもらおう。**写真1**は、船の中心に設置された、ショッピング・アーケード「ロイヤル・プロムナード」の光景である。

ロイヤル・プロムナードはかなり大きい。歩いた感覚では、東京近郊の有名なショッピングモール、ラゾーナ川崎プラザの半分ぐらいの長さがある。見てのとおり、入居する店舗のファサードやサインのデザインはじつにポップで、ディズニーランドかユニバーサル・スタジオかといった印象だ。じっさい、ロイヤル・カリビアン社はエンターテインメント企業のドリームワークスと業務提携をしているようで、プロムナードや食堂には毎晩のように『シュレック』や『マダガスカル』の着ぐるみが現れ、パレードも催される。このアーケードのほか、船内には劇場や映画館、メリーゴーラウンドやスケートリンクも用意されており、家族客向けの娯楽施設がたいへん充実している。つまり、船内は文字どおりテーマパークに似せて設計されているのだ。カリブ海航路では、このほか本家のディズニーが運航するクルーズも開設されている。

そしてそのようなテーマパーク化への情熱は、船内だけではなく船外にも向けられている。**写真2**は、クルーズの最初の寄港地、ハイチのラバディィの光景である。建物といい標識といい、これまたディズニーランドと見まごうばかりだ。

このラバディィはきわめて印象的な寄港地だった。この土地はどうやら、ロイヤル・カリビアン社が半島ごと借り受け、人工的に整備したプライベートビーチのようで、現地の生活とはなんの関係もない。もともと港や村があったわけでもなく、地名の綴りはアメリカ人が発音しやすいように変えられている。クルーズ客は、一〇時間弱の滞在のあいだ、近隣の島へのツアーに参加するひとを除いては、けっしてその囲われた土地から出ることがない。そして、海水浴やジップラインなどを楽しむこ

1
Sorrento's

2
TOWN SQUARE
COLUMBUS COVE
OCEANVIEW SPA
DRAGON'S LOOKOUT

著者撮影

となっているのだ。

ハイチは西半球でもっとも貧しい国のひとつである。二年前にはマグニチュード七の巨大地震が襲った。けれども、クルーズ客のほとんどはそんな現実にまったく気づくことがないだろう。それどころか、そもそもそこがハイチであることにすら気づかないかもしれない。ラバディへの上陸はハイチへの入国のはずだが、船を下りるには船室のカードキーさえあればよく、パスポートの提示は求められない(驚くべきことにこの上陸方法はジャマイカでもメキシコでも同じだった――なぜそんな特例が可能なのか、いつか調べてみたいと思う)。ビーチにいるスタッフはみな英語を話し、店ではドルをあたりまえのように受け取る。いや、それどころか、ハイチの現行通貨は、ここでは土産物としてドルで売られているのである。

そのようなラバディの真っ青な海に身を浸し、椰子の林のうえに聳《そび》える巨大な船影を眺めるのは、なんというか、じつにくらくらとする体験だった。ラバディの豊かな自然はたしかに本物なのだが、その光景はディズニーランドよりもはるかに虚構的だったからである。リアルの素材で作られたヴァーチャル・リアリティといえば、その倒錯が伝わるだろうか。

大型客船によるクルーズは、じつにテーマパークに近い娯楽になっていた。ものの本によると、ロイヤル・カリビアン社がカリブ海に進出し、カジュアル路線のクルーズをつくりだしたのは一九七〇年代のことらしい。その成功を受けて、アメリカのクルーズ人口は八〇年代に急増した。それはまさに、建築界でラスベガスやディズニーランドが注目され、ハイパーリアリティやポストモダニティが議論されていた時期にあたるが、両者の関係についてはまだ調べきれていない。いずれにせよ、ヨーロッパで生まれ、しばしば特権階級の象徴のように語られる豪華客船の旅は、すでに今世紀に入るまえに、アメリカによってすっかり脱構築されポストモダン化されていたのである。

ところで、読者によっては、ここまでの文章を読み、そのような嘘に満ちた旅には興味をもてないと感じたかたもいるかもしれない。たしかにこのクルーズでは、寄港地の現実に出会うことはない。そこにあるのは「嘘」だけだ。

けれども、それを認めたうえで、ぼくは、現実とはなにか、嘘とはなにかを考えてみたいと思う。テーマパークはたしかに嘘に満ちている。しかし、そこにも、人々がテーマパークという嘘を欲しているという現実はある。

これはけっして言葉遊びではない。なるほどたしかに、このクルーズでぼくがハイチやジャマイカのポストコロニアルな現実に触れたかといえば、あきらかに否だ。そこには嘘しかなかった。しかしかわりに、「動くテーマパーク」というこの奇妙な娯楽を生み出したアメリカ社会の現実には、ぼくはたしかに触れたように思う。そしてその現実はけっして、クルーズなんて幼稚な娯楽だ、しょせんは子どもだましだといったクリシェで批判できるものではなかった。アメリカのいいところと悪いところ、自由や民主主義の理念と快楽や経済合理性の追求は複雑に絡みあっている。ぼくはクルーズで、その絡みあいこそを目のあたりにした。

たとえば、クルーズのテーマパーク化はある意味で「公共化」でもある。クルーズが公共的であるとはどういう意味だと思われるかもしれないが、さきほども記したように、じつはこのクルーズの乗船料金はかなり安い。季節や予約状況によって異なるだろうが、最安値の船室に滞在する場合、七泊八日三食つきでひとり一〇万円を切る。むろん高額の船室も用意されているし、寄港地での有料ツアーやルームサービス、予約制の高級レストラン、カジノなど、使おうと思えばかなりの金額が使えるが、それにしてもたいした金額ではない。

したがって、クルーズの利用者は金持ちばかりではない。だからこそうちの家族も乗船できた。年齢も国籍もばらけている。二〇代のカップルもいれば、幼児を抱えた親子連れもいて、むろん年金生活者らしき高齢者もいる。英語を話すひともいれば話さないひともいる。船内にはちょっとした保育園並みの（むしろ日本の標準からすればその何倍もの大きさの）託児施設が用意され、エクスカーションやディナーに夫婦だけで参加することを可能にしている。子育てでストレスが溜まった夫婦にとっては、絶好の気晴らしになるだろう。さらに印象に残ったのが、船旅ということで身体への負担が小さいのだろう、障害者の乗客がじつに多く、またサポートもかなりしっかりしていたことである。知能に障害を抱えた子どもも目立った。

テーマパーク化は、このような開放性と表裏の関係にある。幼児や高齢者や障害者といった社会的弱者が安心して船旅を楽しめるのは、このクルーズが徹底して「嘘」で守られているからである。かりにハイチやジャマイカに下り立ち、貧困や自然破壊を見学するような特殊なクルーズがあったとしても、彼らはそもそもその「現実」にはけっして触れることができないだろう。彼らにとっては、そのような不可能性こそが現実なのであり、だから嘘が必要なのである。

ぼくとしては、今回のクルーズでもっとも興味を惹かれたのは、この後者のほうの現実だった。なるほど、ラバディはたしかに不気味なほどに嘘くさい場所で、そこにはいっさいハイチの現実はなかった。けれども、そこで笑顔で休暇を楽しんでいる幼児や高齢者や障害者は、それはそれでたしかに現実だった。そして、日本であれば、彼らのような社会的弱者を抱えた家族は旅行に出ることすらむずかしいことを思えば(日本の少子化の最大の原因は結局のところそれではなかろうか——子どもができたら、少なくとも一〇年は夫婦で外食も行けないし酒も飲めないしコンサートにも行けない、そんな国でだれが子どもをつくろうと思うだろう)、このようなサービスが安価で提供されていることの「公共的機能」はけっして否定できない。アメリカに批判的な論者は、社会の一方の極と他方の極の格差を、すなわち富裕層の豪奢と貧困層の悲惨の対比ばかりを強調する。けれどもあの国の最大の魅力は、そのあいだの中間的な存在=大衆に与えられる「快楽」の、その物量の圧倒的な豊かさにあるのであり、そしてそれはそれでひとつの「理念」なのではないだろうか?

カリブ海を行く洋上テーマパークに公共性を見る。このような発想が学問的に批判されるものであることは十分承知している。けれど、ぼくはそこにこそ、二一世紀の社会思想の可能性を感じている。

3　2012年3月　サイパン

先日、『思想地図β』第三号巻頭のグラビア撮影のため、サイパンに行ってきた。秋葉原で活躍する二人の起業家、MAGES.代表取締役の志倉千代丸氏とモエ・ジャパン代表取締役の福嶋麻衣子氏（もふくちゃん）にサイパンまでご足労いただき、座談会を収録するとともに、梅沢和木氏のディレクションのもと、アートグラビアを撮影したのである。

今回のグラビア、最初に決まったコンセプトは「豊かだった日本が廃墟になってしまった、そんな未来からいまの日本を考える」というものだった。そこから関係者のブレインストーミングを経て、未来の東京が地球温暖化の影響で海に沈み、リゾートを思わせる砂浜にアキバ文化の残骸が遺跡として残されているという物語が紡ぎ出された。そういうわけで南国で撮影することだけは決まったのだが、なぜサイパンなのかといえば、正直にいえば、当初はその選択に深い意味を感じていなかった。サイパンといえば一九八〇年代のアイドルグラビアの聖地で、そして八〇年代のアイドルといえば「豊かで平和だった日本」の象徴だからそこでいま撮影すると皮肉が利いておもしろいんじゃないか、ぐらいのことしか考えていなかったのだ。

ところがこれが、現地に行ってみると、予想外に正しい選択だったことがあきらかになった。というのも、サイパンは、グローバル化に取り残されて貧しくなった日本のすがたを、戯画的なまでに体現する場所だったからだ。

ぼくも行くまで知らなかったのだが、サイパンはいま不況に喘いでいる。原因はいくつかあるらしいが、おもな要因は観光産業の衰退、とくに日本人観光客の減少だ。

サイパンは東京から四時間の距離にある。熱帯のリゾートとしてはきわめて近く、一時は多くの日本人観光客で賑わっていた。しかしいまとなっては、グローバルチェーンのホテルが立ち並ぶ東南アジアのリゾート地に比べ、設備面でもサービス面でも見劣る二流の観光地になってしまった。じっさい、今回滞在して感じたのは、街の風景にしろホテルのたたずまいにしろ、じつに「田舎くさい」、それも日本の地方の観光地のように田舎くさいという印象である。かつて日本人観光客向けの設備が充実し、日本の観光地に似ていたからこそだろうが、そこにはもはや異国のエキゾチズムのかけらもなく、寂れた昭和の温泉街を見ているかのような痛ましさだけがあった。新たな客を呼ぶのはむずかしいにちがいない。

現地在住のコーディネーターの話によると、日本航空が二〇〇五年に定期便の就航を停止したことが、日本人のサイパン離れを決定づけたらしい。サイパンは東京にもっとも近い外国の熱帯リゾートだが、それ以来、日本の航空会社の定期便は一本も飛んでいない。日本航空はバブル期の一九八八年にホテル・ニッコー・サイパンをオープンしたが、いまでは閉鎖され、巨大な廃墟になっている（最近韓国企業に買収されたとの報道が出た)。ホテルの隣にはショッピングモール「ラ・フィエスタ・サン・ロケ」があり、かつてはサイパンでもっとも栄えたアーケードだったらしい。それもまたいまでは雑草に覆われ、見るかげもない。日本各地で見られるバブル期のリゾート施設の廃墟が、ここサイパンにも同じように存在している。

サイパン政府は、このような苦境にどう対応しているのか。話を聞いていくと、そこでもまた日本の地方を連想させる、もの悲しい現実があきらかになってくる。

サイパンはアメリカの一部だが、州に属さない。北マリアナ諸島自治連邦区と呼ばれる行政区域に属し、アメリカ合衆国の自治領(コモンウェルス)という位置づけになっている。同じ太平洋の島でも、グアムは準州だし、パラオやミクロネシアはアメリカと「自由連合盟約」を結んでいる独立国なので、サイパンはそのいずれとも異なっている。北マリアナ諸島は外交と防衛を除いた自治権を与えられ、首都をサイパンにおき、行政はおもに先住民族のチャモロ人が担っている。

ところがどうやら、この自治領という位置づけが問題らしいのだ。サイパン経済は、長いあいだ中央からの補助金と外国資本によるあぶく銭——観光業に加えてむかしは繊維業も盛んだった——に依存し続けており、いまさら自立はむずかしいのだという。観光を立てなおすといっても、いままでずっとホテル経営は外国人が担ってきたので、現地の資本では動かない。先住民族特有の血縁重視文化が、公共投資を麻痺させてもいる。さらに最近では、アメリカ本国におけるセキュリティ強化の影響で、これまで店員や運転手などの単純労働を担っていた外国人、とりわけ中東系の労働者の受け入れがむずかしくなりつつあるという。かつてサイパンでの入国審査は本国に比べて寛容で、それが経済の発展にも貢献していた。ところがいまでは、サイパンはテロリストがアメリカに侵入するための裏口のひとつと見なされ、入国審査も本国国土安全保障省の管理のもとで厳密になされるようになった。じっさいに今回のロケでも、ゲンロンの社員が入国審査で数時間拘束されるというトラブルが起きた。

サイパンは戦後長いあいだ、中央と外資が金を落とし、住民がそれに寄生することで生きてきた島だった。いまやその構造が崩壊し、経済的自立を求められているが、住民にはその実力も気概もない。どこかで聞いたような話ではないだろうか。二年ほどまえ（二〇一〇年）の民主党政権時、社民党と国民新党の議員がサイパンを訪問し、同地のテニアン島の名が普天間基地の移設候補地として浮上したことがあった。あの背景には、もはや基地誘致でしか地元経済を支えられないという事情があったらしい。つまりサイパンは、沖縄や原発とひとつながりの問題を抱えた土地なのである。

ぼくたちはふだん、日本の問題を日本のなかからしか考えない。けれども、観光のグローバル化に追い越され、打ち棄てられたショッピングモールが廃墟と化しているサイパンは、日本の地方観光地のひとつの未来を残酷に突きつけているように思われた。

4　2012年8月　インド

この夏、一〇日ほどインドに行った。またもや休暇である。家族旅行である。家族旅行だから、コルカタの雑踏に揉まれて自分探しをしたわけでもないし、ガンジスに浸かって生死について考えたりしたわけでもない。デリー、アグラ、ジャイプルの三つの都市をまわり、世界遺産を見て、ホテルのプールサイドでのんびり身体を休める、そんな堕落した旅だ。

インドという地名は独特の響きをもっている。日本では最近はバックパッカーは流行らなくなった。けれども『地球の歩き方』のインド編はいまでも、ホテルは予約するな、まずは街のなかにひとり降り立ち、片言のヒンディー語で会話するところから始めようといった、なかなかラディカルなアドバイスを掲載している（子どもや高齢者や障害者はどうするのだろう——彼らがインドに行くことは想定されていないのだろうか）。「インド」「旅行」で検索して出てくるブログも、南インドを二ヶ月かけてバイクでまわっていますとか、タイから空路でインドに入ったのだけどムンバイとコルカタをまちがえてたいへんな目にあったとか、ほかの地域の旅行記とは一線を画す内容が多い。インドはいまだに「自分探しの聖地」であり、インドへの旅は、清潔さと快適さに包まれた消費社会日本の日常を捨て、裸一貫で異世界に足を踏み出す通過儀礼でなければならないようだ。

したがって、今回のぼくの旅行は、そのような立場からすればまったくもって「正しくない」ものであることになるだろう。そもそも、半年にいちど、家族を連れての海外旅行は、趣味らしい趣味がない（というより趣味を仕事にしてしまった）ぼくにとって、ほぼ唯一の「なにも仕事につながらない時間」である。だから、旅行中はなにもむずかしいことを考えたくない。滞在先も快適さ重視で選ぶ。ちなみに、今回ぼくが宿泊したのは、三都市いずれもオベロイ。オベロイは、タージと並ぶインドを代表する民族資本系高級ホテルチェーンで、値段もそこそこ高い。そのかわりに、片言のヒンディー語で交渉する必要もないし、食中毒や感染症の心配をすることもない。

そんなわけで、旅行そのものについては、タージマハルはすごいとかムガール帝国はすごいとかいった、じつにありきたりな感想しかなく、特筆すべき洞察はない。繰り返すが、ぼくはものを考えないために休暇を取っている。「発見」などあるわけがないのだ。

けれども、それならば旅などしなくてよいではないか、東京の自宅でゲームでもしていればいいではないかといわれれば、それはちがうのだ。

最近はスマートフォンが普及し、海外でもネットに接続できるプランが一般化している。ホテルも無線LANが完備しており、休暇中ということで暇だけはある。となれば、ひとり早朝に目が覚めてしまったときや、あるいは昼下がりのプールサイドで泳ぐのに飽きて時間をもて余したとき、活字好きのインドア派のすることはだいたい決まっている。ネットの巡回である。

せっかくインドにいるのにホテルに引きこもってネットかよ、と嘲笑する読者もいるかもしれない。しかし、ことはそう単純ではない。

たしかにネットそのものに国境はない。日本にいようがインドにいようが、同じサイトに同じようにアクセスすることができる。けれども、アクセスするぼくたちの身体そのものは、当然のことながら日本とインドとでは大きく異なる環境下にある。そしてその差異は、ネットのブラウジングにおいても、どのリンクをクリックするか、どんな言葉を検索ボックスに打ち込むか、挙措のひとつひとつに影響を与えていく。プールサイドでネットするだけなのであれば、東京でもインドでも同じだと思うとしたら、それは大まちがいだ。現実にはひとは、インドに行くだけで、日本ではけっして検索しない言葉を検索し、けっして読まないサイトを読んでしまうものなのである。

たとえばぼくは今回の旅行で、南インドにケーララ州というじつに興味深い地域があることを知った。ケーララ州は、インド半島の南端、アラビア海に面した人口三〇〇〇万人ほどの州で、伝統的に共産党が強い。マラヤーラム語というあまり知られていない言語が公用語だが、識字率はインドでもっとも高い。平均寿命もインドでもっとも長く、幼児死亡率も先進国並みに低く、共産党政権の成功例として知られている。ビーチリゾートとして名高いほか、近年では情報産業に力を入れており、リチャード・ストールマンと提携してフリーソフトの導入を図るなど、じつに先進的な政策を進めている。さらに関心を惹かれるのが、このケーララ州、海岸の特殊な岩石帯のおかげで世界有数の高自然放射線地域で、いまの福島市や郡山市に近い年間放射線量のもとで多くの人々が暮らしているというのだ。

観光、情報産業、放射能、共産党。こんなにぼくが関心を寄せるキーワードが集まった土地もめずらしく、いつかぜひこのケーララを訪れたいと思ったが、ここで重要なのは、そもそもいま記したような情報は日本語でも簡単に集められるということだ。それらはけっして、インドだから手に入るような情報ではないのである。

にもかかわらず、ぼくはいままで、この土地について完全に無知だった。日本で生活するぼくには、それらの情報へのリンクをクリックする機会はなかったし、「ケーララ」という文字列を検索する動機もなかったからである。いいかえればぼくは、はるばるインドまで出向いて、はじめて「ケーララ」という検索語を手に入れることができたのだ。


これは皮肉な話だが、けれども、地球全体がフラットになり、テーマパーク化しつつあるこの時代において、「旅」の役割を新しいかたちで再定義するきっかけになるのではないかと思う。世界は狭くなった。旅をしても新しい情報は手に入らなくなった。けれども情報は、いくら体系化され公開されていても、それを探し出す欲望がなければ存在しないに等しい。その点ではぼくたちはいまや、情報の不足というより、むしろ情報への欲望の不足に悩まされている。

ぼくたちはたしかに、自宅から一歩も出なくても、世界中の情報にアクセスすることができる。けれども、そこでなにを探すべきなのかはいっこうにわからない。ケーララ州の情報は万人に公開されているが、それを検索すべきだとはだれも教えてくれない。だからぼくたちは旅に出る。そして旅先で、故郷では思いつくことがなかった、新たな検索語を探す。自分のなかの隠された欲望を探す。

かつて寺山修司は「書を捨てよ、町へ出よう」と記した。それにならっていえば、これからの時代の公理はつぎのようになるのかもしれない。

——ネットするために、旅に出よ!

5 2012年10月 台湾

一〇月のはじめに台湾を訪れた。台北の出版社より『動物化するポストモダン』の中国語訳(繁体字)が出版されたからである。二泊三日の短期出張ながら、国立交通大学と台湾大学での講演、「台湾御宅文化交流協会」のセッションへの参加、ほか『ゲーム的リアリズムの誕生』を翻訳する予定のべつの出版社との会食など、なかなか慌ただしいスケジュールだった。

台湾訪問ははじめてではない。四度目である。一九九〇年代の初頭、まだ学部生のころに友人と台湾を縦断したのが一度目、二度目は妻とふたりで週末に台湾料理を食べに、三度目は三年前の『クォンタム・ファミリーズ』の出版直後で、マイレージが貯まったので家族で訪れたのだが、このときは妻子がともに高熱で倒れたうえに、ツイッターに新著を揶揄するアンチアカウントが現れて対応に追われるなど、あまり楽しめない結果に終わった。

そういうわけで、台北については大まかな雰囲気はつかんでいる。台北の人口は約二六〇万人で、東京に比べればこぢんまりとしている。亜熱帯の明るい緑に囲まれた暮らしやすそうな街だ。台湾は国際政治的には不安定な存在であり、いつ大陸に攻め込まれてもおかしくないように見えるが、街行くひとの表情からはそんな陰りは微塵も感じられない。旧植民地のなかでは例外的に親日的な地域で、北京やソウルを歩くときのような緊張感もない。

したがって、ぼくは今回、まるで国内出張であるかのような気楽さで台北の地に降り立ったのだが、その感覚は意外なところで裏切られることとなった。

ご存じのかたも多いと思うが、台湾には本省人と外省人という区別がある。前者は日本統治時代から台湾島に住んでいた漢民族の子孫で、後者は第二次大戦後、国共内戦で敗北した国民党政府とともに台湾島に移住してきた漢民族の子孫という区別である。同島にはそのほかにオーストロネシア語族の言葉を話す先住民族もいるが、人口のほとんどはこの両者が占める。

本省人と外省人の対立は、戦後の台湾の政治を動かす中心軸を構成している。本省人は人口では外省人を圧倒しているが、政治経済の要職は、政府設立の経緯から外省人に占められている。本省人は日本語教育を受け、日本文化に理解があるが、外省人は抗日闘争を戦った人々の子孫であり、反日感情が強い。本省人は一般に台湾独立を支持し、外省人は大陸との友好を重視する。ここに民進党と国民党の対立が重なる。ぼくもこのていどのことは知っていた。

けれども、今回驚いたのは、その区別が哈日族《ハーリーズー》と呼ばれる若い世代の日本趣味にまで大きな影響を与えているということだった。日本文化が好きか嫌いか、哈日族か否か、それは台湾ではいまだに、本省人と外省人という家系の区別と深く連動しているらしいのである。

ぼくはそのことに、空港からホテルに向かうタクシーのなか、出迎えにきてくれた三〇代の女性編集者との会話で気がついた。

台北の街には日本企業の看板が数多く立っている。編集者が、あれはパナソニック、あれはソニーといちいち指さして教えてくれるので、ぼくはふと思いつきで、韓国企業の看板も多いですかと尋ねてみた。

日本への留学の経験はないものの、日本文化が好きで、日本語を話し、いまも日本の美術雑誌を翻訳し編集しているという彼女は、少し首を傾げ、ふしぎそうに「韓国企業はあまり見ないですね」と答えた。台韓関係が日台関係と同じように緊密だと信じていたぼくは、その答えに少し虚をつかれ、でもK‐POPのような大衆文化は入ってきているでしょうと問いかけた。そうすると彼女は、そうでもない、少なくともわたしのまわりにK‐POPのファンはあまりいないと答えた。ぼくは、多少強引かなと思いながらも、それは世代の問題ですかとさらに問いを重ねた。すると彼女は、少し困った顔をして、「わたしたちは本省人で、まわりは親日が多く、彼らは韓国は好きではありません、日本好きと韓国好きは重ならないんです」と呟《つぶや》いたのである。

ぼくはこの答えに驚いた。その答えは、いまの台湾において、日本の大衆文化を受容するか否かの選択が、たんなる趣味判断ではなく出自の表現であり、また同時に政治的な態度表明でもあることを意味している。しかもそこには、日韓の対立すら影を落としているらしい。

興味をいだいたぼくは、それから三日のあいだ、講演やセッションで出会う日本語を解する台湾人たちに、失礼を承知で出自を問うてみた。驚くべきことに、彼らはすべて本省人だった（正確には今回の旅行で知りあった本省人は、みな自分たちを「台湾人」と呼んでいた。そこにも政治的な主張が込められているのだろうが、このエッセイでは日本でよく知られた表記を採用する）。日本では、台湾は旧植民地のなかでは例外的に親日的な地域として知られている。旅行ガイドにもそのように書いてあるし、マスコミもそういっている。けれども、そこでぼくたちが「親日」として出会う人々が、じつは最初から地域的にあるいは家系的にフィルタリングされているとしたらどうだろう。最終日の夜、旧アメリカ大使公邸を改築した気持ちのいいカフェのテラスで、ぼくは出張で出会った本省人たちと食事をすることになった。彼らが、アルコール片手に「大陸に併合されるぐらいなら、台湾は日本の一部になったほうがいいと思うんです」と危険な冗談を飛ばし、日本のネトウヨそっくりの嫌中感情を吐露するのを眺めながら、ぼくは深く考え込んでしまった。

村上春樹は、尖閣問題に触発されて『朝日新聞』に発表したエッセイのなかで、日本発の大衆文化はいまや東アジアの共通言語になりつつあると記している[1]。けれども、現実はもう少し複雑なようだ。

国立交通大学と台湾大学での講演で、ぼくは日本のオタク文化の特徴は、経済的差異や社会的差異を無化することにあると述べた。

日本のオタク文化は、アメリカやヨーロッパの「サブカルチャー」と異なり、特定の階級や居住地域、ジェンダーやエスニシティとなにも紐づいていない。たとえば『魔法少女まどか☆マギカ』のファンであることは、彼もしくは彼女の階級や所得や政治信条をなにも表現しない。まどかのフィギュアの購入者は、男性かもしれないし女性かもしれないしLGBTかもしれない。右翼かもしれないし左翼かもしれない。年収三〇〇万円かもしれないし三億円かもしれないし、独身かもしれないし既婚者かもしれないし、都市に住んでいるかもしれないし田舎に住んでいるかもしれない。せいぜい予想できるのは年代だろうが、それもいまや、アニメファンというだけでは一〇代であっても五〇代であってもおかしくない。

この徹底した「脱社会性」こそが、日本のオタク文化の魅力であると同時に、その研究に独特のむずかしさを与えている。オタクたちの消費行動においては、戦争を描く作品は愛国者に支持されているはずだし、同性愛を描く作品は同性愛者に支持されているはずだといった、常識的に想定される作品内（虚構）と作品外（現実）の対応関係がしばしば壊れている。マンガやアニメの学問的分析が滑稽な深読みになりがちなのは、そこで研究者が、作品の内容と消費者の生活のあいだに、つまり虚構と現実のあいだに、あるはずのない対応関係を見出そうとしてしまうからである。オタクたちが愛するコンテンツは、現実にはなにも指示しないし、彼らの現実の生活となにも関係しない。だからこそ、その消費は対立する信条や階級を横断し、多くの消費者を結びつけることができるが、同じ理由で政治的にはなんの力にもつながることがない。オタクについて理解することは、その独特の「脱社会性」を理解することであり、それこそがある時期の日本社会を理解するための鍵なのだ。

『動物化するポストモダン』や『日本的想像力の未来』で論じたように、ぼくはかねてよりそのように考えており、だから台湾の講演でも以上の点を強調した。村上が大衆文化は国境を越えると主張できるのも、彼自身はふつうはオタク文化に含められることがないものの、彼の小説が、同時期のマンガやアニメに似て、どこか本質的に「脱社会的」な性格を帯びているからなのである。

オタクは脱社会的である。だからそれは国境を越えることができる。けれども、もしもその「日本的脱社会性」の拡散そのものが、台湾では、ある特定の家系の、そして特定の政治集団への帰属の表現になってしまうのだとすれば、ぼくの講演は聴衆の耳にどのように響いたことだろう。テーマパーク化した地球にも、まだまだ予想外の亀裂が走っている。

（未完）

［再録にあたっての追記］

本稿は、二〇一二年から二〇一五年にかけてゲンロン友の会の会報に掲載された連載「テーマパーク化する地球」の第一回、第二回、第三回、第五回、第六回の五回分を統合し、加筆のうえ、単行本用にひとつづきのエッセイとして再構成したものである。同連載は第一三回まで続けられているが、ほかは内容が主題から離れていたり、独立した近況になっていたりするので、再構成の対象に含めなかった。

［注］

1　村上春樹「魂の行き来する道筋」、朝日新聞、二〇一二年九月二八日。

観光地化するチェルノブイリと革命の暴力

第二回ツアーを終えて

2014

1

去る（二〇一四年）一一月一四日から二〇日まで、一年半ぶりにウクライナのキエフとチェルノブイリに行ってきた。ゲンロン企画、エイチ・アイ・エスさん主催のスタディツアーの同行講師としてである。チェルノブイリへのツアーを企画したのは、福島の原発事故を抱える日本の人々に、三〇年近くまえに同じく原発事故を起こしたウクライナの現場を見てほしかったからだ。

日本からウクライナへの直行便はない。往復の移動に時間がかかるので、滞在は実質五日間。そのあいだにプログラムを詰め込めるだけ詰め込んだ。

キエフ滞在の初日は、まずはキエフにあるチェルノブイリ博物館を訪れ、そこで元事故処理作業員による特別講演を聞く。二日目はキエフから北に一〇〇キロほどバスで移動し、原発事故周辺の旧立入禁止区域、通称「ゾーン」に入る。まずは「ニガヨモギの星」公園などさまざまな記念碑を回ったあと、廃墟となったかつての原発労働者の都市プリピャチを散策、事故を起こした原子力発電所四号機のまえで記念撮影（生々しい事故の跡を望むことのできるこの場所は、定番の撮影スポットになっている）、そしてコパチ村の保育園跡（ここはチェルノブイリの写真集などでかならず登場する一種の観光名所）を訪問、夜は訪問者用に建築されたホテルでパーティ、宿泊というハードスケジュールをこなした。

三日目も同じくハードで、早朝にホテルを出て午前中にはサマショール（自主帰還者）の村を訪問、続いてソ連時代の秘密軍事施設「チェルノブイリ2」を見たあと（これは昨年ようやく一般公開が始まったばかりで、日本のグループツアーが足を踏み入れるのははじめてに近いのではないかと思う）、休むのもそこそこに、いまも送電施設および廃炉作業の拠点として機能しているチェルノブイリ原発のなかに入るという行程。原発内でかつての制御室やポンプ室を見学したあとは、敷地をぐるりと裏に回り、いままさに建設中の巨大な廃炉用施設「新石棺」も視察。キエフに戻るまえには、プリピャチ市街の保存活動をしているオレクサンドル・シロタ氏[1]のゾーン近郊の自宅を訪問し、質問会まで行った。シロタ氏は『チェルノブイリ・ダークツーリズム・ガイド』にも登場している。

ここまでがチェルノブイリをめぐるプログラムだが、加えて今回のツアーでは、この春にウクライナで起きた大きな政変、いわゆる「ユーロマイダン」に関連する場所もいくつか回ることにした

（ユーロマイダンについてはのちに詳しく説明する）。一〇〇人以上の民間人の死者を出し、いまもまだ進行中の「革命」の悲劇をどのように未来に伝えるのか、それもまた、ゲンロンのテーマであるダークツーリズムの問題に密接に関わると思われたからである。

というわけで四日目は、まずは前大統領で、ユーロマイダンで追放されいまはロシアに亡命しているヴィクトル・ヤヌコヴィチが私腹を肥やして建設した大豪邸（いまははやくも公園として公開されている）を訪問した。続いて、いまもまだ銃撃戦の痕跡が生々しく残るキエフ市中心部の独立広場とインスティトゥツカ通りを歩き、さらにウクライナとロシアの複雑な歴史を知るため大祖国戦争博物館を見学してから、ホテルに戻ってセルヒー・ミールヌイ氏によるユーロマイダンについての講演を聞くというプログラムを組んだ。ミールヌイ氏は作家で、『チェルノブイリ・ダークツーリズム・ガイド』では原発処理作業に関わった経験を語っていただいた人物。ユーロマイダンには愛国的な立場から積極的に参加していた。この最後の講演はたいへん盛り上がり、ホテルのラウンジに移動して参加者を交えて深夜まで議論が続いた。

ぼくはこのツアーでは正確には、講師というよりも司会兼雑用係である。参加者のみなさんをもてなし、ウクライナ人との橋渡しをするのが役回りだ。チェルノブイリの原発事故にせよユーロマイダンにせよ、情報そのものはウクライナのかたに話していただいたほうがいいし、またそうでなければ現地訪問の意味がない。

というわけで、このツアーでは、すべての訪問先にウクライナ人の専門ガイドを用意し、ゲンロンの上田洋子が通訳をして情報を伝えるというかたちをとった（彼女はじつは、ロシア政府公式語学力検定試験で最上級の認定を獲得した、日本にはまだ数人しかいないトップレベルの通訳でもある）。ほんとうの講師は、彼らウクライナ人と上田である。加えてほとんどの移動には、現地手配会社の代表としてアンドリ・ジャチェンコ氏が同行し、随時質問に答えてくれた。その意味では彼も講師のひとりといえる。ジャチェンコ氏もまた『チェルノブイリ・ダークツーリズム・ガイド』に登場している。

以上の紹介からわかるとおり、今回のツアーはほんとうに濃厚なものだった。連日の早朝出発で、つぎからつぎへと新しいガイドが現れ、夜まで見学と講義が続く。一般のスタディツアーの常識をはるかに超え、大学の集中講義もかくやといった密度で、ぼくですら新しい情報で頭が破裂しそうになった。参加者にもたいへん好評で、事前には、この自由時間の少なさはさすがに不満をいだくひともいるのではないかと心配だったが、それも杞憂だったようだ。自分で設計しておいてこんな感想を記すのもおかしいかもしれないが、これはほんとうにとんでもない企画である。エイチ・アイ・エスさんの理解が得られれば、来年もまたプログラムを変えて実施したい。

ところでこのツアー、ぼくにとっては、昨年三月の取材以来の二度目のウクライナ訪問だったのだが、個人的にふたつの発見があった。以下、それらについて簡単に記しておきたい。

2

第一に考えたのは、チェルノブイリの変貌と観光地化の可能性についてだった。今回、チェルノブイリのゾーンを再訪してまず驚いたのは、もろもろの規制がずいぶんとゆるくなっていたことである。検問も簡略化されていたし、かつて撮影が制限されていた場所でも自由に撮影ができた。たとえば昨年は原発建屋内への電話やスマートフォンのもち込みは堅く禁止されていたが、今回は所持を尋ねられることもなかった。おかげで、ぼくは見学中にツイートまでできた。

その背景には、ゲンロン関係者のゾーン訪問が今回で三度目ということもあるかもしれない（ぼくが同行していないツアーが、いちど二〇一三年秋に行われている）。ゲンロンは着実に人間関係を積み上げている。しかし、以上の変化は、それだけではなく、チェルノブイリの「観光地化」が確実に進んでいることを示してもいる。じっさい、二日目の朝にはゾーン入り口の検問所にバスが連なっていたし、プリピャチでは複数の団体ツアーとすれちがった。チェルノブイリの市内（市街地は原発から一〇キロ以上離れていて、廃炉作業員などがいまでも交代制で居住している）にはこぎれいなホテルが新設され、ラウンジではピンバッジやTシャツまで売っていた。すべて、わずか一年半前には見られなかった光景である。二〇一三年春の取材時にはゾーン内の宿泊はまだむずかしく、秋のツアーでは宿泊施設の簡素さに参加者から驚きの声が出るほどだった。それがいまでは、東京のビジネスホテルとさして変わらない設備の部屋で、安心して眠ることができるのだ。

そういった環境の変化のせいか、今回は、原発事故の重さから離れ、チェルノブイリという場所の魅力についてより冷めた目で観察することができた。

チェルノブイリ原子力発電所の事故は歴史に残る巨大事故だった。その跡地はたしかに迫力のある場所である。溶けた燃料棒を抱える石棺を、わずか数百メートルの距離で目のあたりにするときの独特の緊張感は言葉では表現しがたい。けれども他方、「原発事故の悲劇を記憶する」だけでは観光地として広がりがないことも事実である。スタディツアーやダークツーリズムという枠を取り去り、純粋に「観光地」として見たとき、チェルノブイリの実力はどれほどのものなのか？

結論からいえば、ぼくは今回、それはとても大きいものだと確信した。もし読者のみなさんが原発事故にあまり興味がなくても、チェルノブイリのゾーンはきわめて魅力的な観光地になるはずだ。

まずゾーンは自然が美しい。今回のツアーでは紅葉が印象的だった。ウクライナとベラルーシの国境に接するチェルノブイリの周辺は、もともとポリーシャ地方と呼ばれる豊かな森林地帯だった。それに加えて、事故周辺の地域は、この三〇年のあいだほとんど人間の手が入っていないため、豊かな生態系が回復している。運がよければ、プルツェワルスキの馬、日本語で「モウコノウマ」と呼ばれるめずらしい野生の馬が、群れで走る光景に出くわすこともできる（ぼくも数頭は見た）。空間放射線量は、短時間の滞在で健康に問題が出るような数値ではない。

つぎにゾーンは産業遺産で満ちている。旧ソ連時代に設計された工業施設はそもそも独特の魅力を備えているが、なかでもチェルノブイリ原発は、正式名称に「レーニン記念」と冠されていることからわかるように、国家の威信をかけた特別な施設だった。そのためデザインにも特別の配慮がなされている。ひらたくいえば、この原発は単純に「かっこいい」。その一端は『チェルノブイリ・ダークツーリズム・ガイド』のグラビアでもうかがえる。近くで廃炉作業が現在進行中であることも見逃せない。工事中の巨大な「新石棺」は、それ自体が最新土木技術の展示場だ。

そこに共産主義の記憶が加わる。いまは廃墟と化したプリピャチは、かつては最先端の都市計画のもと作られた労働者の町だった。ロシア・アヴァンギャルドを想起させるデザインのカフェや映画館が残り、旧ソ連時代の標識がいまでも残るなど、全体が一種の「ソ連時代のタイムカプセル」になっている。そのせいか、この町は廃墟マニアならば一生にいちどは行ってみたい土地として名高く、有名なゲームの舞台にもなっているようだ。

さらに加えれば、今回ぼくがはじめて訪問した「チェルノブイリ2」がある。こちらはこんどは旧ソ連時代の秘密軍事施設だ。高さ一五〇メートル、幅八〇〇メートルの特殊な軍事用アンテナ（OTHレーダーという）が、赤錆に覆われ、フェンスのように視界を覆うさまは、あまりにも圧巻で逆に現実感がない。チェルノブイリのゾーンには、このように、原子力発電所、労働者のための人工都市、そして秘密軍事施設と、共産主義を象徴するメガロマニアックな巨大建築がいくつも建ちならび、そして静かに朽ちている光景が広がっている。この場所は、過ぎ去った二〇世紀という動乱の時代において、人間がなにを夢見て、そしてなにに裏切られたのかを考えるうえで、世界でもっとも適した場所なのかもしれない。

チェルノブイリには、自然があり、産業遺産があり、そして歴史がある。たとえ原発事故を入り口にしたとしても、そこから広がるさまざまな知識が、この場所ではしっかりと結びつき、普遍的なメッセージに流れ込んでいる。チェルノブイリを訪れること、それはじつに哲学的な経験なのだ。観光地化が進むさきには、世界遺産への登録なども構想されているにちがいない。

翻って日本の福島は——まずはチェルノブイリの以上のような現実に学ぶべきだと思うが、そんな声が関係者に届くのかどうか、ぼくにはもはや自信がない。福島を訪れることが哲学的な経験になる、そのような発想はむしろ復興の妨げだと感じるのが、日本人の多くのメンタリティかもしれない。原発事故から三年半、徐々に見えてきたのは、日本では復興とは、とにかくまず日常の回復を、つまり「なかったことにする」ことを意味するらしいという残念な現実である。

3

第二に考えたのは、ユーロマイダンの現実とデモのむずかしさについてだった。「ユーロマイダン」というのは、昨年から今年の春にかけて、ウクライナで起きた政変を指す固有名詞だ。EU（ユーロ）に加盟するかどうか、それが焦点となって首都キエフ中心部の広場（マイダン）で騒動が起きたのでこの名前がついた。とはいえ、日本ではあまり知られていない。ロシアの衛星国がロシアと揉めてヤバいことになったらしい、ぐらいが一般的な認識だろう。

今回ユーロマイダンの跡地訪問を日程に組み込んだのも、じつはそれほど深い考えがあってのことではなかった。ゲンロンのツアーは原発事故の記憶をテーマにしている。だとすれば、過去をどう記憶するかという視点とともに、現在をどう伝えていくかという視点での訪問先もあっていいだろう。それぐらいの見通しで、プログラムに加えたのである。

ところが、これが意外にも大きな印象をぼくに与えることになった。というのも、参加者とともに闘争の跡地をまわり、また関係者に話を聞くなかで、ユーロマイダンが、アラブの春、ニューヨークのウォール街占拠、香港の占領中環（雨傘革命）、さらには日本での官邸前抗議といった、二〇一〇年代になって現れた新しいタイプの社会運動の典型であり、しかもそれらの「弱点」を鮮明に炙《あぶ》り出した事件であることがわかってきたのである。

さきほど記したように、ぼくはキエフで、ユーロマイダンに参加したミールヌイ氏に話をうかがった。加えて、ツアーのプログラムとはべつに、同じくユーロマイダンに参加した美術家のオレクサンドル・ロイトブルト氏にも話を聞くことができた。それらの記録は別途ゲンロンの媒体で活字化するつもりなので詳しくはそちらを見てほしいが[2]、彼らによれば、ユーロマイダンの運動はまずはフェイスブックでの若者の呼びかけから始まったらしい。呼びかけに答え、市中心の独立広場を占拠した人々は、数ヶ月にわたり、バリケードを築き、テント村を作り、炊き出しをし、寄付を集めた。運動の中心は学生だったが、学生以外の一般市民も、日中は職場に、夜は広場に顔を出すことで、デモと日常を溶けあわせていった。広場には国内外から学者やアーティストが駆けつけ、「自由大学」が開設され、支援の演説を行った。その模様は、ロイトブルト氏の言葉を借りれば、まさに「バフチン的な意味でカーニバル状態」だったという。

この報告はニューヨークや香港の光景を想起させる。ゲンロンカフェにも登場した政治学者の五野井郁夫は、『「デモ」とは何か』で、近年のデモがＳＮＳを活用した祝祭型であることに注目している[3]。ユーロマイダンもまたＳＮＳで火をつけられた祝祭だった。ユーロマイダンは、あきらかに、世界的な「オキュパイ」のひとつとして見ることができる運動だったのである。

にもかかわらず、ぼくの知るかぎり、日本ではそのような指摘は見たことがない。その理由は、まずは単純にウクライナという国家そのものが日本ではあまり親しみをもたれていないこと、加えて、日本に入ってくるウクライナ関係の情報がソ連時代からの名残りでいまだ大部分がロシア語経由であり、他方でユーロマイダンの運動は反ロシア色が強いためそれではなかなか情報が入らなかったという事情に求められるだろう。けれども、ぼくにはそれだけではないように思われる。

ここからさきは根拠のない推測になるのだが、ユーロマイダンが日本で「新しいデモ」のひとつとして語られないもっとも大きな理由は、おそらく、その結末が陰惨な暴力とナショナリズムで終わったことにあるのではないか。ユーロマイダンは、はじまりこそニューヨークや香港と同じく祝祭型で、広場を市民が埋め尽くす平和で無害な抗議風景が見られたものの、最後は権力との悲惨な衝突に行き着くことになった。二〇一三年の一一月に始まった抗議運動は、さまざまな経緯を経て翌年二月に狙撃兵によるデモの鎮圧を引き起こすことになり、一〇〇人以上の死者を出すにいたった。いまも独立広場に近いインスティトゥツカ通りには、狙撃兵の銃弾に倒れた「英雄」の遺影がずらりと並び、訪問客が絶えることがない［写真1］。

彼ら犠牲者たちは、はやくも新政権によるナショナリズムの強化に利用され始めている。政権による武力弾圧は結局は失敗に終わり、反体制派は政権奪取に成功した。けれども、結果として、ロシアはその政治的混乱をついてクリミアを自国領土に編入することになり、さらに東部ウクライナでは、ロシアの支援のもとで独立を求める勢力が現れて内戦まで勃発している。そのためいまのウクライナは、一年半前と比べても、あきらかに反ロシア感情が高まり、ナショナリズムが強まっている。独立広場に面したビルの壁には「英雄万歳、ウクライナ万歳」のスローガンが大きく掲げられ、遺影の列のまえでは東部戦線を支援する右翼勢力によるカンパが行われていた。ともに一年半前には想像もできなかった光景だ。ユーロマイダンのこの結末は、祝祭型のデモはイデオロギー色が薄く、非暴力でだれでも参加できるからいいのだという、近年の日本の議論とはまったく折りあわない。

ぼくは、そんな革命の痕跡をめぐりながら、あらためて非暴力のデモとはなにかと考えざるをえなかった。むろんぼくも暴力は苦手である。というか大嫌いだ。けれども、ニューヨークのオキュパイ

1

著者撮影

も香港の雨傘革命も、さしたる政治的成果を挙げていないことはたしかである。日本の官邸前抗議にも同じことがいえるのではないか。祝祭は祝祭でしかない。祝祭はいつか終わる。そこから一歩踏み出し、デモがほんとうに新たな歴史を開くためには、それが暴力でないとしても、やはりなんらかの質的な飛躍が必要なのではないか。少なくとも、ひとが集まっただけでも大きな成果だ、といった自己満足からは抜け出す必要があるのではないか。

ミールヌイ氏にユーロマイダンの犠牲者について尋ねたところ、いいにくいことだがと断ったうえで、二〇年前のウクライナの独立はソ連崩壊によるプレゼントのようなものでしかなかった、ほんとうの意味で国を変えるためにはあるていど血を流すことが必要だったのではないかとの答えが返ってきた。

いまの日本では、そんな発言は倫理的に許されないし、ここで紹介するだけでも非難を浴びるだろう。けれども、震災からわずか三年半、にもかかわらず多くのひとがあのときの緊張感を忘れ、毎週金曜夜の反原発デモの熱気でさえ嘘のように忘れ去られようとしているというこの国の現実をまえにすると、彼のその言葉は、とても重く響いてくる。

［注］

1 ウクライナ人の名前は、ウクライナ語とロシア語のふたつの表記ができることが多く、両者では綴りや発音が微妙に異なる。たとえば「オレクサンドル」はウクライナ語表記の音訳（カタカナ化）で、ロシア語表記では「アレクサンドル」となる。二〇一三年に著者がチェルノブイリ取材のためにウクライナをはじめて訪れたときには、ウクライナとロシアの関係は悪くなく、ロシア語表記を積極的に用いるひとも多かった。そのため『チェルノブイリ・ダークツーリズム・ガイド　思想地図β4-1』（ゲンロン、二〇一三年）所収のインタビューでは、ウクライナ語表記を希望するひとはウクライナ語表記の音訳、ロシア語表記を希望するひとはロシア語表記の音訳で人名を記載した。具体的には、アレクサンドル・シロタやセルゲイ・ミールヌイはロシア語表記の音訳で、アンドリ・ジャチェンコはウクライナ語表記の音訳である。けれどもその後、本文にあるようにユーロマイダン（現在のウクライナ側での名称は「尊厳の革命」）が生じ、ウクライナとロシアの関係は急速に悪化し、またロシア語を忌避する人々も多くなったので、本書の出版にあたってはウクライナ人の人名はすべてウクライナ語表記の音訳に統一することとした。本書での人名表記が、『チェルノブイリ・ダークツーリズム・ガイド』や注内の参考文献での表記と微妙に異なるのは、そのためである。

2 セルゲイ・ミールヌイ、東浩紀「独立は血であがなわれた」、上田洋子訳、『ゲンロン通信』第16+17号、二〇一五年。および、アレクサンドル・ロイトブルト「革命・アート・カーニバル――ウクライナ・ユーロマイダン運動と芸術家のまなざし」、上田洋子訳、『ゲンロン観光通信』第一号、二〇一五年。ユーロマイダンについては、日本語での資料はかぎられている。ともに入手しにくい媒体だが（とはいえゲンロンに問い合わせをいただければすぐにお届けする）、興味をもった読者にはぜひお読みいただきたいと思う。

3 五野井郁夫『「デモ」とは何か』、NHKブックス、二〇一二年。

ニセコの複数の風景《スケープ》

2015

先日、休暇でニセコに行った。北海道の後志《しりべし》に位置するあの有名なスキーリゾートである。みなさんご存じのとおり(知らないかもしれないが)、ぼくはスポーツはおしなべて苦手で、見るほうもやるほうもいっさいしない。けれどもスキーだけは例外で、妻と娘につきあうかたちで年にいちど北海道を訪れている。昨年はべつのスキー場に滞在したが、今年はニセコに挑戦したのだ。

ニセコリゾートは、ニセコアンヌプリの麓に広がる四つのスキー場からなっている。リゾートの歴史は古く、中心となる倶知安《くっちゃん》町ひらふにスキー場が開かれたのは一九六一年に遡る。国際的に知られるようになったのは一九九〇年代以降で、いまはオーストラリア人を中心に外国人観光客が多く、海外からも投資が相次いでいる。二〇〇六年には全国地価上昇率で一位も記録した。ぼくも多少の予備知識はあったので、外国人ばかりだと予想はしていた。

けれども、現実はその予想をはるかに超えていて驚いた。ニセコリゾートは広いので地域により濃淡はあるが、とにかく予想以上に外国人スキーヤーが多い。ひらふ地区ではゲレンデのすぐ近くに街が開けているが、道を歩くのは欧米系の顔立ちをしたひとばかりだ。ときおり東洋人を見かけても、日本語ではなく中国語を話している。看板は英語ばかり。喫茶店のメニューもスーパーマーケットの価格表示もリゾート案内のパンフレットも、なにもかも英語ばかりだ。日本の観光地で英語表記というと、たいていどこか変なジャパニーズイングリッシュだったりするものだが、ここでは事態は逆で、英語は完璧でむしろ日本語のほうがぎこちない。レストランの名前も、「魂」とか「侘寂」とか「阿武茶」とか（アブチャと読むのか？）、日本人ならとうてい名づけそうにない東洋趣味を押し出したものが目立つ。うちの家族はスキー場に面したあるグローバルチェーンのホテルに宿泊したのだが、そこで日本料理店の板前さんに尋ねたところ、日本人客はシーズンを通して全体の三割ぐらいだろうといっていた。外国人が三割なのではない。日本人が三割なのだ。

いくらグローバル化が進んだといっても、ここまで外国人に占拠された日本国内の観光地はほかにないだろう。なんの気なしに休暇で訪れただけなのだが、日本の未来を考えるうえで、多くのひとが見るべき風景だと思われた。

ところで、外国人観光客と滞在客によるこの「ニセコ占拠」は、現実の風景を変えるだけでなく、ネットでも風景の変化を引き起こしている。

ぼくの『弱いつながり』の読者であれば、チェルノブイリをローマ文字で綴るかキリル文字で綴るかによって、検索結果が大きく異なるというエピソードを覚えているかもしれない。似たことがニセコでも起きている。

ニセコの町を歩くと、外国人向けの高級別荘やデザイナーズマンションがたくさん目に入る。新築予定の看板もあちこちに立っている。それらは日本の土地に建っている。だから日本の風景である。けれども、想定される顧客は外国人だから、日本語の情報は最初から提供されていない。それら高額のマンションや広大な分譲地の情報は、日本語のネットにはまるで存在しないのだ。

疑う読者は、ためしに日本語と英語で「ニセコ」「不動産」を検索してみるといい。日本語では、日本人のリタイア組やリゾート従業員を対象とした、ひなびた中古物件や安価なアパートばかりがひっかかる。ところが英語では、一〇〇平方メートルで一億円近いような、都心のマンションもかくやといった超高級物件がずらずらと現れる(二〇一五年現在)。そのふたつの検索結果は、とても同じ町の不動産を表示しているとは思えない。つまり、いまニセコでは、現実の風景(ランドスケープ)と情報の風景(インフォスケープ)のあいだに大きな落差が生まれ、そしてインフォスケープもまた複数に分裂し始めているのだ。

そしてここで厄介なのは、その複数の風景《スケープ》のいずれが「本物」なのか、もはやそう簡単には決められないということである。ニセコの急速な変化に対しては、いうまでもなく批判も多い。海外からいくら投資が集まっても、住民の生活にはなにも関係ない、むしろ迷惑なだけだという報道がなされている。たしかに農業や牧畜業を営む古くからの住民にとっては、冬のあいだだけ、それもスキー場の周辺にのみ現れる大量の外国人たちは、まるで夜にだけ現れて墓場をさまよう幽霊のようなもので、まったくリアルな存在ではないにちがいない。

　けれども、そこで住民がほんとうに「ニセコのリアル」を独占できるのかといえば、いまはそれもまたむずかしい。なるほど、外国人富裕層は年に数週間しかニセコには滞在しないかもしれない。けれども、そんな彼らも、ニセコに住んでいる住民たちの何倍も金を落とすのであれば、そのかぎりで「リアル」な存在というほかない。それが資本主義の現実であり、だからこそいまのニセコの風景は生まれている。外国人はただの観光客だ、住民にとってリアルな存在ではないのだといくら主張したところで、別荘もカフェもマンションも現実に存在している。そして、そんな「リアル」な外国人富裕層からすれば、繁華街にもスキー場にも現れず、謎めいた文字と言葉でのみ連絡を取りあっている地元住民のほうこそが、映画のエキストラのようなあいまいな存在に映るのかもしれないのだ。「本物のニセコ」は、もはや住民のものでも外国人のものでもなく、そのあいだに存在している。日本語で検索して現れるニセコと英語で検索して現れるニセコの、その隙間にこそ現実のニセコは存在するのである。

　ひとつの町が、言語により、また検索者の関心や欲望により、異なった複数の顔を見せる。それは、グローバル化と情報化が進む二一世紀においては多くの土地で起きていることである。ニセコはその先進的な例のひとつにすぎない。

　それゆえ、ぼくたちは、この時代に「本物の風景」を発見するためには、つねに複数の検索ワードを使って、できれば複数の言語を使って、複数のインフォスケープを手に入れてそのあいだを往復しなければならない。『弱いつながり』でも記したその教訓を、ぼくはあらためて休暇先で確認することになった。

ぼくはちょうど、同じ休暇中にスラヴォイ・ジジェクの新刊を読んでいた。彼が好む言葉を使えば、それは、重要なのは、単一の本物の視点ではなく、複数の本物たちを移動する「視差（パララックス・ビュー）」だということを意味している。

余談だが、富裕層が多いからなのか、あるいは客は外国人だから金銭感覚が麻痺していると踏んでいるのか、ニセコの物価は異様に高く、ラーメンが一杯二〇〇〇円、カツカレーがひと皿二五〇〇円といった値づけがあたりまえだった。ニセコを出て、ちょっとした有名店のラーメンが七〇〇円で食べられるのを見たとき、あまりの安さに呆然としたことを覚えている。ラーメン一杯二〇〇〇円と七〇〇円、どちらの値づけが正しいのか。それを問うても意味がないというのが、資本主義の原理である。それらはともに正しい価格で、そしてラーメンそのものは、そのあいだにこそ存在しているのだ。

イスラム国はなにを奪うか

2015

去る（二〇一五年）二月、衝撃的な映像がネットを駆けめぐった。映像というのは、ほかでもない、イスラム国によるヨルダン人パイロットの焼殺動画である。イラクとシリアにまたがる地域で活動するこの過激派組織については、「ＩＳ」あるいは「ＩＳＩＬ」と表記されることも多いが、この原稿ではわかりやすさを優先し「イスラム国」という表記を採用する。

動画の内容については、いまさら説明の必要はないだろう。イスラム国に捕らえられたパイロットが、檻に入れられ、生きたまま火をつけられ焼かれている。元動画は投稿後すぐに削除されたが、ネットには無数のコピーがばらまかれており、いまでも探せばすぐに見つけることができる（二〇一五年現在）。ひとめ見ればわかるが、おそろしく残虐な映像である。

けれども、この映像の衝撃はけっして残虐さだけにあるのではない。この映像で特徴的なのは、ＣＧや効果音がふんだんに使われ、まるでハリウッド映画かのような編集が施されていることだ。問題の映像には、映像をまえにした鑑賞者に対して、もはやそれが現実なのかどうか、残虐なのかどうかすらわからなくしてしまう麻痺の効果が宿っている。そして制作者自身も麻痺している。ほんとうにおそろしいのはこちらである。

冷戦が崩壊してからのこの四半世紀、世界は戦争やテロから「現実感」を剝ぎ取り続けてきた。しばしばメルクマールとされているのは、一九九一年の湾岸戦争である。この戦争においては、バグダードへの空爆が衛星中継され、戦闘機によるピンポイント爆撃の記録が米軍から提供されるなど、それまでは見えなかった戦闘場面の「可視化」「映像化」が格段に進んだ。その模様は「ニンテンドー・ウォー」と呼ばれ、戦争のゲーム化が進むその状況を、思想家のジャン・ボードリヤールは「湾岸戦争はなかった」という言葉で表現した。エンターテインメントの世界では、押井守の映画『機動警察パトレイバー2』（一九九三年）が、もっともすぐれた批評的な反応として挙げられるだろう。押井はそこで、東京を舞台に、存在しない戦争をメディアのなかだけで存在させようとする、倒錯したテロリストの欲望を描き出してみせた。

戦争のゲーム化。あるいは現実の虚構化。二一世紀に入っても映像技術の進化はとまることがなく、それは皮肉なことに、映像からかえって現実感を剝ぎ取り、戦争とゲームの境界をあいまいにし続けてきた。いまやアメリカでは、ゲーム産業が軍需産業と結びつき、兵士の訓練に役立てられている。問題のヨルダン人パイロット殺害映像も、まずはこの流れのなかにある。

けれども、問題の映像には、その流れをさらにさきに進めるような怖さがある。イスラム国の映像においては、制作者自身が、現実が虚構のように演出されることになにもとまどいを覚えていない。

ヨルダン人パイロットが殺害されたのは、映像公開の一ヶ月前の一月三日だと推測されている。イスラム国の映像スタッフは、ひと月をかけて、処刑をまえにした犠牲者へのインタビューと複数カメラで押さえた焼殺映像を丹念に編集し、特殊効果を加え、ハリウッド映画やディスカバリーチャンネルもかくやと思わせるエンターテインメントふうの「作品」をＨＤ画質で仕上げてきた。その完成度はきわめて高く、もしもこの映像がイスラム国から送られてきた現実の記録であるという情報がなかったら、ほとんどのひとは、たとえばネットでリンクを踏み、映像を意図せず再生してしまったとしても、映画の一場面としか思わなかったのではないかと思う。荘厳なＢＧＭ、過剰なカットアップ、これでもかと挿入されるアラビア語の字幕は、映像から決定的に現実感を剝ぎ取っている。

そしてイスラム国は、もはやそれでいいと考えている。

これはちょっとしたパラダイムチェンジを意味している。この三〇年、たしかに現実と虚構の境界はあいまいになり続けてきた。

しかし同時に、その流れのなかで、多少なりとも「現実らしさ」を保つための抵抗の技法も開発されてきた。たとえば、少なからぬ作家がそこで、「現実らしさ」は、あらかじめ用意されたシナリオに沿ってではなく、現実の予測不可能な展開を撮影しているからこそ生まれる映像の不完全性、具体的には、突然の映像の断絶や画質の低さやカメラの手ぶれなどに宿ると考えた。そのような不完全性を人工的に演出する手法は「擬似ドキュメンタリー」と呼ばれ、一九九九年の『ブレア・ウィッチ・プロジェクト』で広く知られるようになった。J・J・エイブラムズ製作の『クローバーフィールド』(二〇〇八年)などもこの手法を活用している。

映像の不完全性こそが現実性を担保するというこの発想は、いまもまだ有効に機能している。湾岸戦争の空爆映像にしても、あるいは二〇〇一年のアメリカ同時多発テロにおける世界貿易センタービルの崩壊映像にしても、「映画のようだ」「ゲームのようだ」と語られはするものの、じっさいにはたいして映画にもゲームにも似ていない。それらの記録は、映画やゲームの作り込まれた映像と比べると、あまりにも断片的で、画質が低く、カメラワークも杜撰だからだ。いいかえれば、ぼくたちはいまのところ、まだ、そのような質の「低さ」こそを現実の根拠だと考えることによって、かろうじて現実との接触を保っている。それは、すべてが映画化しゲーム化した現代において、正気を保つためのぎりぎりの良識だと捉えることもできる。

ところが、イスラム国の映像は、まさにその最後の良識を標的として破壊しようとしているのだ。彼らにとって、現実はもはや現実らしく見える必要はない。戦争が戦争らしく、テロがテロらしく見える必要はない。必要なのは、圧倒的な画質と巧みな特殊効果と荘厳な音楽によって、若い視聴者の心をハリウッド映画のように動かし、世界中から兵士志願者を集めることでしかない。

そう。イスラム国の映像は、もはや現実を表象しようとしていない。それは人々を動員しようとしかしていない。だからこそ、現実を素材として使いながら、あれほどまでに非現実的な映像を作ることができるのである。

ぼくは、映像の残酷さもさることながら、なによりもその意志に対して震撼した。イスラム国は、暴力性を見せつけ、ぼくたちを恐怖で支配しようとしているのだといわれる。けっしてそれだけではない。彼らはいま、そこからさらに一歩踏み込み、なにが現実でなにが現実でないのか、なにが残酷でなにが残酷でないのか、その境界そのものを破壊しようとしている。すでにその境界は彼ら自身のなかで破壊されており、その破壊された状態こそを全世界に広めようとしている。だからこそ、彼らは映像をばらまき続けている。そして、世界中から、政治的な動機をとくにもたない、現実との接触を喪失した匿名の兵士を集め続けている。

イスラム国は、残酷な映像をつぎからつぎへと制作し、公開し「炎上」させることで、二一世紀の市民から、現実と虚構、戦争とゲーム、政治と娯楽の区別を奪おうとしている。このようなスタイルのプロパガンダが現れ、勢力を拡大しつつあることは、これからの世界の政治を考えるうえで大きな意味をもっている。

おそらくは、ぼくたちはもういちど現実と虚構の境界を引きなおさねばならないのだ。ひとを生きながら焼き殺すことと、その場面を映像で見て「いいね！」ボタンを押すこととがまったくちがう経験であることを、もういちど人々に教え始めなければならないのだ。イスラム国の出現は、湾岸戦争以降の映像文化全体の意味を、あらためて問いかけている。

最後に付け加えれば、ぼくはイスラム国の脅威の本質を以上のように捉えているので、いま一部で称賛されている「クソコラ」による抵抗運動はまったく評価しない。クソコラとは、「クソなコラージュ」の略称で、イスラム国が公開した画像や映像を素材とした、おもに日本のオタクたちが作りあげた悪趣味なパロディ画像やパロディ映像のことである。そこでは、イスラム国の存在そのものが、まるでアニメのなかの冗談組織であるかのように扱われている。一部の人々は、それらクソコラの試みは、イスラム国の権威を貶め、彼らの勢力を削ぐものだと高い評価を与えている。

けれども、ぼくの考えでは、そのようなオタク的な虚構化の欲望こそが、むしろイスラム国の欲望に近いのである。ひとを生きながら殺す場面をハリウッドふうに加工編集するイスラム国の感性と、首にナイフを突きつけられた人質たちの写真をアニメふうにコラージュする日本のオタクの感性は、人々が思うほどには遠くない。

ソ連と崇高

2017

1

チェルノブイリの原子力発電所の光景を描写するとき、ぼくはしばしば「崇高」という言葉を使っている。

崇高とはなんだろう。この概念についてはいろいろと議論がある。そのなかでもっとも有名なのは、一八世紀に書かれたエドマンド・バークの『崇高と美の観念の起原』とそれを引き継いだカントの『判断力批判』だ。

そこでいわれたのは、崇高とは、ひとがひとの能力を超えるものに出会ったときに生じる感情だということである。崇高は、この点で美とはまったく異なるカテゴリを指している。美は、あくまでも人間の能力の範囲のなかにある。だからこそ、ひとは、ある作品が美しいか美しくないかを「判断」

することができる。それに対して崇高は、そういう判断が機能しなくなったときに現れる感覚だ。だから「崇高」は、高い山や広大な海など、人間を超えたスケールの自然物を形容するときに使われる——ひとことで要約すれば、カントはこのように考えた。

崇高は、ひとがひとの能力を超えるものに接したときに感じる感情の名前である。だとすれば、ひとが作ったものは、ひとが作ったものであるかぎり、崇高の感情を与えることができないはずである。けれども、ある種の制作物は、ときに崇高の感情を与えることがある。

というのも、ひとはときに、その時代の技術的な能力を超えた課題に挑戦し、結果的にじつに歪《いびつ》なものを作ってしまうことがあるからである。たとえば、ひとは、重機も鉄骨もないのに高い塔を建てようとしたり、半導体も磁気ディスクもないのに計算機を設計しようとしたりしてしまうことがある。前者は古代エジプトのピラミッドであり、後者は初期のメインフレーム・コンピュータだが、そのようなとき制作物にはさまざまな「無理」が出る。それはときに、効率的ではなく、また美しくもないけれども、妙に過剰な造形を生み出すことがある。具体的には、あまりにも巨大な四角錐を生み出してしまったり、あまりにも複雑な配線を露呈させてしまったりするのだ。その過剰さは、まさに、ひとが作ったものでありながらも、ひとがひとの能力を超えるものに接した「崇高の痕跡」を示している。

原子力発電所もまた、そのような「崇高の痕跡」に満ちた構造物である。二〇世紀の物理学は、核分裂反応を破壊兵器に用いるまでには進んだが、けれどもそれを安定して管理する技術を生み出すまではは進むことがなかった。結果として、原発は多くの無理を抱えて設計されることになった。

ぼくはその無理を、二〇一三年にはじめてチェルノブイリの原発を訪れ、いまは使われなくなった原子炉制御室に足を踏み入れたときに、具体的に目のあたりにした。制御室の壁一面には、カラフルに彩られた無数のメーターが並んでいた。数メートル手前には灰色の長い制御台が置かれ、同じように無数のボタンとレバーが並んでいた。メーターは燃料棒の状態を示し、ボタンとレバーは燃料棒を制御するものだと説明を受けた。チェルノブイリ原発は一九七〇年代に建設されたので、ほとんどの表示はアナログである。だから並んでいるのは動く針を使った円形表示盤ばかりだ。当時のエンジニアは、そんなメーターの数百の針の細かい動きに目を凝らしながら、ボタンとレバーを手で動かし、対応する燃料棒を操作していたのだ。

八六年の原発事故は、作業員の操作ミスによるものだといわれている。こんな複雑怪奇なインターフェイスを使っていたのでは、ミスは時間の問題だっただろう。それを愚かだと批判することもできる。けれども、制御台をまえにしたぼくは、それだけではない感覚をいだいた。それはまるで祭壇だった。チェルノブイリの技師＝シャーマンたちは、その祭壇を通して、人智を超える異界の力を召喚し、荒ぶりを鎮め、なんとか人間の意志に服属させようと苦闘していたのだ。けれど、祭壇のデザインには、その祈りの困難だけが刻印されていた。

チェルノブイリ原発のデザインには、ひとの、ひとの能力を超えたものとの格闘が刻まれている。だからそれは、ひとが作り出したものでありながら、それを見るものに崇高の感情を引き起こすことができる。ぼくたちは、それを「技術的崇高」とでも呼ぶことができるだろう[1]。

チェルノブイリ原発は「美しい」のではない。美はあくまでも人間的なものだからだ。けれども原発のデザインは人間を超えた要求によって生み出された。それは崇高と呼ぶべきなのである。

2

最近、そんな崇高についてあらためて考える機会があった。先日訪れたモスクワで、かねてより気にかかっていた宇宙航空学記念博物館を訪れたのである[2]。

宇宙航空学記念博物館は、モスクワ中心部から地下鉄で一〇分ほどのところに位置している。正式名称を「国民経済達成博覧会場」、ロシア語の略称でVDNKh（ВДНХ、ヴェーデンハー）というソ連時代に建設された国威高揚のための公園があり、その入り口近くに置かれているのだ。この位置そのものが、ソ連およびロシアにおける宇宙開発の位置づけを雄弁に物語っている。

宇宙航空学記念博物館は、その名のとおりソ連とロシアの宇宙開発の歴史を総合的にたどるものだが、遠くから見るとたいへん印象的なかたちをしている。博物館は、飛び立つロケットと煙を象った記念碑と一体になっている。「宇宙征服者のモニュメント」と名づけられたその記念碑は、高さが一

著者撮影　　ГБУК г. Москвы «Мемориальный музей космонавтики»

〇七メートルもある［写真1］。そして近くには、「宇宙旅行の父」と呼ばれる一九世紀の物理学者、コンスタンチン・ツィオルコフスキーの巨大な銅像が設置されている。

展示もかなり見応えがある。思い出せるままに挙げても、まずは一九五七年にライカ犬を打ち上げたスプートニク二号の実物大模型があり、一九六〇年に地球周回軌道からはじめて無事帰還した二匹の犬ベルカとストレルカの剝製があり［写真2］、一九六一年に人類初の宇宙飛行を成功させたボストーク一号の実物大模型があり、さらには再突入時の燃焼痕が残るソユーズTM—7のカプセルや、冷戦期の秘密軍事ステーション「アルマース」に設置された巨大望遠鏡の実物大模型なども展示されている。むろん歴史資料も充実していて、ツィオルコフスキーがロケットや宇宙遊泳を構想したスケッチや、冷戦期の宇宙開発を指導したセルゲイ・コロリョフのオフィスの再現など、巡っていて飽きることがない。宇宙開発そのものに関心がなくても、SF映画やSFアニメが好きで、未来的で宇宙的なデザインに興味があるひとにとっては、いくらでもインスピレーションが湧く贅沢な展示内容だ。ぼくも、かつて小松左京とアーサー・C・クラークを読み漁り、宇宙船や宇宙開発に心惹かれたもののひとりとして、いちどはこの博物館を訪れたいと思っていた。その夢が叶い、じつに幸せな数時間を過ごした。

けれども、同時に感じたのは、宇宙開発の歴史は、まさに前述の「無理」の歴史そのものだということだった。

2

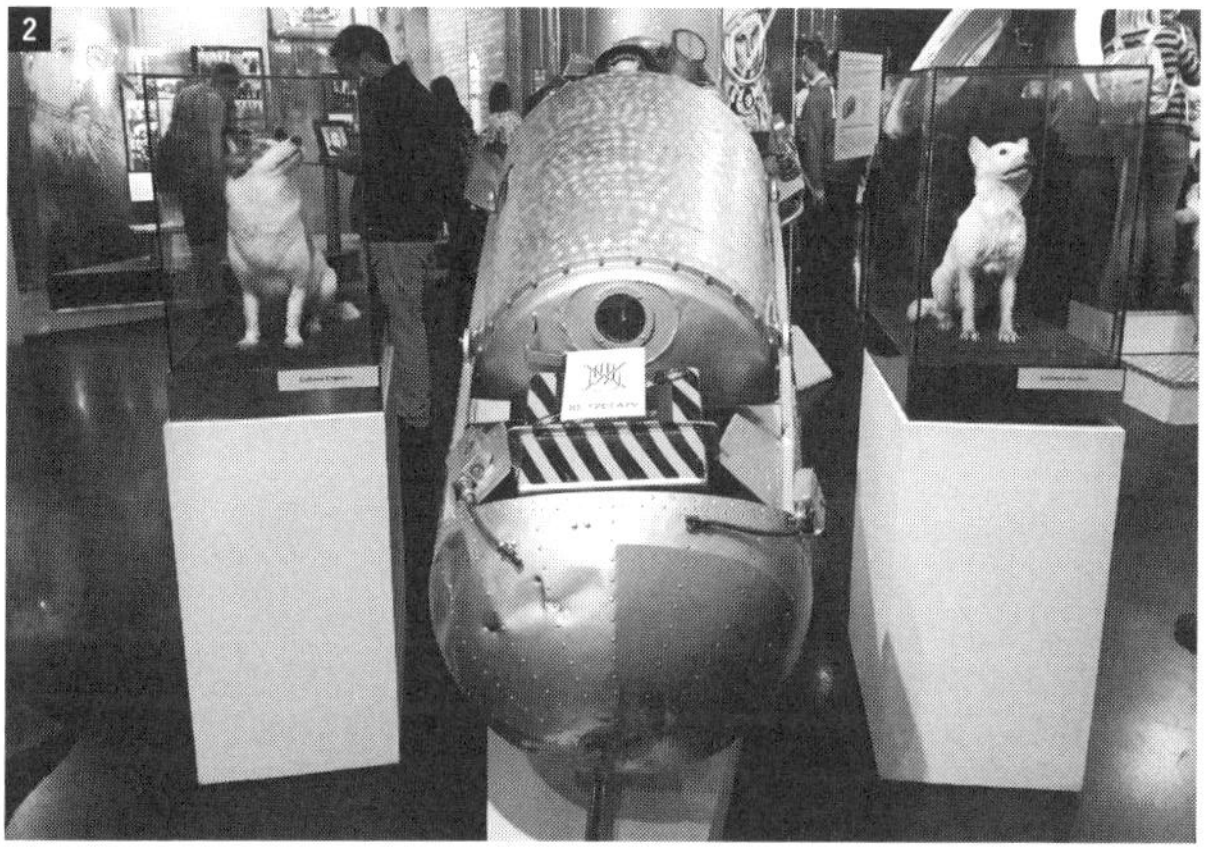

3

著者撮影　　　ГБУК г. Москвы «Мемориальный музей космонавтики»

ぼくはロシア語はあまりできない。だから展示物を眺めてのおおざっぱな印象しか報告できないが、それでも、博物館にひしめく模型には多数の「無理」を見つけることができた。たとえばスプートニク二号やボストーク一号は驚くほど小さかった。それらはあきらかに犬や人間を生きたまま格納するようにはできていなかった。じっさいにパネルの説明によれば、ライカ犬はまったく身動きできない状態で打ち上げられ、数時間後に焼死したという。ガガーリンもまた狭い座席に縛りつけられ、かろうじて動く両手で宇宙船を操作し、炎に包まれて大地へ落下することになった。

それはとても宇宙「旅行」などといえるものではなかった。ライカ犬もガガーリンも、国家の威信をかけて無理をさせられただけだった。いま振り返るとそのことがよくわかるが、同時に博物館の展示を追って感じるのは、宇宙開発のその性格はいまもなにも変わっていないということである。人類はいまだに、地球の外に出るためには、多段式ロケットに推進剤を限界まで詰め込み、燃やして空《から》になったロケットをつぎつぎ切り離して一定の速度まで加速する、ツィオルコフスキーが一〇〇年以上前に考案した方法しか知らない。それは本質的には、巨大な花火の先端にひとをくくりつけて飛ばすことと変わらない。ぼくたちはいまやその方法で火星にまでひとを送り込もうとしている。未来の人類はもしかしたら、彼らはなぜあんな野蛮なやりかたで宇宙に進出しようとしていたのかと、驚きをもってこの時代を振り返ることになるかもしれない。人類は、宇宙開発において、あきらかに無理をしている。自分たちの能力を超えたものと格闘している。

だから、初期の宇宙服や宇宙船や宇宙ステーションのデザインは独特の魅力を備えている。その複雑で、過剰で、物理の法則のみから引き出されたときに滑稽にも見える造形には、人間を超えるものとの格闘の痕跡が刻まれている。それらの魅力は、チェルノブイリと同じく、美ではなく崇高と呼ぶべきである。宇宙航空学記念博物館は、まさに技術的崇高の展示場だった。

そしてその空間は、これもまたチェルノブイリと同じく、やはり宗教的な営為を連想させた。さきほど紹介したように、この博物館は巨大な記念碑の基礎部分に設置されている。碑全体はロケット発射時の噴煙のかたちをしており、先端にはロケットの像が置かれ、煙部分は金色のチタンに覆われている。下から見上げる造形は圧倒的で、まるで礼拝堂のような印象を与える。そして博物館の入り口をくぐると、聖人のように掲げられたガガーリンの肖像に出会う［写真3］。

聖化されているのは航空士にかぎらない。ソ連は、ライカ犬以外にも多くの動物を打ち上げている。彼らもまた、大衆の想像力のなかでは聖化されている。じつはぼくが今回モスクワを訪れたのは、ロシア国立現代美術センターで行われたシンポジウムに招待されたからだった［3］。そこでぼくと並ぶパネリストに、オレーシャ・トゥルキナというペテルブルクの研究者がいた。彼女はソ連時代の大衆文化における宇

4

オレーシャ・トゥルキナ『ソ連の宇宙犬』
© FUEL Publiching

宙飛行犬の表象を研究しており、『ソ連の宇宙犬』という興味深い本を英語で出版している［4］。その表紙に描かれたベルカとストレルカの絵は、ロシア人の宇宙犬への独特の思い入れを簡潔に示している。そこでは二匹の犬は、ソ連の紋章が描かれた大地を両前脚で踏みしめ、天を見つめ、まるで聖人のように金の円光を背負っている［写真4］。

3

これは皮肉な話である。ソ連は宗教の否定を掲げ、科学と技術だけを信じると決めた国家だった。それなのに、その科学と技術が限界を迎えたところで、宗教の表象が回帰している。

ひとは、いかにひとの力を信じようとも、否、むしろひとの力を信じれば信じるだけ、ひとの力を超えたものに正面から衝突せざるをえなくなるのではないか。そしてそこには、どうしても技術的崇高が、すなわち宗教的な感情が生まれてしまうのではないか。ぼくはチェルノブイリ原発と宇宙航空学記念博物館のデザインに、その矛盾の痕跡を見た。

それは、もしかしたら、原子力や宇宙開発にかぎらず、ソ連という二〇世紀を象徴する巨大な実験国家、そのものに宿った根本的な矛盾だったのかもしれない。革命は国家の廃絶のために行われた。

共産主義の実現のあとは、私有財産はなくなるはずだったし、官僚制もなくなるはずだった。レーニンは『国家と革命』でそうはっきりと記している。にもかかわらず、じっさいに革命後に出現したのは、かつてなく強力な国家であり、かつてなく腐敗した官僚制だった。つまりは、国家をなくし、私有財産をなくし、官僚制をなくすのは無理であり、ひとの力を超える理想にすぎなかった。にもかかわらず、ソ連は長いあいだその無理と格闘し続け、結果として、レーニンが死ぬと、スターリンへの個人崇拝を中心とする醜悪な擬似宗教国家を作りあげることになった。

それは愚行であり、悲劇である。チェルノブイリの事故が愚行であり、悲劇だったように。スターリニズムの時代においては、何百万、何千万もの市民が意味なく殺された。ぼくたちはその事実をけっして忘れてはならない。

けれども同時に、そのような「無理との格闘」が、ソ連という国家に独特の魅力を与えてしまったこともたしかである。ソ連が生み出したさまざまなシンボルやデザインは、いまだポップカルチャーにおいて大きな存在感を放っている。日本ではそれを共産主義をもじって「共産趣味」と呼んだりもする。多くの若者がいまだに世界中でスターリンを「カッコいい」と感じており、彼らの存在はロシア国内では政治的な影響力にもつながっている。

知識人はこの状況に眉を顰《ひそ》めている。けれどもぼくにはそれは、たんなる「歴史への無知」の結果ではなく、またナショナリズムの発露でもなく、もう少し深い感情とつながっているように思われる。原発のデザインは、原子力というひとの能力を超えたものとの格闘から生まれたがゆえに、崇高の感覚を与えた。宇宙船や宇宙ステーションのデザインもまた、宇宙というひとの能力を超えたものとの格闘から生まれたがゆえに、崇高の感覚を与えた。同じように、ソ連のデザインもまた、共産主義というひとの能力を超えた理想との格闘から生まれたがゆえに、崇高の感覚を与えるものになっているのではないか。ソ連は無理をした国家だった。その無理が、社会制度においても都市計画においても原発やロケットの設計においても、どこか過剰なデザインを生み出した。それはときに滑稽だが、しかし「無理をしない国家」ではけっして生み出せない魅力を備えていた。だからぼくたちの一部は、二一世紀になっても、この失敗した実験国家に惹かれ続けるのだ。

ソ連の魅力は「無理をすること」にあった。ぼくたちが生きる二一世紀のリベラルでポストモダンでグローバルな社会では、大きくは環境問題から小さくは労働やケアの問題にいたるまで、あらゆる意味で「無理をしないこと」が尊ばれ、善とされている。だから、原子力や宇宙開発やソ連について考えることは、この時代の支配的な価値観に疑問を投げかける作業にならざるをえない。冬のモスクワを歩きながら、ぼくはそんなことを考えた。

蛇足をひとつ。ここまでの議論でもわかるように、崇高の問題は、「崇高」という言葉の語感に反してけっして世俗から離れたものではない。それはむしろ大衆の想像力のなかで現れる。

そして最近の日本では、興味深いことに、その感覚が「萌え」という言葉とつながっている。日本では二一世紀に入ってから、工場やダムや高速道路といった土木工作物の魅力がポップカルチャーのなかで広く認知され、多くの「工場マニア」「ダムマニア」「高速道路マニア」が生まれた。そこで彼らが魅力を見出しているのは、まさに原子力や宇宙開発と同じく、あまりにも複雑な工程を処理しなければならなかったり、あまりにも大量の水を堰き止めなければならなかったり、あまりにも過剰な交通量を捌《さば》かなければならなかったりといった、「無理」な要請が強いる工作物の過剰な造形に対してである。彼らはしばしば、そのような造形を、美しいのではなく「萌える」のだと表現している。つまりは、そこでは「萌え」という言葉が、美と対置され、それを逸脱するべつの感覚を指し示すために使われている。この「萌え」は崇高とほぼ同義である。じっさいにソ連への趣味的な関心についても、「ソ連萌え」という言葉で語られている。原発萌えや宇宙萌えもあるだろう。

これはかなり奇妙な現象である。崇高は、なんども繰り返すとおり、ひとがひとの能力を超えるものと接触したときに生まれる感情の名称である。それは日常の言葉では畏怖に近く、だからこそ宗教的な表現にも近づく。他方で、日本語の萌えは、この二〇年ほどのあいだに、おもに女性を描いた虚構的キャラクターへの愛着を示すものとして一般化した言葉である。それは、「かわいい」に近い語感をもち、どちらかといえば、対象物を自分の理解のなかに引きずり込み、管理下においたうえで愛でる防衛的な感情を意味している。それゆえ、崇高と萌えは、自己と世界との関係において、ふつうに考えれば正反対の方向の感情を指している。それなのに、なぜ日本ではそれがひとつのものとして理解されているのか？

ぼくはそこに、崇高の本質について、あるいは萌えの本質について考えるうえで、大きなヒントが隠されているとの予感をもっている。でもまだそれ以上はさきに進めていない。

ただ、そこでひとつ思い出すことがある。さきほども記したように、モスクワの宇宙航空学記念博物館はぼくにとって聖地だった。じつはぼくは二〇一四年に、それと並ぶ聖地であるアメリカ・フロリダ州のケネディ宇宙センターを訪れたことがある。

ケネディ宇宙センターは、アメリカ航空宇宙局（NASA）の研究機関で、いまでも有人宇宙船発射場として使われている。観光客は、その広大な敷地をバスで回り、巨大なスペースシャトル組み立て棟や発射台を見学しながら博物館も見ることになる。展示物のいくつかは模型ではなく実物そのものので、とくに、三〇年近く現実に使われ、地球を五〇〇〇回近く回ったスペースシャトルのアトランティス号や、かつてアポロ計画で用いられた、高さ（長さ）一〇〇メートルを超えるサターンVロケットは圧巻で、物量ではモスクワの博物館を凌ぐ体験だった。いつか訪問記を書く機会もあるかもしれない。それもまたじつに技術的崇高に満ちた経験だった。

けれども、いま思い起こしてみても、そこではどうしても宗教的な感覚を覚えた記憶がないのだ。ケネディ宇宙センターは、礼拝堂よりもテーマパークに似ていた。そして犬の剝製はなく、かわりに月の石があった。犬は聖化されるが、石は聖化されない。その差異の意味について、いまは考え始めている。

［注］

1 「技術的崇高」そのものはぼくの造語ではなく、ディヴィッド・E・ナイなどの先行研究を踏まえている。それらの研究によれば、技術的崇高はそもそも、一九世紀のアメリカにおいて「フロンティアの消失」を補うものとして現れた概念である（桑島秀樹『崇高の美学』、講談社選書メチエ、二〇〇八年、一九三頁以下）。本稿では展開できなかったが、この指摘は、ソ連およびロシアの宇宙開発への（そしてまた共産主義への）情熱の歴史的起源を考えるうえで興味深い。ロシアもまた、アメリカと同じくフロンティア国家であり、だからこそ技術的崇高を発達させたのではないか。

2 日本語のウィキペディアでは「宇宙飛行士記念博物館」。しかしロシア語での正式名称（Мемориальный музей космонавтики）は、英語で対応させれば cosmonaut（宇宙飛行士）ではなく cosmonautics（宇宙航空学）の博物館と解するのが正しい。それゆえここでは「宇宙航空学記念博物館」と訳している。

3 二〇一七年一二月二日にロシア国立現代美術センターで行われたシンポジウム『人間の条件』第三セッション：時代と意味——トラウマ、記憶、忘却、知」。美術評論家のエレーナ・ペトロフスカヤの招待により参加が実現した。関連して露英二言語表記のつぎの書籍が出版されているが、シンポジウムそのものの記録ではない。Удел Человеческий. Том 1. ГЦСИ в составе ГМВЦ «РОСИЗО» 2018. / *The Human Condition.* Vol. 1. National Centre for Contemporary Arts as part of ROSIZO, 2018.

4 Turkina, Olesya. *Soviet Space Dogs.* FUEL, 2014.

2 慰霊と記憶

原発と是非の壁

2014

総選挙で自民党が大勝し、原発再稼働の動きが本格化している。つい先日も、原子力規制委員会が、九州電力の川内原発に続き関西電力の高浜原発に安全審査合格のお墨つきを与えたとの報道が出た。東京電力も新潟県内の柏崎刈羽原発の再稼働を目指している。

そのような状況のなか、ゲンロンは、(二〇一四年)一二月一一日に、津田大介率いるネオローグと合同で渦中の柏崎刈羽原発を取材することができた。福島第一原発事故跡地への取材[1]でもお世話になった、東京電力広報部のIさんの紹介で実現した取材である。

取材の中心は、敷地内に活断層の存在が指摘されている柏崎刈羽原発において、福島の事故の教訓を活かしてどのような安全対策が行われているかを知ることにあった。震災後に新設された防潮堤、原子炉建屋の浸水対策と水素爆発対策、配備された消防車など、副所長みずからに案内していただき、たいへん密度の高い取材を行うことができた。詳細は本誌で同行社員によるルポが掲載される予定なので[2]、ここでは短く感想だけ記しておきたい。

柏崎刈羽には七つの原子炉が建設されている。合計出力は八〇〇万キロワットを超え、世界最大の規模を誇る。うち六号機と七号機は「改良型沸騰水型軽水炉」と呼ばれるめずらしい設計で、しかも国産だ。

取材では、なによりもまず、柏崎刈羽の技術の先進性が肯定的に語られたことが印象的だった。六・七号機合同の中央制御室はガラス張りで、多くの見学者が覗けるようになっていた。英語と中国語のパネルが準備され、じっさいにかつては海外から視察が押し寄せたらしい。日本企業が独自技術だけで原子炉を設計するというのはたいへんなことで、しかも二〇〇七年の中越沖地震でも事故を引き起こさなかった。ところが先人たちの血と汗の結晶であるそのような技術の粋も、いまは電力を生まず飼い殺しにされている。副所長の言葉は抑制されていたが、その端々からは、彼らがこの発電所をいかに愛しているか、そしてそれが無為に放置されていることにいかに悔しい思いをいだいているか、痛いほどに伝わってきた。

ぼくがそこで感じたのは、原発の技術者も自分たちの仕事に誇りをいだいている、そのあたりまえのことがいまいかに見えにくくなっているか、ということだ。

そこには原発特有の事情がある。たとえば、小惑星探査機のはやぶさが帰還する。テレビではJAXAの職員の誇らしげな顔が流れる。あるいは東京にスカイツリーが完成する。事業者と市民がともに祝う光景が流れる。いずれも記憶に新しいが、そういう報道に接することで、ぼくたちは宇宙産業や土木産業が、たんに巨額の資金が投入されたビッグプロジェクトであるだけではなく、生身の人間が関わる感情的な対象であることを知ることができる。けれども、原発についてはそのようなあたりまえの報道がない。少なくとも震災後はなくなっている。取材から帰り検索してみたが、「世界最大の原発」が、アメリカでもロシアでもフランスでもなく日本にあることを肯定的に捉える文章は、ほとんど見つけることができなかった。柏崎刈羽について流れているのは、再稼働関連のニュースばかりだ。かつて原子力は夢の技術だといわれた。一九七〇年の大阪万博開会式では、関西電力美浜原発から送られた電力で灯りがともされた。それから半世紀も経っていない。にもかかわらず、原発を誇りに思う人々の顔は、いまでは敷地内に足を踏み入れでもしないかぎりまず見えてこないのだ。

ぼく自身がそれを見ていなかった。ぼくは、東京出身で、東京に住み、東京電力の長いあいだの消費者であったにもかかわらず、柏崎刈羽が「世界最大」であることをまったく知らなかった。無知といわれれば反論のしようもないが、ぼくは取材の担当者に、もしかして「世界最大」は広報ではあまり打ち出していないのかと尋ねてみた。すると、震災まえには地元ではやっていたんですけどね、ただ当時も「そと」ではむずかしかったです、原発については是非の議論があるのでという答えが返ってきた。

原発についてのイメージは、大きな壁で分断されている。福島第一・第二原発やチェルノブイリの取材でも同じことを感じた。

その壁を作り出してきたのが、まさに担当者が語った「是非」である。原発をめぐる言論においては、いわば「是非の壁」が原子力ムラを取り囲んでいる。その壁のそとでは、原発は未熟で、さまざまな問題を抱え、倫理的にも悪で、作業員はみな健康被害を抱えて苦しんでいるといったイメージが広がっている。震災後、多くの日本人が共有したのはそのイメージである。ところが対照的に、壁のなかでは、原発は最先端の知の集積で、日本の未来のためには欠かせない技術で、作業員もみな誇りをもって働いているというイメージが力をもっている。ネットで事故について調べ「市民」のブログを読んでいるかぎり、ぼくたちは壁のそとにいる。ところが、多少とも専門家の話を聞こうと思い、広報施設に足を踏み入れたり、業界誌のページを開いたり、立地自治体の職員と言葉を交わし始めたりすると、とたんに壁のなかに引きずり込まれる。両者の中間はほとんどない。全面的な肯定か否定かのどちらかしかないのだ。

両者のどちらが「正しい」のか、ぼくには判断できない。ともにイメージにすぎないのであれば、どちらが正しいかを問うことそのものに意味がないのかもしれない。ただ、ぼくのように、震災まで特別の関心をいだいていなかった人間にとっては、原発をめぐるその対立はあまりに鋭く、議論の際にいちいち相手が「どちらがわ」なのかを確認しなければいけない現在の状況は、とても疲弊する。

原発の広報は、ほんらいはそのような壁を崩す努力をこそしてこなければならなかったはずである。けれども、結果としてその努力はほとんどなされず、壁は高いままに二〇一一年の事故を迎えた。震災後、茨城県東海村の東海テラパークをはじめ、原発の広報施設をいくつか訪れた。そのいずれもが、柏崎刈羽の担当者の言葉と同じく「是非の壁」の内側しか向いていないように思われた。その背後には、どうせ外側には理解などしてもらえない、へたに広報するとむしろマスコミに叩かれる、という諦めがあったのかもしれない。でもやはり、その壁を守ってはいけなかったのだ。

是非の壁を壊すのはむずかしい。震災後はますますむずかしくなっている。

素朴すぎる結論かもしれないが、ぼくは結局、そこで壁を壊すのは、たがいがたがいの壁の向こうがわへと向ける「想像力」でしかないのだと考えている。ぼくは柏崎刈羽の職員が、世界最大の原発に誇りをもっていることを知らなかった。そのようなひとがいると考えたこともなかった。原発に賛成にせよ反対にせよ、そこにはひとがいる。原発建設に命をかけるひともいれば、反対運動に命をかけるひともいる。原発の歴史は彼らの人生の積み重ねそのものであり、そこには情念の糸が複雑に絡みあっている。その複雑さを理解せず、科学的あるいは経済的な「いまここ」の合理性だけで結論を出しても、けっして広範な支持を得ることはできない。人間はそもそも、そんなに単純な合理的存在ではないからだ。

だから、マスコミはほんらいは、壁の「向こうがわ」にもひとがいること、その事実をこそ伝えなければならなかったはずである。原発反対を叫ぶ主婦や学生の顔を報じるのであれば、世代を超えた努力の成果がゴミのように打ち捨てられる、その決定をまえにした技術者の無念も同じように報じなければいけなかったのだ。これは原発にかぎらずあらゆる政治的な問題についていえるが、しかしいまの日本では、とくに原発の問題について必要だったことのように思われる。震災後、日本では原発事故の評価をめぐり「正しさ」という言葉が溢れた。「正しく怖がる」などという流行語も現れた。けれども、批判があることも承知で記すが、なにが「正しい」かを決めるのは報道の役割ではない。複数の「正しさ」が並立し、たがいがたがいを断ち切ろうとするとき、そのあいだをつなぐのがほんらいの報道の役割のはずである。

　この数年、ぼくが原発事故の文化的な意味を考えるべきだと主張してきたのも、またそのためである。原発は、科学技術の対象であり、経済の対象であるだけでなく、多くの人々の情念の対象でもあった。柏崎刈羽で、たった半日の取材だったが、ぼくはその情念を浴びるように受け取った。

［注］

1　二〇一三年一二月五日に行われた取材。その模様は「福島第一原発『観光』記」として『新潮』二〇一四年三月号に掲載されたのち、東浩紀『ゆるく考える』、河出書房新社、二〇一九年に収録されている。

2　徳久倫康「柏崎刈羽原発取材レポート」、『ゲンロン観光地化メルマガ』第三〇―三三号、二〇一五年。

四年後の三月一一日

2015

震災から四年が経った。ふたたび三月一一日が迫っている。今年も取材をいくつか受けた。しかしどうも空回りをしてしまう。東京では震災と原発事故の風化が急速に進んでいる。報道で福島の名前を見ることもめっきり少なくなっている。みな震災と原発事故を忘れてしまったように見える。ゲンロンカフェでも福島関係のイベントは集客が悪い。これではだめだ、と思うがどうしたらよいのかがわからない。

来る（二〇一五年）三月一日には常磐自動車道がついに全面開通する。常磐富岡ＩＣと浪江ＩＣがつながり、いわきと仙台が直結する。東京から南相馬へのアクセスは格段に改善される。すばらしいことだと思う。しかし同時に、この国では土木しか復興の象徴はないのだなと、残酷な現実を突きつけられたようにも感じる。

Ｊヴィレッジのあった広野町には、巨大な道の駅が新設されるという話を聞く。ヘリポートまで計画されているらしい。『福島第一原発観光地化計画』では、Ｊヴィレッジの跡地をホテルとショッピングモールにするアイデアを提示した。かたちだけ見れば通じるものがある。

けれども、あの計画の柱となっていたのは、福島の事故は世界的な事件であり、だからこそ多くの人々に現場を見せるべきだという「責任」の感覚だった。それは被災者の一部には痛みを強いるかもしれないが、そのぶん得るものも大きいはずだと考えた。事故処理の最前線を担ったJヴィレッジを拠点とし、廃炉の過程を見せるスタディツアーを実施すれば、双葉郡は二一世紀を象徴する新たな観光地になり、一種の「聖地」に生まれ変わるかもしれない。それはチェルノブイリを二回訪れての実感にもとづいている。

現実には事態はまったく逆に動いている。津波に呑まれた富岡駅をはじめ、震災遺構の解体は着々と進んでいる。Jヴィレッジもスポーツ施設に戻されることが決まっている。けれども、浜通りはそもそも観光客を集めることができる土地ではなかった。高速道路を通し、道の駅を新設したからといって、一時の話題以上の存在になれるのだろうか。ぼくには想像できない。小さなものでよいから、その道の駅に、行政視点から復興をアピールするものだけでない、市民団体が独立で運営する事故資料館が付随するとよいと個人的には思う。キエフにあるチェルノブイリ博物館は、事故から六年後に市民の手で創設された。

振り返れば、昨年秋の福島県知事選が曲がり角だった。事故後のはじめての首長選にもかかわらず、原発は争点にならなかった。与野党相乗りの無風状態で、前職の副知事が当選した。

地道な復興にイデオロギーは必要ない、いま求められるのは実務家だという判断はよく理解できる。しかし同時に、あの選挙結果が、福島県民は原発事故については議論しないことを選んだのだな、と受け取られることも事実である。それは直後に行われた沖縄県の知事選とは対照的だった。

復興に金がかかるのはたしかだし、理想や怒りが金にならないのもたしかだ。しかし、怒りや理想が表明されなくなってしまえば、利害関係のある当事者以外はもはや問題に関われなくなってしまう。沖縄にしても、最終的に辺野古に基地ができてしまうことは当事者のみなさんは覚悟しているのだと思う。沖縄の経済が基地と補助金への依存からそうたやすくは脱せないことも、みな知っているのだと思う。しかしそれでも、怒りの声をあげる人々がいるからこそ、本土の人間は沖縄に押しつけられた矛盾を忘れないでいることができる。それこそが沖縄の未来へとつながると信じているからこそ、彼らは声をあげているのだ。ところが、福島については、いま、そのような怒りや理想が急速に聞こえなくなっている。

常磐道の開通は復興の象徴となるだろう。福島は事故を乗り越えたと語られ、被災者はそれを歓迎するだろう。しかし現実には、廃炉は始まっておらず、帰宅困難地域は中間貯蔵施設で埋め尽くされ、郷土の傷は癒えることがない。

ぼくは、双葉のひとたちは、もっと怒っていいと思う。否、むろん彼らは怒っているのだろう。だとすれば、もっと怒りをオープンに、パブリックに表明していいと思う。そうすれば、きっとそれに呼応する声は県外から押し寄せる。

このような意見が、おまえは怒りの責任まで被災者に押しつけるつもりなのか、おれたちはもう震災で十分に傷ついたのだ、怒る気力もないのだと批判されるものであることは知っている。まったくそのとおりだと思う。

でも現実に、そうでもしないと、県外のひとは急速に事故を忘れてしまうと思うのだ。忘却する人々が悪いのはたしかだ。でもそれが現実なのだ。震災からわずか四年しか経っていないのに、東京の人間はもう、福島にまだ関心をいだいているのは鼻血恐怖症の一部の変わり者だぐらいに考え始めている。当事者の怒りぐらいしか、この状況を変えるものは思いつかない。

三里塚の怒り

2015

先日、福島の人々にはもっと怒りを表明してほしいと記した。同じ内容はほかのメディアでも語っており[1]、さまざまな批判を受けた。意図を補足しておきたい。

ぼくが怒りが重要だと記したことには、じつは、福島や沖縄の問題とはべつに、最近三里塚闘争に興味をいだき、記録映画や写真集を漁っていたという背景があった。

若い読者のために記しておけば、三里塚闘争とは、一九六〇年代後半から七〇年代にかけて大きな関心を集め、新左翼の象徴にもなった成田空港建設反対運動の別名である。三里塚は空港敷地内に存在した地名であり、闘争は「三里塚芝山連合空港反対同盟」という名の団体が一九六六年に結成されたことから始まった。そこでこの地名が闘争を代表することになった。

成田空港の建設は激しい反対運動のなかで行われた。農民や学生と機動隊がなんども衝突し、死者も出た。空港は一九七八年に開港するが、闘争はその後も続けられ、反対派と政府の和解は一九九〇年代までもつれこんだ。現在は闘争は実質的に終息しているが、その痕跡は歪《いびつ》な空港敷地や厳重な警備に残されている。

三里塚闘争については、小川紳介が監督した一九六八年の『日本解放戦線　三里塚の夏』をはじめとして、多数の記録が残されている。ぼくはあるとき、ふとしたきっかけでそのひとつを見ることになった。そして、そこに映された農民たちの表情に心を奪われた。

彼らはとにかく怒っていた。顔を歪《ゆが》ませ、叫んでいた。交渉に来た職員に罵声を浴びせ、ブルドーザーの入る土地に砦を築き、杭に身体を縛りつけてどなっていた。土地を奪われる農夫だけではなく、腹の大きな妊婦や、歯の抜けた老婆や、年端のいかない子どもまでもが、スクラムを組み、完全武装の機動隊に対峙し「空港粉砕」を唱えていた。そのような怒りの表出が、わずか半世紀前、首都から数十キロの場所で展開されていたということに、ぼくは、あえていえば、ほとんど「感動」に近い感情を覚えてしまった。それ以来、三里塚闘争について考えるようになったのである。

ぼくはけっして三里塚闘争を肯定するわけではない。調べれば調べるほどわかってくるのだが、この闘争の歴史から、二〇一五年のいまなにか肯定的な教訓を引き出すのはきわめてむずかしい。

三里塚芝山連合空港反対同盟は、一九六八年には早くも新左翼（三派全学連）の支援を受け入れ、暴力的手段による運動を承認している。この方針には当時すでに強い批判があったし、じっさいに死者も出た。老人や子どもを運動に巻き込み危険に晒す戦術も、いまならばまったく考えられない。そもそも高度経済成長期の日本において、新しい巨大な空港が首都近くのどこかに必要だったのはまちがいがなく、反対同盟はその現実に対してはなにも対案を示せなかった。成田空港はいまでは年間三五〇〇〇万人以上が利用するアジア有数の空港へと成長し、地元住民の反発もほぼ存在しない。いまの若い世代からすれば、なぜそんなに頑固に反対する人々がいたのかさっぱりわからない、というのが率直な感想だろう。

けれども、そのような事後的な評価とはべつに、歴史にはまた異なった接近の方法がある。歴史はつねに複数の物語から成立している。物語は事実の集積だけからなるのではなく、そこにひとりひとりの価値が加わってはじめて成立する。過去を記憶するとは、ほんらいはそれら複数の物語を矛盾を含めて記憶することである。したがって、成田空港についても、結局は空港を作ってよかったという結果論とはべつに、その過程でどのような異論があったのかもできるだけ記憶しておく必要がある。そしてその記憶において、感情の記録は決定的に大きな役割を果たすのだ。

ぼくたちは三里塚闘争の結果を知っている。反対同盟が分解し、空港が住民から歓迎されたことを知っている。だからすべてが虚しく見える。現在を起点にしているかぎり、その限界を超えることはできない。

感情の記録は、まさにその限界を崩してくれる。それを共感と呼んでもいいし想像力と呼んでもいいが（あるいは人間の本能とすら呼んでもいいと思うが）、半世紀前の怒り続けている農民たちの記録を見るとき、ぼくたちはいつのまにか、なぜこのひとたちは怒っているのだろうと、二〇一五年のいまの視点からではなく、そこに記録されている人々の内部の視点から理解しようと、べつの物語の可能性について考え始めることになる。

そして、その態度変更は、けっしてたんなる共感にとどまるものではなく、いまぼくたちが成田開港の歴史を振り返るときに切り捨てている、さまざまな事実への関心を開いてくれる。たとえば、成田空港は下総台地に位置している。下総台地は江戸時代は農業に適さない土地で知られていた。維新後も牧畜に使われ、じっさいに成田空港の敷地にはかつて広大な御料牧場（皇室関連の農産物を生産する牧場）が開けていた。ところが戦後の日本は食糧難で、そんな土地も農地へ変える必要が出てきた。そこで満洲や沖縄から引き揚げた人々が入植し、荒地や山林の開墾が進められることになった。二〇年後に三里塚一帯は豊かな水田に変わったが、六〇年代に入ると政府はこんどはシルクコンビナート構想なるものを打ち出し、桑畑への転換を指導し始めた。空港建設のための土地収用の話は、そんな紆余曲折のうえにさらに降ってきたものだった。つまりは、もしそこで記録された反対派農民が満蒙開拓移民の引き揚げ者だったとしたら、彼らはまず満洲でいちど、成田でいちど開墾に従事したあと、完成した水田を桑畑に変えろといわれ、最終的には土地を手放せといわれていたことになる。いま成田空港を便利に利用している人々も、これはさすがに怒って当然と思うのではないだろうか。ぼくはそう思った。

半世紀前の農民たちの怒りが、半世紀後のぼくをこのような認識に導いてくれる。むろん、いまさらぼくがそんな歴史に目覚めたとしても、三里塚の土地が帰ってくるわけではない。そもそも以上のような認識をもったからといって、空港建設への評価が変わるわけでもない。ぼくは以前と変わらず、高度経済成長期の日本において、新たな空港はどこかに作られねばならなかっただろうし、そのためにはだれかが犠牲にならねばならなかっただろうし、そのすべてに反対する闘争のスタイルは失敗するしかなかっただろうと考えている。

けれども、いまここで記したような歴史、とくに三里塚と満蒙開拓移民や沖縄占領との関わりがいまやほとんど忘れ去られているという「この歴史」に対しては、それはまちがっていて、少しでも変えるべきだと思うようにはなる。複数の物語を記憶するとは、そういうことである。

合理的思考は無駄の忘却を強いる。ぼくたちは、いまここにいる自分の選択を肯定するために、無駄なこと、役に立たないことをどんどん忘れていく。三里塚の歴史もまた、そこで忘れられたもののひとつである。三里塚の歴史を知ったとしても、空港を廃港にできるわけでも、現代社会の構造を変えられるわけでもない。だから、その記憶は無駄といえば無駄である。

けれども、その無駄がなければ、人々はひとつの物語だけを信じ、ひとつの合理性のなかだけに閉じ込められてしまう。だから、なにかを未来に伝えるためには、ただ事実を記録するだけでなく、未来の合理性を揺るがす仕掛けもまた用意する必要がある。ぼくが福島の人々に怒りを表明してほしいと記したのは、このような未来への呼びかけを意識してのことでもあった。

むろん、それもまた、被災者への押しつけだといわれるのかもしれないが。

［注］

1　東浩紀「原発事故――私たちの進むべき道。」、『潮』二〇一五年四月号など。

「フクシマ」へのふたつの道

2015

ここではもともと、先月（二〇一五年三月）訪れたいわきについて書くはずだった。そしてじっさい書き始めたのだが、文章に力が入らない。べつに気にかかっていることがあるからである。それでもなんとか気持ちを押し殺して書こうとしたのだが、どうしようもない。いさぎよく予定を変え、そのべつの問題に直面することにする。

問題というのは、いわき取材の前後で読んだ開沼博の新著『はじめての福島学』の内容である。あらためて紹介するまでもなく、開沼は福島県出身の若手社会学者で、『福島第一原発観光地化計画』の共著者でもある。マスコミへの露出が多いが、行政やアカデミズムとのパイプも太く、原発事故をめぐる議論ではいま日本でもっとも信頼されている論客のひとりだ。そんな彼らしく、新著もまたたいへん啓発的なものなのだが、ひとつ気になるところがあった。

開沼はこの著作で、原発事故に関心を寄せる県外の人間の「滑った善意」がいかに「ありがた迷惑」であるか、多くの例を列挙し、最後にいちばん大事なのは「［福島のひとに］迷惑をかけないことだと宣言している。「［誤った知識しか手に入れていないひとは］大変残念なことではあるけれども、何もしないでおいてもらったほうが、まだ迷惑ではないのかもしれない」と彼は記す［1］。

これはじつに強烈な表現である。たしかに、ある種の人々の放射線恐怖は過剰に深刻であり、被災者への差別にもつながっている。その問題を指摘するのに「迷惑」という言葉を使いたい気持ちはわかる。ぼく自身、チェルノブイリへのツアーを主催するなどして、微力ながらも放射線恐怖については啓蒙活動を行っているつもりである。

けれども、そのような例が個別にあるということと、開沼のような影響力のある論客が福島県民の気持ちを代弁するかたちで（前後の文脈からそのように読める）「ありがた迷惑」を宣言するということは、まったくべつのことである。開沼は百も承知だろうが、そのような宣言において重要となるのは、なにが迷惑でありなにが迷惑ではないのか、その分割の基準であり、またそれを決定する人物の指定である。その点に注意を払って読むと、この本で彼が、その善意が福島県に利益をもたらすのかどうか、そして県民がそれを利益だと感じるかどうか、それだけしか基準を提示していないことがわかる。彼は著作の最後で、県外のひとが福島に対してできることは、「買う」「行く」「働く」の三つしかないと断言している。つまり、いささか露悪的に要約すれば、福島の経済に貢献しないなら黙れと、開沼はそういってしまっている。ゲンロンの福島第一原発観光地化計画など、この基準に照らせば「ありがた迷惑」でしかない。共著者だったはずの彼のこの宣言に、ぼくは大きなとまどいを覚えた。

開沼の宣言は福島の読者に歓迎されていると聞く。それだけ震災後に「迷惑」の例が多かったということだろう。その思いは切実だ。ぼくはそれを安直に批判するつもりはない。批判する権利もない。

ただぼくがいだいたのは、まだ若く、福島県民の支持も厚い開沼がこのような「宣言」を打ち出してしまったあと、県民でもなければ、県民を雇う事業を起こせるわけでもなく、県民になる予定もないぼくのような人間は、原発事故にどのような関心を向けたらよいのだろうか、という疑問である。「買う」「行く」「働く」のいずれもできないのであれば、あの事故については黙るほかないのだろうか。同書を読み、同じようにとまどった県外の読者はぼくのほかにもいるのではないか。

開沼の問題提起は重く、早急に答えを返すべきものではない。ただそれでも、このひと月ほど考えた結果として、いまぼくはつぎのように感じている。福島第一原発の事故への関心は、福島から入る道と原発事故から入る道、そのふたつがあるはずであり、またあるべきなのではないか。

福島第一原発の事故は、「福島」の原発事故であると同時に、福島で起きた「原発事故」でもある。それは、福島という地域がたどった複雑な歴史と押しつけられた矛盾の帰結であるとともに、原子力という困難なエネルギーをたやすく制御できると信じた、人類の傲慢さの帰結でもある。だから事故の理解は、一方では福島という個別の地域への関心なしにはありえないけれども、他方では、その関心とはべつに育てられるはずだし、またそうするべきだとぼくは考える。

福島第一原発の事故には、世界的で普遍的な意味がある。ぼくはその前提で福島第一原発観光地化計画を提案した。したがって、ぼくの提案は、被災した福島を舞台にしてはいるものの、けっして福島の問題に焦点をあてたものではなかった。

開沼からすれば、そのような態度は県民の気持ちを配慮しない「ありがた迷惑」だということになるのだろう。けれども、ぼくには逆に、福島第一原発の事故について語りたいのであれば、まずは福島の歴史を学び、福島県民の利益を考えるべきだといった主張こそが、あの事故がもっていた普遍的な教訓やグローバルなコミュニケーションの可能性を損ない、結果的に人類全体の学びを妨げるもののように感じられる。じっさい、チェルノブイリの原発事故について考えるとき、日本に住むぼくたちは、チェルノブイリの街としての歴史やチェルノブイリの位置するポリーシャ地方の歴史をどれほど意識しているだろうか（そもそも日本人のどれほどがこの地名を知っているだろうか）。もしそこでウクライナ人たちが、ポリーシャの政治や歴史に通暁せず、ポリーシャに金も落とさない人々がチェルノブイリの事故について語るのは「迷惑」だと主張し始めたとしたら、ぼくたちはどう思うだろうか。

福島から考えるか。原発事故から考えるか。開沼とぼくでは優先順位が異なる。しかし、ほんらいはふたつの道は衝突するものではないはずである。

開沼が『はじめての福島学』を著し、そのひとつの道を代表したのであれば、ぼくたちにいま必要なのは、『はじめての原発事故学』というもうひとつの著作なのかもしれない。

［注］

1　開沼博『はじめての福島学』、イースト・プレス、二〇一五年、三九一、四〇〇頁。［　］内は引用者による補足。

観光地化計画はなぜ失敗したのか

2015

福島第一原発事故の跡地を「観光地化」するというアイデアを思いついたのは、二〇一二年のことだった。それから三年が経ち、書籍版『福島第一原発観光地化計画』の出版からも一年半以上が過ぎた。世間の反応が出そろうなかで、ストレートに「原発事故跡地を観光地にしよう」と訴えても、ほとんど理解を得られない、それどころか反発を買うだけであることがあきらかになった。書籍の出版は問題提起としてすら機能しなかった。提案は冷笑されるか批判されるだけだった。ぼくは率直に失敗を認める。

それにしても、なぜここまでみごとに失敗したのだろうか。演出家の鈴木忠志と哲学者の中村雄二郎の二〇年前の対談を読んでいたら、気にかかる記述を見つけた。

中村によれば、かつての日本には、殺人のような重い罪が犯された場合、加害者を罰するだけでなく、被害者および加害者が立ち寄った家まで焼き払い、「抹殺」する習慣があったらしい。それを受けて鈴木は述べている。「視覚的な記憶とか場所自体をないかのようにしてしまうというのは、日本独特の共同体の知恵というか、システムだと思うんです。今でもその心性みたいなものは日本人のなかに生きている気がします。記憶を消そうという。／外国人だと、悪い記憶のある建物は残しておこうとするだろうけれども、日本人は消してしまう。侵略による虐殺もないことにしよう、となる」［1］。

ぼくは観光地化計画のアイデアを思いついたとき、このような日本の「知恵」を意識していなかった。むしろ広島や水俣を抱える日本は、ダークツーリズムの先進国のはずだという意識をもっていた。

けれども問題ははるかに深刻だった。記憶そのものを消す。そして記憶を喚起するものまでも消す。その「知恵」はどうやらいまも生きているようだ。それは被災地で日々実践されている。震災遺構はつぎつぎに解体されている。去る（二〇一五年）三月、ぼくは小松理虔の案内でいわき市の海岸を訪れた。聳《そび》え立つ防潮堤によって視界から海が消え、高台移転の土地確保のため里山が崩され、津波で流されたかつての町がまるごと更地に変えられ、それが「復興」と呼ばれていた。

この国では、復興は忘却とひとつになっている。復興は穢れがなくなることを意味している。だとすれば、原発事故の跡地を傷ついたすがたのまま、つまり穢れたすがたのまま残し、観光客に公開しようというぼくたちの提案は、記憶をめぐる日本の伝統にまっこうから衝突するものだったにちがいない。理解を得られないのはあたりまえだ。跡地見学の安全性や被災者の気持ちといった具体的な問題以前に、そもそもこの国では、そういう発想は「ありえなかった」のである。ぼくはそれをわかっていなかった。

というわけで、福島第一原発観光地化計画は失敗した。この計画が現実の復興に影響を及ぼすことは、今後まったくないだろう。

しかし同時に、その失敗は、ぼくに新たな見通しも与えてくれたように思う。福島第一原発観光地化計画は、この国の根っこにある深い病巣に触れた。ぼくは今後はその病巣こそを問題にしたいと考えている。そのためには、表面的な賛同者を集めることについては諦め、より深く、社会の無意識にまで届くような、搦め手の文化的な戦略に踏み込んでいくほかない。みなが躊躇なく「いいね！」ボタンを押すような「プラン」や「提案」は、この国では忘却の伝統に寄り添うほかないのだ。ぼくはむしろ、戦争や災害に対するそのような記憶＝忘却の構えそのものを変質させるような、長期的な体質改善を企てていきたいのだ。

福島第一原発観光地化計画の提案から三年、ひとことでいえば、ぼくは自分の言葉が現実をまったく動かさないことを知った。

けれども、現実があの事故を「なかったこと」にすることでしか動かないのであれば、それに抗い、そうではないべつの可能性を構想するのもまた、同時代に生きる言論人の使命なのではないかと思う。言葉は現実を動かすためだけにあるのではない。けっして現実にならないことを考えるためにもある。問題は原発事故にかぎらない。ゲンロンは、これからも、否、これからこそ、この国の病巣に向かいあいたいと思う。

［注］

1　鈴木忠志、中村雄二郎『劇的言語　増補版』、朝日文庫、一九九九年、二三六―二三七頁。「／」は改段落を示す引用者の挿入。

慰霊と脱政治化

2015

終戦から七〇年目の夏が来た。六月二三日は沖縄県における慰霊の日だった。八月六日には広島で、九日には長崎で慰霊式が行われた。一五日には全国戦没者追悼式が行われる。日本にはあちこちに慰霊碑が建ち、あちこちで慰霊祭が開催されているが、夏はとりわけその存在を意識する。そのせいというわけではないが、このところ「慰霊」という言葉について考えている。

慰霊という言葉は、いまや日本人の日常にすっかり溶け込んでいる。けれども、この言葉の歴史は意外と浅い。それはじつは戦後になって普及した言葉で、かつては「招魂」や「顕彰」といった軍国主義的な表現のほうがよく使われた。「慰霊祭」や「慰霊碑」といった熟語は、ほとんど歴史を遡ることができない。小学館の『日本国語大辞典』第二版は、「慰霊祭」の初出として一九三三年の尾崎士郎の小説を挙げている。「慰霊碑」の初出にいたっては七六年の曽野綾子の小説だ。

そんな歴史のない言葉が、なぜ気にかかり始めたのか。それは、この言葉のもつあいまいさが、いまの日本が陥っている政治的不能性に対して、ある理解のかたちを与えるもののように思われたからである。

慰霊のなにがあいまいなのか。慰霊という言葉は、自然災害における死者の追悼にも戦争における死者の追悼にも同じように使うことができる。そのあいまいさを体現しているのが、東京の墨田区にある東京都慰霊堂である。伊東忠太の設計で知られる建築だ。この施設は、関東大震災と東京大空襲の犠牲者の遺骨をともに納め、「慰霊」している。

このあいまいさはなにを意味しているのだろうか。日本人は戦争を自然災害のように捉えるといわれる。じっさい、戦争の被害はときに「戦災」と呼ばれる。東京都慰霊堂の近くには江戸東京博物館があるが、そこでも関東大震災と東京大空襲は、都民を苦しめたふたつの「災」として連続して展示されている。だから、両者の犠牲者が同じ施設で祀られていると聞いても、多くの読者は日本的な慰霊のすがたとして自然に受け入れてしまうだろう。

けれども、少し調べてみると、問題はそれほど単純ではないことがわかる。慰霊堂は隅田川に近い都立横網町公園のなかに建設されている。この公園は、かつて陸軍被服廠があったところで、一九二三年の関東大震災当時は公園造成のために空き地になっていた。震災では多数の罹災者の避難場所となったが、不幸なことにそこを火災旋風が襲い、四万人近い焼死者を出す悲劇となった。慰霊堂はもともとは、その被災の現場に犠牲者の遺骨を集め追悼するために計画されたもので、官民の寄付で七年後の一九三〇年に建てられ東京市に寄贈された。だからそのころは名称もたんに震災記念堂といった。それが戦後、東京大空襲の犠牲者の遺骨もあわせ納められることになり、東京都慰霊堂と名前を変えたのである。つまり、戦前にはこの施設は慰霊堂とは呼ばれていなかったし、追悼の対象も震災犠牲者だけだったのだ。

それでは、なぜ震災と空襲の犠牲者がともに祀られるようになったのか。公園と慰霊堂はいまは東京都の所有だが、管理は東京都慰霊協会という団体に任されている。関東大震災の日である九月一日と東京大空襲の日である三月一〇日には、この団体の主催で慰霊祭が行われる。

東京都公園協会が刊行している小著〔1〕は、この団体の設立と空襲犠牲者の納骨に興味深い経緯があったことを伝えている。東京都慰霊協会は戦後の一九四七年に設立された。前身は戦前の東京市忠魂塔建設事業会である。同会は「殉国軍人」の追悼を目的として作られた組織で、すでに忠魂塔の建設予定地も決まっていたが、敗戦により解散させられた。しかし他方で、当時の東京では、軍人だけでなく、民間人からも空襲によって膨大な数の死者が発生しており、その埋葬と追悼が大きな課題となっていた。そこで忠魂塔建設事業会が、政教分離という新たな原則に配慮しつつ、民間有志が結成した任意団体に変わるというアクロバットを使って復活することになった。それがこの慰霊協会なのである。だから協会は当初、空襲犠牲者の遺骨を、戦前に確保していた忠魂塔建設予定地に埋葬することを計画していた。けれどもそれはGHQの許可が下りなかった。かわりに示されたのが、震災記念堂への共同納骨だったということらしい。

この経緯は、慰霊という言葉に与えられた政治性、というより「脱政治性」をみごとに示している。忠魂塔建設事業会は、もともとの政治性を拭いさるため、「忠魂」の言葉を消し「慰霊」協会へと名前を変えた。震災記念堂は、占領軍との政治的な軋轢を避けるため、空襲犠牲者の遺骨を受け入れ「慰霊」堂へと名前を変えた。

つまり、都民はなにも最初から、震災と空襲の犠牲者を、同じ場所で、同じように「慰霊」するつもりではなかったのだ。共同納骨は、占領軍をなだめるために編み出された方便にすぎなかった。けれども、いまのぼくたちは、そのような歴史をすっかり忘れ、震災も空襲も同じように扱うのが日本的だと思い込んでいる。

それでは、慰霊のこの脱政治的な、すなわちあいまいな性格は、戦後特有の現象なのだろうか。これもそう簡単な話でもないようだ。慰霊についていくつかの文献を読んだところ、「怨親《おんしん》平等」という言葉に出会った。読んで字のごとく、「怨」も「親」も、つまり敵も味方も平等に供養するという意味の仏教用語である。

怨親平等の歴史は古い。前掲の『日本国語大辞典』第二版は、この語の初出を平安時代まで遡っている。山田雄司の『怨霊とは何か』によれば、それは鎌倉時代に元寇をきっかけに定着し、禅宗とともに広がった思想らしい[2]。観光地として知られる北鎌倉の円覚寺は文永・弘安の役の戦死者を弔うため建立された寺院だが、そこでは元・高麗の連合軍と日本、双方の犠牲者がともに供養されているという。

怨親平等の思想は近代でも力をもっている。戦前の日本には、自分たちが侵略した、その当の相手の国の軍人を弔う記念碑が存在している。なかでも有名なものは、熱海に建てられた興亜観音である。興亜観音は、南京大虐殺の責任を問われ、東京裁判で死刑判決を受けた松井石根《まついいわね》陸軍大将が、日中両軍の死者を弔うために、つまり自分が殺した犠牲者を弔うために建立したものである。

見かたによってはじつにグロテスクな追悼行為だが、同じ思想は戦後もかたちを変えて生き続けている。沖縄平和祈念公園にある刻銘版（平和の礎《いしじ》）には、米軍も日本軍も、敵味方関係なく犠牲者の名が刻まれている。広島平和記念公園にある原爆死没者慰霊碑には、「安らかに眠って下さい　過ちは繰返しませぬから」といった言葉のみが刻まれ、だれが原爆を投下したのか、責任を問う表現は慎重に避けられている。戦争でひとが死ぬのは、一方に殺すひとがいて他方に殺されるひとがいるからなのではない、戦争そのものが悪なのであり、そこでは加害者もなく被害者もなくみな苦しむのだと、日本人はそう考えているように見える。怨親平等こそが、どうやら慰霊のあいまいさの源流にある。

なぜ日本ではこのような奇妙な思想が力をもったのだろうか。前掲の山田の著書は、その背景として、戦国時代以後「怨霊」の思想が弱まったことを指摘している。梅原猛が『隠された十字架』や『水底の歌』などであきらかにしたように、日本人はもともと荒れ狂う怨霊を怖れる文化をもっていた（怨霊史観）。ところが、あるときから、霊たちは生者＝加害者の世界を脅かすのをやめてしまったというのだ。

そしてそれは霊の美学化と並行していた。山田はまたべつの著書で、怨霊のその地位低下が、「怨霊」から「幽霊」への語彙の変化に象徴されると分析している。「幽霊」は世阿弥により作られた言葉で、もともとは能で使われる言葉、すなわち美の対象を表現する言葉だった。それが江戸時代には大衆に普及し、かわりに「怨霊」はあまり使われなくなった。山田はつぎのように記している。「『怨霊』という語があまり用いられなくなり、かわりに『幽霊』が用いられるようになると、巷間では以前とかわらずに恐れられたものの、政治的には意味を持たなくなっていった。すなわち、国家によって『怨霊』への対処は行われていたのに対し、『幽霊』が国家によってとりあげられて鎮魂されることはなかった」[3]。日本ではいつのころからか、死者の追悼が、政治のカテゴリーではなく美のカテゴリーで処理されるようになった。ひらたくいえば、政治的儀式ではなく、芸術や文学によって扱われるようになった。敵も味方もない、加害者も被害者もない、みなが苦しんだので安らかに眠ってもらえばよいという怨親平等の思想の背景には、このような、怨霊の美学化＝脱政治化があったようなのである。

カール・シュミットの有名な定義によれば、政治とは、まさに「怨」と「親」を、つまりは敵と味方（友）を分割することにあった（『政治的なものの概念』）。その定義に照らせば、怨親平等の思想とは脱政治化の思想にほかならない。日本の慰霊は、そんな伝統のうえに設立されている。

慰霊は霊を慰めると書く。しかし霊とはなんだろうか。慰めるとはなんだろうか。ほんらいはそれらの言葉には、なんらかの政治的な選択や宗教的な価値が結びついているはずである。

けれども、いまの日本ではその結びつきが壊れてしまっている。たしかに戦後の日本では、政教分離が憲法で定められているので、公的機関は特定の宗教祭祀に関わることができない。結果として政府や自治体が行う慰霊行為は、じつにあいまいなものになっている。しかしそのあいまいさは、けっして現行憲法によってのみもたらされたものではない。背後には長い怨親平等の伝統がある。

日本には無数の慰霊碑がある。震災や戦災の記念日には盛大な慰霊祭が行われる。それだけ見れば、いかにも死者の追悼に熱心な国であるかのように映る。けれども、ためしに「慰霊碑」で検索してみればわかるように、そこで建てられている碑のほとんどは、神道とも仏教とも切り離された、つまりいかなる歴史とも伝統とも切り離された、勝手気ままなデザインの物体にすぎない。この国では、みな、そのようななんの根拠もない抽象的なオブジェをまえにして、神に祈るでもなく、経典を読みあげるでもなく、ただ黙って頭を下げ、霊を慰めた「気分」になっている。それが日本の慰霊である。日本人は、死者を追悼するとは、その死からあらゆる政治的な意味を剝ぎ取り、宗教的な価値すら剝ぎ取り、魂を美=怨親平等の領域に投げ返すことだと、あたかもそう思い込んでいるかのようだ。

けれども、そんな友も敵も作らない慰霊の思想では、荒れ狂う怨霊はけっして鎮めることができない。生者=加害者の世界は守れない。だからこそ、敗戦から七〇年を経たいまも、この国では、戦死者=被害者の追悼が国内的にも国際的にも政治的課題になり続けているのである。

［注］

1　加藤雍太郎、中島宏、木暮亘男『横網町公園』、東京都公園協会、二〇〇九年。

2　山田雄司『怨霊とは何か』、中公新書、二〇一四年。

3　山田雄司『跋扈する怨霊』、吉川弘文館、二〇〇七年、一七二―一七三頁。

埋没費用と公共性

2015

みんなで決める、というのが流行である。みんなで決めることは、いまや絶対善だと考えられている。というより、いまの時代、もはやそれ以外に善の基準がなくなっていると理解したほうがいいのかもしれない。「民主主義を守れ」がデモの唯一のスローガンになっていることからもそれはわかる。憲法を改正するべきか否か、原発は再稼働するべきか否か、基地は沖縄に置くべきか否か、むずかしいことはわからないが、とにかくみんなで決めることが大事で、それだけ訴えていれば数を集められるというのが最近の反体制派が好む戦略のようだ。

けれども、「みんなで決める」ことはそれほど無敵の原理なのだろうか。欠点はすぐに思い浮かぶ。「みんなで決める」の原理は、かならずその「みんな」とはだれなのかという疑問を引き起こす。歴史的には、そこに人種差別や性差別が忍び込んだ。むろん、「みんな」の範囲をできるだけ拡張することはできる。けれども、いくら「みんな」の範囲を拡張したとしても、そこには結局のところ、いまこの瞬間に生きている人々しか含めることができない。死者は入らないし、生まれていない子どもたちも入れることができない。「みんなで決める」の原理は、本質的に、「いまここ」に生きる人々の利益しか考慮することができないのだ。

これは重要なことを意味している。民主主義は一般に、リベラルの左翼が重視する価値観で、荒々しい資本主義を抑制するものだと思われている。国会前で「民主主義を守れ」と叫んでいる若者たちも、おそらくそう考えている。

けれども、民主主義と資本主義はこの点ではまったく対立するものではない。「みんなで決める」が政治の原理だということは、「いまここ」の利益が政治の基礎だということである。そして、「いまここ」の利益を最大化するために、人類は市場原理以上に効率のよい原理を知らない。「みんな」からなるべく効率よく意見を拾いあげ、その相違を数値化し、統計的に処理し、各人の利益と損失をなるべく等しくするように妥協点を算出する――それは資本主義がもっとも得意とする作業である。「みんなで決める」は、原理的に「いまここに生きるみんなが得するように決める」を意味している。そのためには市場はたいへん役に立つ。

じっさいにそれが原発再稼働や沖縄の基地問題で起きていることである。原発再稼働は長いあいだ危険が残る放射性廃棄物を生み出す。基地造成のため破壊された珊瑚礁は二度と戻ることはない。いくらそういったところで、地元は生活が苦しいのだ、金がないと解決できないのだ、そのためにはまず原発や基地が必要なのだと主張されれば、「みんなで決める」の原理では反駁することができない。「いまここ」の利益にもとづく政治では、大地や海の美しさと住民の幸福を天秤にかけ後者の皿が傾くのであれば、大地や海を汚染するのは「合理的」だと判断するほかない。資本主義と民主主義はそこではなにも対立しない。経済と法は「いまここ」の利益のもとではたやすく統合されるのだ。現在の経済学では、そのような理論がたくさん作られている。

むろん、ここには詐術がある。大地や海の価値はほんらいは、かつてそこに生きた死者たち、そしてこれから生まれる子孫たちにとっての利益も含めて算出されるべきなのであって、「いまここ」に生きる生者だけの利益をもとに算出すれば不当に低く評価されるに決まっている。けれども、いまの社会は、政治においても経済においても、その判断に抗う理論をもっていないのである。それが「みんなで決める」を絶対善とすることの、もっとも厄介な帰結である。

ぼくたちはいま、「みんなで決める」が絶対善だとされる時代に生きている。いいかえれば、民主主義と資本主義の融合のもとで、「いまここ」の利益だけが計算される時代に生きている。けれども、ひとはほんとうに「いまここ」だけで幸せになれるのだろうか。ぼくがここで思い出すのが、埋没費用（サンクコスト）という言葉である。

埋没費用は、回収が不可能になった費用を意味する経済用語である。たとえば、ある事業に資金や労力を投資したものの、もはや事業の失敗があきらかになった、そのときの投資済みの資金や労力が埋没費用にあたる。そして経済学では、埋没費用は端的に無視するのが合理的だとされる。よく出される例は映画のチケットである。チケットを買い、劇場に入場し、開始してすぐに映画がつまらないと判明した場合、そこで席を立つべきか否か。経済学者は、立つほうが合理的だと主張する。どうせチケット代は返ってこない。それならばチケット代という埋没費用は忘れ、残りの時間を劇場を出て有意義に過ごしたほうが合理的なはずだからだ。過去の愚行は忘れ、つねにゼロベースで未来の幸せを考える。それが経済学の思考であり、ビジネスの思考である。

けれども、じっさいには多くのひとはそんな行動は取らない。戻ってこないチケット代に心を囚われ、無為な時間を過ごす。それればかりか、その行動を合理化するため、退屈なはずの映画を褒め始めたりする。

ひとは埋没費用から自由になれない。それは経済学では、二〇世紀の半ばに開発され、商業的に失敗した超音速旅客機の名称から「コンコルドの誤謬」と呼ばれたりもする。けれどもぼくは、それを「誤謬」と呼び、否定することに抵抗を感じる。

なぜならば、ぼくにはむしろ、それこそが人間の文化の源泉であり、人間性の核心のように思われるからだ。もしここに若い夫婦がいて、幼い子どもを亡くしたばかりだったとして、そんな彼らがただちに死んだ子の存在を忘れて新しい子を作ろうとするならば、たとえそれが合理的だとしても多くのひとはなにか不審なものを感じるだろう。同じことは国家間の関係についてもいえる。たとえば、日本がいまだに韓国から不信感をいだかれ続けているのは、日本がつねに第二次大戦の犠牲について、それは埋没費用なのだから忘れよう、「未来志向」のためになかったことにしようといい続けているからなのだ。日本の提案はもしかしたら、両国の未来を考えると合理的なのかもしれない。けれども、死んだ人間は生き返らない、だから忘れようといわれて簡単に忘れられるのであれば、だれも苦労はしない。死者の追悼が必要なのは、ひとはそうたやすく埋没費用から自由になれないからなのだ。

死者は埋没費用だ。それは民主主義と資本主義の外部にある。死者の思いについていくら思考を巡らせても、「いまここ」のぼくたちが幸せになることはないし、豊かになることもない。けれどもそれは、ぼくたちが人間であるかぎり、いくら無視しようとしても無視することはできない。ぼくたちはコンコルドの誤謬を犯し続ける。だからぼくたちは文化や物語をもっている。

ぼくはよく「誤配」という言葉を使う。ほんらいならあるはずのものではないけれども、しかし「誤って」存在してしまい、そしてそれによってむしろ人間の人間性を生み出すもの。おそらくはコンコルドの誤謬も、そんな誤配のひとつだ。コンコルドの誤謬＝誤配こそが、民主主義と資本主義の外部でもうひとつの原理を与えてくれる。哲学者はそれをしばしば公共性と呼んでいる。

みんなで決めるのが悪いのではない。いまここの幸せを求めるのが悪いわけでもない。けれども、社会はそれだけでは成立しない。

戦後の日本は、過去の愚行を忘れ、面倒な死者の追悼を避け、つねにゼロベースで「いまここ」の幸せばかりを追い求めてきた。いいかえれば、民主主義と資本主義をうまいぐあいに調和させてきた。けれども、いまの日本は、埋没費用の亡霊を引き受けた「もうひとつの原理」をこそ必要としているのではないかと、「民主主義はこれだ」と叫ぶ若者たちを見るたびに感じている。

代弁の論理と『苦海浄土』

2016

1

人間は死んだら終わりではない。いや、終わりかもしれないが、それでも「終わりではないもの」について考えようとするところに、人間が人間であるゆえんがある。それは洋の東西を問わず、古代からそうだ。

けれども、いまの日本では、そのようなものについて語り、考えることがとてもむずかしくなっている。いまこの国に住む一定の年齢以下（おそらく団塊世代以下）の人々は、「個体の死を超えるもの」についてなにも共通のイメージをもたなくなっている。宗教がない。イデオロギーもない。故郷への愛（地縁）も先祖への敬意（血縁）もない。愛国心もむろんない。

いいかえれば、現在の日本人は、意識しないままに徹底した世俗主義者かつ功利主義者になっている。一〇年近くまえ、団塊世代のある社会学者が『おひとりさまの老後』というタイトルの本を出し、ベストセラーになったことがあった。ここ最近は葬式は要らないという本も目立つ。ひとりで生き、ひとりで死に、子孫になにも残さない。なるほど、それは潔い生きかたではあるだろう。

けれども、みながひとりだけで生き、ひとりだけで死ぬと決めることは、またべつのことも意味している。そのように決めたひとに対しては、もはや「いまここ」の利害以外の論理が通用しなくなる。多くのひとが世俗主義と功利主義を奉じるようになった世界では、正義や道徳について語ろうとしても、「そうすると褒められる」(快楽が増える)か「そうすると批判される」(快楽が減る)かぐらいしか、訴える言葉が存在できなくなる。たとえ「いまここ」の快楽に反しても、先祖や子孫のために、あるいは現世を超えた超越的価値のためになにかを残したり、なにかを打ち立てたりする、そういう行動を正当化する理屈が存在できなくなるのだ。

むろんその状況を憂えている人々もいる。けれども、そういう人々は総じて右派に分類され、ナショナリズムや排外主義に傾いている。ぼくとしてはまだ「美しい国」とか「英霊」とかはいいたくない。ではどうするか。

ぼくがこのようなことを考えるようになったのは、震災と原発事故がきっかけである。原発はすばらしい技術だが、使用済み核燃料の処理方法が見つかっていない。たとえ事故を起こさなかったとしても、原発が未来の環境に負担をかける存在であることはあきらかだ。だからぼくは、事故からしばらくのあいだは、原発とは中央が辺境に押しつけている必要悪であり、辺境の住民もいやいや受けいれているものだと信じていた。つまり、原発はなければないほうがいいと、みなそう思っていると信じていた。

けれども、この五年でわかったのは、事態はそれよりもはるかに複雑、いや、むしろシンプルだということである。原発は未来の環境に一方的に負荷を残す。けれども、そのことさえ忘れれば、原発ほど都合のいいエネルギー源はない。電力会社は潤う。立地自治体は潤う。原発産業も潤う。電気の値段は下がり、消費者まで潤う。世俗的な功利だけが善の基準なのであれば、原発はどうやら善なのだ[1]。

震災後の日本の状況は、ぼくたちが原発を善と考えるしかない社会のなかにいることをはっきりと示してしまった。ぼくたちはみな世俗主義者で功利主義者で「おひとりさま」で、「いまここ」の利益しか考えることができない。だから原発を拒否することができない。地元の住民は喜んでいる、おまえの利益にもなる、事故は起こさないように努力するといわれたら、なにもいい返せない。そしてじっさいに、いまは立地自治体の住民自身が再稼働や新設を求めている。

いまの日本には、経済合理性と「当事者の声」しか公共善について語る基準が存在しない。儲かることは考慮される。当事者の訴えも考慮される。ちょっと目端のきくひとは、両者を組み合わせることを考える。社会起業家といわれる人々がそれだ。彼らは、当事者の訴えを市場原理のなかで実現すること、それが新たな時代の正義なのだと訴える。ぼくはそれを否定しない。ぼくだってゲンロンを経営しているのだから、似たようなものだ。

けれども、それだけではすべては解決しないのだ。世のなかには、経済的な利益にならず、けっして当事者が語ることもないが、にもかかわらず社会のためには聞き逃してはならない声がある。世俗と功利の論理、いいかえれば民主主義と資本主義の論理は、それらの声に原理的に気づくことがない。

2

当事者が語らない、聞き逃してはならない声とはなにか。ひとつのヒントが、石牟礼道子の『苦海浄土』にある。

あらためて紹介するまでもなく、『苦海浄土』は、水俣病の存在を世界に知らしめた記念碑的な著作である。独特のリズムをもつ水俣弁で、被害者の声を借りて、公害の現実と苦しみを生々しく描き出している。文学的にも評価が高い。一九六九年に『苦海浄土』が出版されたとき、作者の石牟礼は水俣に住む無名の詩人にすぎなかった。

この作品にはたいへん興味深い性格がある。いまの紹介からもわかるとおり、この著作はたいていはノンフィクションとして読まれている。ネットの感想を見ればいまの読者がそう読んでいることはわかるし、おそらく当時の読者も同じだっただろう。けれどもその読解は正確ではない。

石牟礼は『苦海浄土』の一部を、聞き語りの形式で書き記している。登場する人々の名前は実名で、地名も年号も事件の細部も具体的で、ディテールまで生々しい水俣弁で記されているので、読者はそれがじっさいに患者が発した言葉そのものだと信じ込んでしまう。

ところが、それは事実と異なっている。『苦海浄土』の講談社文庫版には、渡辺京二が長い解説を寄せている。渡辺は、本書の原型となった原稿が熊本県の同人誌に発表されていたときの担当編集者、つまり本書の産婆役を務めた人物である。彼によれば、石牟礼は「記録作家ではなく、一個の幻想的詩人」だった。そしてじっさいに、『苦海浄土』に登場する語りの一部は、聞き書きではなく、取材での印象をもとに石牟礼が想像で作りあげたものだった。考えてみれば、当時はまだテープレコーダーは大きく、たやすくもち運びできるものではなかった。そんな時代に方言による長時間の会話を正確に記録し、文字起こしできるわけがないし、病床に伏せる漁師たちが整然と自分史を語るわけもなかっただろう。つまりは『苦海浄土』は、本質的には、石牟礼という詩人が水俣の住民たちに仮託して書き上げた「私小説」——これは渡辺の表現だ——なのであり、けっしてルポルタージュでもノンフィクションでもなかったのだ（そのせいかどうかわからないが、石牟礼は第一回大宅壮一ノンフィクション賞の受賞を辞退している）。彼が聞き書きの事実関係について問いただしたとき、石牟礼は「いたずらを見つけられた女の子みたいな顔」をして、つぎのように答えたという。「だって、あの人が心の中で言っていることを文字にすると、ああなるんだもの」〔2〕。

現在の常識で判断すると、これはたいへんなことをいっている。『苦海浄土』が出版されたときには、まだ水俣病の原因についてさまざまな意見があった。行政の動きはたいへん鈍く、漁村から離れた水俣市内では、税収や雇用への配慮からむしろ加害企業を擁護する声が目立っていた（それはいまの日本で原発立地自治体から聞こえる声にたいへん似ている）。そのような葛藤のなかで、ある政治的立場にたって被害者の声を「創作」する。もしいま、同じことを福島の原発事故について行ったらどのような反応が来るだろうか。おそらくは悪質な捏造として厳しく批判され、作者は謝罪に追い込まれ、著書は回収されてしまうだろう。

けれども石牟礼は謝罪を求められなかった。『苦海浄土』も回収されなかった。それどころか、石牟礼という「幻想的詩人」の「創作」は、被害者が「心の中で言っていること」を取り出すための文学的な手法として理解され、多くの読者を獲得し、大きな社会的うねりを生み出した。

二〇一六年のいま、石牟礼のような手法が肯定されるべきなのかどうか。ぼくにはよくわからない。ぼくもまた二一世紀に生きているので、「エビデンス」とかいってみたくなる気持ちはある。事実にもとづかないのであれば、小説として書くべきだという考えもわかる。けれども、もし石牟礼が、事実と虚構を峻別し、当事者が語ったことと語らなかったことを区別して記す作家だったのであれば、『苦海浄土』はけっして生まれなかったことだろう。そして、水俣病の苦しみは、少なくともいまのようには広く理解されなかったことだろう。

政治家も文学者もジャーナリストも、いまはみな当事者の声を「代弁」することしか考えていない。現代の日本ではそれぐらいしか正義の根拠がない。

けれども、それはほんとうに代弁になっているのか。彼らが行っているのは、当事者の代弁のようでいて、じつは、「当事者がいえること」の、「当事者がいうべきであること」の、そして「相手が自分にいってほしいと察して当事者がいっていること」の反復でしかないのではないか。

ひとにはだれでも、思っていてもいえないことがあり、また本人でさえいいたいと気づいていないことがある。それが石牟礼がいった「心の中で言っていること」である。それは現実にはいわれないのだから、それを「代弁」することには根拠がない。けれども、「エビデンス」などけっして届かない、その無根拠の闇に降りずして、なにが弱者の代弁だろうか。『苦海浄土』は、ぼくたちの時代のそんな浅薄さにあらためて気づかせてくれる。

世俗と功利を超える。「いまここ」に回収されないものを考える。民主主義と資本主義では届かないものを考える。けれども「英霊」や「美しい国」には行かない。その困難な道は「心の中で言っていること」に耳を澄ませることから始まるのだと、最近は考えている。

［注］

1　むろん、原発に反対する人々は、世俗的で功利的な基準で見ても原発は善＝利益にならないと主張している。けれどもそちらの主張については、自然エネルギーと比較したときの経済性や災害リスクの見積もりなど、じつに複雑な議論がある。それに対して、現在の技術で処理できない放射性廃棄物を生み出し、未来の人々と環境に一方的に負担を押しつけることの倫理的な問題はあきらかである。それゆえここでは、あえて議論を単純にするために、「未来のことを考えなければ原発は善になる」と記している。

2　渡辺京二「解説　石牟礼道子の世界」、石牟礼道子『新装版　苦海浄土』、講談社文庫、二〇〇四年、三七一頁。

鉄原《チョルオン》と福島の余白に

2016

　友の会会員のみなさんの手元には『ゲンロン2』が届いたばかりだと思う。けれども『ゲンロン3』の編集は早くも動き出している。次号特集は「脱戦後日本美術」。編集部では取材のため、去る（二〇一六年）四月四日から八日にかけて、美術評論家の黒瀬陽平とともに韓国を訪れた。

　取材の対象は、韓国と北朝鮮の国境近くを舞台に、毎年夏に展覧会を開催したりアーティストに滞在制作の場を提供したりしている現代美術の企画、「リアルDMZプロジェクト」である。それは二〇一二年に始まった。

　リアルDMZプロジェクトは、文字どおり「DMZ」の「リアル」を見せる「プロジェクト」である。

　DMZとはなにか。いまぼくは韓国と北朝鮮の「国境」という表現を使ったが、じつはこれは正しくない。韓国も北朝鮮も半島全土が自国の領土だと主張しているので、国境はありえない。両国のあいだには「軍事境界線」があるだけで、いまはその境界の南北約二キロ（場所によって増減があるらしい）、幅四キロの地域が非武装中立地帯に指定されている。DMZとは、この「非武装地帯 Demilitarized Zone」を指す略称である。韓国側では、DMZのさらに南にも、市民の立ち入りが制限された広大な土地（民間人統制区域）が広がっている。リアルDMZプロジェクトは、この民間人統制区域を舞台にして、国境や民族の問題を考えるアートプログラムだ。

　韓国を訪問したことのある旅行者ならご存じだろうが、DMZはいまでは大きな観光資源になっている。南北朝鮮はいまでも公式には戦争状態であり、じっさいに小競りあいも起きている。にもかかわらず、韓国ではDMZへの「安保観光」（安全保障を観光するという意味だろう）が盛んで、外国人も気軽に参加できる。とくにソウルは国境に近いので、大きなホテルにはどこでもDMZツアーのパンフレットが置かれている。ソウルからわずか四〇キロほどの距離には、臨津閣《イムジンガク》と呼ばれるDMZ観光の入り口となる施設が設けられている。臨津閣には、展望台のほか遊園地や芸術公園もあり、年間五〇〇万人が訪れるという。

　DMZの観光地化は、むろんたんなる娯楽としてだけ進められているわけではなく、韓国の国家主義的イデオロギーと密接に結びついている。今回の取材でも経験したが、ツアー参加者は、北朝鮮の脅威を強調する映像や展示をかならず見せられることになる。リアルDMZプロジェクトは、軍事的緊張のそのような「娯楽化」「観光地化」に対する、現代美術からの批判的な応答の試みだともいえよう。

ＤＭＺは南北の境界なので、朝鮮半島を東西に横断している。前記の臨津閣は、その西端近く、ソウル近郊の坡州《パジュ》に位置している。けれどもＤＭＺ観光が実施されているのはそこだけではない。地方でも行われている。リアルＤＭＺプロジェクトが展開されているのも、地方のＤＭＺ観光地だ。

リアルＤＭＺプロジェクトは、ソウル市内の美術館とＤＭＺ周辺のふたつの場所で展覧会を開催している。後者の舞台となるＤＭＺは、坡州ではなく、半島中央部に位置する江原道の鉄原《チョルオン》という田園地域で、ソウルから一〇〇キロ近く離れている。交通の便はあまりよくなく、ソウルから車で片道二時間以上かかり（取材時には渋滞がひどく三時間以上かかった）、あまり外国人は訪れない。観光地としても垢抜けないが、朝鮮戦争の激戦地として知られ、一〇世紀には泰封《テボン》（後高句麗）の都も置かれた歴史的に重要な地域だという。

リアルＤＭＺプロジェクトの鉄原会場は、最初は既存のＤＭＺ観光に「寄生する」かたちで、民間人統制区域にある展望台や公園に美術作品を設置する試みとして始まった。けれども、プロジェクトは回を重ねるにつれて規模を拡大し、二〇一三年には、観光ルートから離れて独自のレジデンス施設を開設することになった（取材時にもひとり若い作家が滞在していた）。一五年の第四回では、鉄原の中心地・東松《ドンソン》のメインストリートを会場とし、多くの来場者を集めた。

リアルＤＭＺプロジェクトは日本風にいえば「地域アート」に近い試みだが、興味深いことに主催者は国や自治体ではない。主催者はあくまでもチーフキュレーターのキム・ソンジョンが中心となった実行委員会であり、そこが独自に資金を集め、自治体の援助は予算の一部にとどまっているというのだ。キムは取材中、この予算面での自立こそが自由なキュレーションを支えているのだといくども強調していた。

ゲンロンがなぜこのプロジェクトに関心をもっているのか、すでに読者にはおわかりだろう。ゲンロンはこの数年、チェルノブイリの「ゾーン」や福島第一原発周辺の帰還困難区域など、人工的な理由で出現した無人の土地に関心をいだいてきた。そのような土地を「ダークツーリズム」によって外部に開く可能性や、土地の記憶を継承する「慰霊」の方法などについて議論してきた。韓国と北朝鮮のあいだに広がるDMZもまた、原発事故と戦争という差はあれ、まさに人工的な理由で生まれた無人の土地である。DMZにも、朝鮮戦争のまえには、街があり、生活があり、歴史があった。そこがいまは、だれも入ることができなくなっている。

日本では事故被災地は観光の対象にできそうにない。けれども隣国では、いまだ膨大な数の戦死者が埋まっているはずのDMZでさえ、観光の対象に変えられている。しかもキムらは、すでにその観光地化の功罪に対して、現代美術の手法で介入しようと試みている。その試みの紹介は、一方では原発事故という重すぎる課題の処理に悩み、他方では地域アートの乱立にとまどっている日本の読者に対して、重要な示唆を与えるものになるのではないか。

残念ながら、四月はリアルDMZプロジェクトの開催時期にはあたっていなかった。けれども、今

1｜臨津閣展望台より北朝鮮方面を臨む。川向こうは民間人統制区域（北朝鮮ではない）。平日の昼間だったが、観光客が大型バスで押し寄せている。
2｜鉄原平和展望台のメインホール。民間人統制区域内にあり、臨津閣よりはるかにDMZに近い。目のまえの平原はDMZで、韓国兵がすぐ下を歩き、北朝鮮の旗が掲げられた軍事施設も目視できる。リアルDMZプロジェクトでは、このホールでも作品が展示された。
著者撮影

回の取材では、キムみずからの案内で、じっさいに作品が置かれた（なかには恒久設置のものもある）民間人統制区域を訪れ、また彼女にプロジェクトの歩みや狙いをうかがう長いインタビューを収録することができた。加えて編集部では、鉄原との比較のため、坡州でのＤＭＺツアーにも「観光客」として参加してきた。

『ゲンロン３』には、キムのインタビューとともに、美術評論家のパク・チャンキョン――ＤＭＺを舞台にした名作映画『ＪＳＡ』の監督、パク・チャヌクの弟でもある――による、表象としてのＤＭＺを主題とした論文も掲載される予定である。キムのインタビューとパクの論文はともに、記憶や慰霊やアーカイブといった、この数年ゲンロンがテーマとしてきた問題群に鋭く呼応する内容になっている。楽しみにしていただきたい。

ぼくはかつて、福島について考えるため、チェルノブイリに行こうと呼びかけた。それにならって表現するならば、『ゲンロン３』の特集は、福島について考えるためＤＭＺに行こうと呼びかけるものだといえるかもしれない。福島の問題は全世界につながっている。

イ・ブルの政治的身体

2016

イ・ブルについて文章を書いてくれと依頼された。とはいえ、ぼくは美術批評家でもキュレーターでもない。一介の哲学者、それも政治思想や社会思想のほうを得意とする哲学者である。だから現代美術についてはよく知らない。そこで本稿を書くためにいろいろと調べてみた。インタビューを読み、論文を読んだ。結果として、この作家が、四半世紀前のデビュー以来、一貫して興味深い主題を追求していることを知った。しかし同時に、そちらではあまり付け加えるべき論点はないことにも気がついた。

イ・ブルは、自作の原理に対してきわめて自覚的な作家である。彼女は初期のころから、自分の作品がどのような政治的な意味をもち、またどのような思想的な読解格子で解釈されうるか、正確に認識し、みずから語っている。そして批評家たちもまた、そんな彼女の誘惑に導かれるかのように、かなりの量の読解を試みている。彼女の作品はおもに現代思想の語彙で分析されており、オリエンタリズム、サイボーグ、ユートピア、シミュラークルにジェンダーにポストモダニティといったきらびやかなキーワードがその創作行為を取り巻いている。いわく、彼女の作品は大きな物語（リオタール）が壊れた時代の身体と政治の、あるいは私と世界の関係を、断片的で可塑的で機械的でハイブリッドな（ハラウェイ）表象により表現しており、それはアンビルドな未来（リベスキンド／磯崎）を幻視させるとともに、実在しなかった過去への追憶（ベンヤミン／ボードリヤール）を想起させ、最終的にはわたしたちを代補としての逆説的な共存在（デリダ／ナンシー）に誘うものでもあるだろう、云々かんぬん。ぼくは前述のように哲学者である。だからそれらの語彙には慣れ親しんでいる。とはいえ、なまじ哲学を専門としているだけに、哲学用語を用いての作品分析はむしろ苦手である。イ・ブルをめぐる評論を読んでいると、その語彙のきらびやかさにむしろ目眩を覚える。

だからここではべつの観点から書いてみようと思う。前記のように現代美術に門外漢の（そして韓国ではほとんど知られていないであろう）ぼくに、なぜこの図録への執筆の依頼が来たのかといえば、それは、ぼくがたまたま、この春に、この展覧会のキュレーターでもあるキム・ソンジョンが運営するべつの企画「リアルDMZプロジェクト」の取材のために韓国を訪れたからである。ぼくはそのときイ・ブルにはじめて出会った。キム・ソンジョンはぼくを鉄原《チョルオン》DMZ地域に案内してくれたのだが、彼女もその取材に同行してきたのだ。同行の理由を尋ねると、DMZを主題とした新作を構想しているのだと答えが返ってきた。

ぼくはイ・ブルの活動はよく知っていた。作品もいくつも見ていた。けれども（あるいはそれゆえか）、鉄原の田園地帯をともに歩き回り、会話を交わしながらも、イ・ブルがなぜDMZに興味を寄せるのか、理由をよくつかむことができなかった。ぼくはそのときはまだ、彼女はポストモダンでグローバルで理論志向の作家だと考えていた。そしてＤＭＺは、そんな彼女が関心を寄せるにしては、あまりにもローカルで、政治的負荷が強い地味な土地のように思われた。サイボーグやアンビルドの美学と、ＤＭＺの風景のあいだに、いったいどんな関係があるというのだろう？

けれども、それから三ヶ月が経ったいまでは、彼女がＤＭＺに惹かれた理由がよく理解できる。ぼくは日本人である。日本人は一般に朝鮮半島の歴史に驚くほど無知である。とりわけ朝鮮戦争の歴史には無知で、南北朝鮮がたがいにいだく複雑な愛憎にも鈍感である。ＤＭＺについても、北朝鮮のようなカルト国家が長く保つはずがないしみな統一を望んでいるのだろうから、そのうち消滅するだろうぐらいにしか考えていない。ぼく自身も最初はそうだった。けれども少し調べると、事態はそう単純ではないことがわかってくる。韓国人が、分断の歴史と現実に対して、じつに複雑で入り組んだ、相互に矛盾すらしている思いを抱えていることがわかってくる（それはあえていえば、日本人が靖国神社や憲法九条に対していだく感情の複雑さに似ている――そちらはこんどは韓国人には理解しにくいかもしれないが）。そしてその事情がわかってくると、ＤＭＺは、イ・ブルの創作に疎遠であるどころか、逆に、さきほど記したような彼女のさまざまな問題系、ポストモダンなアートのキーワードが凝縮している場所のように見えてくるのだ。

たとえば、ＤＭＺは大きな物語（冷戦）の失敗のもっとも明白な実例である。それは民族のアイデンティティの中心に穿たれた傷であり、国民国家の身体をサイボーグへと変えている。ＤＭＺは無数のシミュラークル（映画、安保観光）に囲まれている。ＤＭＺは、アンビルドな未来（あらかじめ廃墟となった未来）の投影先であり、実在しなかった過去（ありえたかもしれない過去）への追憶の場であり、そして逆説的な共存在（統一の夢）の実験場でもある。さらに付け加えれば、ＤＭＺはまた、韓国という兄と北朝鮮という弟のあいだの（ソウルの戦争記念館の前庭に建てられた巨大な彫像が雄弁に示すように）、いささかエロティックですらある、ジェンダー攪乱的な鏡像関係の象徴ともいえるだろう。これらのひとつひとつがポストモダンな問題意識を呼び寄せる。イ・ブルはおそらく、ＤＭＺから無数の作品を作ることができるにちがいない。

否、おそらくはじっさいの順序は逆なのだ。というのも、以上のようにＤＭＺの解釈を整えてみると、逆に、いままでの彼女の作品の多くもまた、南北分断のアレゴリーとして作られていたかのように思われてくるからだ。彼女は、有名な《サイボーグ》シリーズでは手足がそれぞれ一本しかない半身のサイボーグ像を執拗に作り続けていたし、二〇〇〇年代に入ってからの《私の大きな物語》シリーズでは、都市模型を反転し天井から吊るし、わざわざ床に鏡を置いて、観客をそこに写る鏡像のユートピアを覗き込むように導いていた。イ・ブルの身体と世界は、初期から分断と鏡像の主題に取り憑かれている。彼女の作品はいつも歪《ゆが》み、切り刻まれ、そしてきらきらと輝いている。それはポストモダンな理論と批評を呼び寄せるが、ほんとうはもしかしたら、それ以前に単純に、朝鮮半島の政治的な現実、より正確には、政治的身体の現実を反映したものだったのかもしれない。朝鮮半島こそが、半身のサイボーグであり、アンビルドなユートピアであり、そして安っぽいスパンコールに彩られ、ビニール袋に入れられた腐りゆく魚（《壮麗な輝き》）だったのかもしれない。このような解釈は、韓国ではあたりまえに語られているのだろうか？　このような政治の身体性あるいは身体の政治性への注目は、もしかしたら韓国人にとっては自明なのかもしれない。もしそうであるならば、こんな平凡な読解にずいぶんと回り道してたどり着いた日本人の愚かさを、笑って許してほしいと思う。

ぼくが韓国を訪れたのは、日本にも二〇一一年の福島第一原発の事故をきっかけに、DMZに似た広大な無人地帯が出現したからである。日本人の多く、とりわけ被災地の住民はなかなか認めようとしないが、それは、日本の国土にも、朝鮮半島と同じような傷が穿たれてしまったことを意味している。いいかえれば、日本という身体が、一部サイボーグに変えられてしまったことを意味している。その政治的身体の変化を作品の水準で受け止める美術家が現れるためには、まだ日本は時間を必要とするのだろう。

鉄原に向かう車のなかで、イ・ブルはぼくに、開催中の第二〇回シドニー・ビエンナーレに出品した巨大なインスタレーション作品《Willing To Be Vulnerable》の写真を見せてくれた。倉庫を改修したギャラリーに浮かぶ、銀色の巨大な葉巻型の物体。それが一九三七年五月に爆発事故を起こした飛行船、ヒンデンブルク号を模したオブジェだと聞いたときに、ぼくのなかでは即座に、一九八六年一月のスペースシャトル・チャレンジャー号爆発事故、そして同年四月のチェルノブイリ原発事故へと連想が働いた。

二〇世紀は事故の世紀だった。二一世紀もまた事故の世紀になるだろう。事故は生体をサイボーグへと変え、ユートピアをアンビルドへと変える。事故の傷はだれもが見たくない。けれどもそれは触れたくなる。傷の愛撫はときにエロティックですらある。イ・ブルの作品はすべてそんな愛撫からできているのではないかと、ぼくは夢想する。

［再録にあたっての追記］

本書所収の「鉄原と福島の余白に」で記したように、ぼくは二〇一六年の春に韓国を訪れた。そのおりにキュレーターのキム・ソンジョン氏に紹介されて、現代美術家のイ・ブル氏の知己を得た。本稿は、そのイ・ブル氏の展覧会「커넥트1：스틸 액츠／Connect 1: Still Acts」が、キム・ソンジョン氏が館長を務めるソウルのアートソンジェ・センターで開催されるのにあわせ、同展のブックレットに寄稿した文章である。ブックレットには韓国語版と英語版があり、本稿の韓国語訳と英訳がそれぞれ掲載された。出版情報は初出一覧に記載した。

復興とSF

2014

日本を代表するＳＦ作家、小松左京は、戦後の焼け跡から出発し、高度経済成長期の未来への希望を体現した小説家である。彼は原子力情報誌の記者からキャリアを始め、多くの未来社会を描き、一九七〇年の大阪万博にも関わった。そんな彼は九五年から翌九六年にかけて、阪神淡路大震災を扱ったノンフィクション、『大震災'95』を記している。膨大な資料を集め、関係者への聞き取りをもとに震災の「総合的な記録」を目指したその試みは、いま再読すると多くの発見に満ちている。しかし、厳しい現実との直面はまた著者自身の健康を蝕《むしば》み、小松は本書以降ほとんど小説を書かなくなった。戦後長いあいだ未来を描き続けてきたＳＦ界の巨匠が新作を書けなくなる、この事実こそが当時の危機の本質を証言している。九五年に日本は未来を失った。そしてその喪失からいまだに回復していない。小松は奇しくも二〇一一年夏に亡くなっているが、その喪失をさらに深めたのが、同年春の東日本大震災と原発事故だった。

とはいえ、人間は未来への希望なしには生きることができない。小松からほぼ四〇歳下のＳＦ作家、瀬名秀明は、仙台在住で東日本大震災を経験している。『新生』は、そんな彼が復興の問題に正面から取り組んだ傑作短編集だ。本作はかならずしも被災地の現状を描写した小説というわけではない。物語だけを見れば正統派のＳＦだが、むしろそこにこそ作家の企《たくら》みが潜んでいる。震災後ＳＦは可能か。それはつまりは、現代日本で「未来」を想像することはいかにして可能かという問いだと瀬名は考える。その問いに答えるため、作家は本作であえて小松の『虚無回廊』と同じ舞台を使い、高度な「二次創作」を展開することで、小松的未来観を震災後にふさわしいものにアップデートしようと試みている。いま日本に必要なのは、なによりもＳＦの復興であり、未来の復興である——それこそが『新生』のメッセージだろう。

　復興とＳＦの関係を考えるため、三冊の書物を挙げようというお題だった。最後に評論も一冊入れておこう。三二歳の秀英、福嶋亮大の『復興文化論』は、柿本人麻呂から最近のクールジャパンまで、日本文化の長い系譜を、さまざまな災厄からの回復の連鎖として捉える意欲的な試みだ。福嶋はほとんど触れていないが、戦後日本のＳＦの歩みもまた、敗戦の傷を治癒させるための「復興文化」だったといえる。復興とは未来への希望を回復する営みである。新たな復興のための、新たなＳＦが求められている。

原発は倫理的存在か

2015

なぜ原発をめぐる議論で「倫理」が問われるかといえば、それは使用済み核燃料の処理技術が確立されていないからである。「トイレのないマンション」とも揶揄されるように、現在の原発は、使用済み燃料をできるだけ長く保管し、その危険性が自然に減衰するか、あるいは後世の未知の新技術で無害化できるようになるか、そのどちらかを期待することで成立している。いずれにせよ、いまここで処理できないものを、いつかだれかがなんとかしてくれるという「他人任せ」の態度なのは疑問の余地がない。

面倒なことは他人に任せ、自分だけが利得を得る。そのような態度が「よい」ことであるかどうか。原発の倫理的問題は結局はそこに集約される。日本では福島第一原発事故を機にはじめて関心を向けたひとが多いが（筆者自身もそのひとりだが）、この問題は本質的に事故の可能性とは関係ない。経済性とも関係がない。事故がなくても、いくら経済効率がよくても、使用済み核燃料は蓄積する一方であり、後世の自然環境と人間社会の負担は増える一方だからである。

そしてそう考えると、原発を倫理的に肯定することはきわめてむずかしい。面倒なことを他人に任せ、自分だけが利得を得る。そのような態度が無責任で責められるべきものであることは、文化的な多様性とは無関係に、多くのひとが同意する価値観だと思われる。そうでなければ、そもそも人間社会は成立しない。

つまり、原発は（少なくとも現在の技術水準での原発は）、そもそもが倫理に反する存在なのである。わたしたちは、原発を建設し、運用し、その果実を享受することで、日々倫理に反する行動を取っている。

しかし、これはかならずしも原発の即時停止や全廃を意味しない。また、わたしたちすべてが深く反省し、罪の意識に沈殿すべきだということも意味しない。なぜなら、人間の行動は倫理のみで測られるわけではないからである。倫理に反する行動が、べつの論理にもとづいて支持されることはありうる。たとえば戦争時の殺人のように。あるいは、地球の裏側で何百万人もの飢えた子どもたちがおり、少額の寄付でその多くの命が救われることがわかっているにもかかわらず、ジャンクフードで日々膨大な食料と資金を浪費しているわたしたちの日常のように。

それゆえ、わたしたちが考えるべきなのは、原理的には倫理に反するはずの原発が、それでもいまこの時代に存在が許される、そのときの「条件」とはなにかということである。それは便利だから許されているのか。儲かるから許されているのか。ほかに手段がないから許されるのか。議論はここから具体論に入り、哲学の手を離れる。

結論はさまざまな要素に依存し、不安定な未来予測にも左右される。たとえば、もし近い将来に画期的な技術革新が生じ、使用済み燃料の危険性が安全かつすみやかに除去できるようになるとするならば、たとえいま原発が倫理に反するように見えたとしても、むしろ建設を推進し、技術革新の到来を早めたほうが倫理的だということになる。

多くの人文的問題と同じく、この議論もまた再帰的な構造をもつ。たとえば、もしかりにある国で、原発が倫理に反するものであることを確認したうえで、それでもさまざまな条件を考慮した結果現時点では原発への依存が不可避だと判断されたとしよう。そのような議論はありうる。しかし、もしその事実そのものがほかの国で安易な建設を促進してしまうのだとすれば、その副作用は議論の最初の前提を掘り崩してしまうことになる。原発そのものが素直に肯定できる存在ではない以上、わたしたちは、その是非について、未来や他者の視線も考慮しながら総合的に判断しなければならない。

以上、原発と倫理の関係について短く私見を述べた。ではそんなふうにいうおまえは具体的にどう考えているのかと問われれば、筆者は、深刻な福島第一原発事故を経験した日本は、ほかの国とは異なる条件を自覚し、原発の管理について特別の倫理的な役割を果たすべきだと考えている。それゆえ、原発の再稼働はしても新設はせず（リプレース含む）、自然全廃を受け入れるとともに、他方で原子力の研究にはいっそうの力を入れ、新設なしでの研究者と技術者の養成を試みるべきだと思う。詳しくはまたべつの機会に譲りたい。

いずれにせよ、わたしたちが忘れてはならないのは、原発というのは、二一世紀初頭の現時点での技術水準においては、そもそも倫理に反する存在、つまり「存在しないほうがいい存在」であり、それゆえ稼働や新設をめぐっては慎重な議論が求められるということである。わたしたちは、すべての議論を、まずこの認識から始めなければならない。

さきほども記したように、わたしたちはつねに倫理を守る必要はない。しかし、倫理を破るには、つねにそれなりの「言い訳」が必要になる。そして、その言い訳をどれだけ精緻に、説得力あるかたちで、そして普遍的な論理にもとづいて作ることができるか、そこでこそ人間の知性は試される。その点でいえば、立地自治体と経済界が望むので新設します、というのは、知性のかけらもない判断である。

3
批評とはなにかI

『動物化するポストモダン』のころ　2014

二〇〇一年の秋に出版された『動物化するポストモダン――オタクから見た日本社会』は、ぼくの著作のなかでもっとも広く読まれ、のち現れた「ゼロ年代の批評」の理論的支柱を用意した本である。ゼロ年代の一〇年、ぼくは情報社会やポップカルチャーに詳しい批評家として若い読者に強い影響力をもったが、その土台はすべてこの本で整えられている。オタク文化をポストモダンの思想用語で分析する、という枠組みそのものが、是非はともかく本書で作られた。本書の出版がなかったら、ゼロ年代批評の光景は大きく変わり、その後のぼくの仕事もまた様変わりしていたことだろう。

本書の出版は、ぼくのキャリアでは、のち一〇年をかけて少しずつ進むことになる「大学との訣別」の始まりを意味している。ぼくは、本書出版の三年前にあたる一九九八年に、『存在論的、郵便的』と題された最初の著作を刊行している。そのときのぼくはまだ二七歳である。『存在論的、郵便的』は、一部では好評で迎えられ、じっさいにぼくはこの本で博士号も取得したのだが、基本的にはフランスの哲学者を扱った難解な専門書で、読者も影響力もかぎられていた。そのため同書の出版後、ぼくは自分の来し方行く末についてあらためて思い悩むことになった。大学に残り哲学研究者になるのか、それとも大学を飛び出して在野の思想家になるのか。ぼくは最終的に後者を選んだ。『動物化するポストモダン』はその宣言のような性格を備えている。それゆえ、ぼくはこの本を、一方では現代思想の専門家の目にも堪えるように、しかし他方では生粋のオタクたちでも退屈しないように、慎重に言葉と表現を選んで書き記している。結果として本書は、哲学の本でも社会学の本でも文化研究の本でもなく、かといってサブカル評論というわけでもない、奇妙にハイブリッドな書物になった。『動物化するポストモダン』は、浅田彰と宮台真司と大塚英志と岡田斗司夫を完全にフラットに並べて書かれた、おそらくは最初の批評書である。続く若手批評家は、多かれ少なかれ、ハイカルチャーとサブカルチャーを横断する本書のスタイルに影響を受けているはずだ。

とはいえ、このようにあとづけで記すといかにも整然として聞こえるが、現実には本書の出版はなかば偶然の産物だった。じつは本書は、批評誌『ユリイカ』にべつのタイトルで連載された論考をまとめたもので、それはもともと「ポストモダンの文化的論理」を扱う大きな書物の第三部になるはずのものだった。第一部の理論編は未着手だったが、第二部にあたる情報社会論はすでに原稿ができていて（のち河出文庫『サイバースペースはなぜそう呼ばれるか+』に収録されている）、版元も決まっていた。それが、連載を書き進めるなかで、いまさらそのような大きな本格的な「思想書」を出版することと、それそのものへの懐疑がむくむくと頭をもたげてきた。『存在論的、郵便的』は、結局は狭い読者にしか読まれなかった。ぼくはそれを繰り返したくなかった。そこでぼくは、連載完結後、急遽予定を変更し、版元に頭を下げて出版計画を撤回し、第三部だけを独立させてコンパクトな書物として世に問うことにした。そしてそのとき、たまたま出会ったのが講談社現代新書編集部だったのである。だから本書の原稿は、けっして新書を前提として書かれたものではない。最初から新書向けの企画だったとしたら、ポストモダンの語彙とオタクの語彙を混ぜ合わせるような、『動物化するポストモダン』のハイブリッドな文体はけっして生まれなかったことだろう。

本書の出版から一二年が過ぎた。そのあいだにぼくはさまざまな仕事をしてきた。小説を書いて三島由紀夫賞をいただいた。出版社を立ち上げて原発事故からの復興計画を作った。『一般意志2・0』のような社会思想の書物を出版した。けれども、残念ながら、批評家・東浩紀のイメージは、いまだ『動物化するポストモダン』で作られたものを超えていない。同書は五ヶ国語に翻訳されているので、海外でも同じ現象が起きている。じつはぼくは最近まで、それにかなり強い抵抗を感じていた。『動物化するポストモダン』の著者である東浩紀のイメージ、すなわち「日本のサブカルチャーについて現代思想の言葉で解説するひと」という像はぼくの仕事を制約する、だからなんとか壊そうと悪戦苦闘してきた。

けれども、最近ではぼくは、本書がぼくの代表作となることは、もはや抗ってもしかたがない「運命」であるように感じ始めている。著者自身の感触としては、『動物化するポストモダン』はかならずしもベストの著作ではない。論理は荒く、例証も偏っていて弱い。しかし人生にはタイミングなるものが存在する。そして『動物化するポストモダン』は、いま振り返れば、じつによいタイミングで出版された書物だったといえる。この本は、ポストモダンを知る世代が四〇歳を超え懐古的になり、他方でネット社会を知る新世代はまだ一〇代で活動を始めていない、そんな時期に突然変異のように現れた。当時はオタクの影響力は増していたが、「萌え」や「クール・ジャパン」はまだ社会的認知を得ていなかった。他方でグーグルはそれほど大きくなく、フェイスブックもニコニコ動画も存在しなかった。だからオタク文化の紹介がそれだけで価値をもったし、本書の核をなす「データベース消費」の概念も、具体的なプラットフォーム比較やデータ分析に頼ることなく評論の言葉だけで練りあげることができた。つまりは『動物化するポストモダン』は、二〇〇一年でなければとても存在できなかった本なのだ。

そしてなによりも、本書のもとになる原稿を書いていたとき、ぼくはまだ二〇代で若かった。『動物化するポストモダン』には、そのような若さだけが可能にする独特の瑞々しさと荒々しさが備わっており、それゆえに時代の空気を克明に反映している。まったく新しい文化環境に、思想家が徒手空拳で立ち向かう無謀さ。おそらくはその無謀さがあったからこそ、この本は若い世代の心を広く摑んだのだろう。四二歳のぼくは、もはやこのような本は書くことができないし、書くべきでもない。二〇代の最後のあの瞬間、『動物化するポストモダン』を書くことができたという「運命」を、ぼくはいまでは、とても大切に感じている。

情報と哲学

2013

情報というのは哲学にとって扱いにくい対象である。哲学ではカント以来、いわば「見えるもの」と「見えないもの」を区別するのがひとつの伝統になっているからだ。

哲学者はこんなふうに世界を捉える。まずは目のまえに「見えるもの」すなわち「知覚できるもの」がある。世界とは知覚可能なものの集合体である。しかしそれは、世界の背後にあるはずの、なにかえたいのしれないものの「現れ」でしかない。だから哲学者は、世界の分析ではなく、むしろ世界の背後にある「見えないもの」の探求に取り組むべきである。現代の哲学は、基本的にこのような表層―深層の対立図式でできている。カントはこの対立を「現象」と「物自体」と名づけ、ハイデガーは「存在者」と「存在」と名づけた。ちなみにいえば、そこで半ば逆ギレ気味に「深層なんてねえんだよ!」と叫んだのがニーチェだ。

この対立図式はおそらく、急速に勃興してきた経験科学に対する、哲学のがわからの防衛反応として生じている。哲学は世界の分析はしない、その「背後」を分析するのだと宣言してしまえば、いくら科学が進んでも哲学の領野が狭まることはない。世界の構造を解き明かす役割が神学や哲学から科学に替わった時代、哲学にはもはやそれしか生き残る道はなかった。

とはいえその代償はじつに大きい。カントから一世紀半が経ち、哲学と科学の切断がますますあきらかになってくると（一九三〇年代のハイデガーとカルナップの論争など）、哲学は大きく、「もう科学からも自由なんだから神秘主義とかトンデモとか恐れずガンガン行こうぜ」派と、「世界の分析はそれらの役割じゃないし世界の背後とかオカルトだしこれからは認識形式とか言語形式とか地味に分析していくのはどうかな？」派に分かれることとなった。前者が大陸哲学、後者が分析哲学といわれるもので、理工系に評判の悪いポストモダニズムは前者の末裔、門外漢には理解できない認知科学や人工知能は後者の従兄弟にあたる。哲学はこのようにして、オカルトとオタクに分裂してしまった。

前置きが長くなってしまった。いずれにせよ、そんなわけで、哲学は存在を「見えるもの」と「見えないもの」に分けて考えることに慣れている。これはもう哲学者の生理といってよいが、では情報とはなんなのかといえば、それはじつは両者のいずれにも分類できない厄介なものなのである。

情報は抽象的な存在だが、他方で妙に具体的でもある。わたしたちは、宇宙のすべては情報だなどと主張する一方で、何ギガバイト何テラバイトの情報などという可算的な表現にも日常的に接している。情報そのものは知覚できない。しかしそれは「物自体」や「存在」のように経験科学を超えたものではなく、あくまでも測定可能かつ計量可能で、じっさいに磁気テープや光学ディスクに記録できたりもする。従来の哲学は、このような存在を原理的に扱うことができない。この四半世紀、「情報時代の哲学」「情報時代の思想」が求められ続けながらいまひとつ成果がパッとしなかったのは、たんに哲学者の怠惰というだけではない、そのような原理的な問題にも起因している。

ではわたしたちは、情報というこのじつに魅力的な概念について、哲学的に議論することを永遠に放棄するべきなのだろうか？　むろんそうは思わない。ただ、以上の俯瞰が意味しているのは、もしほんとうに情報時代の哲学を構想しようとするならば、少なくとも一九三〇年代ぐらいにまで遡り、二〇世紀の哲学史を総リセットするような気概がないとだめそうだ、ということである。シャノンの情報理論が、カルナップのハイデガー批判から一六年後、ほぼ同時代といえるタイミングで生まれたことは、おそらく偶然ではないのだ。

人文学と反復不可能性

2016

人文学の今日的な意義という主題で原稿を、と依頼を受けた。関心のある主題なので執筆を引き受けたが、筆者の問題意識は本誌読者と重ならないかもしれない。筆者は研究者ではなく、大学にも属していない。二〇一五年は「文学部の危機」が喧《かまびす》しく語られた年だったが、筆者には事の本質は大学教員の雇用問題でしかないように見えて、たいして関心を引かなかった。人文学はかならずしも大学に属するものではない。

では、そもそも人文学とはなにか。さまざまな定義があるだろうが、筆者はそれを、反復不可能な歴史を扱う知と考える。他方で自然科学は、反復可能な事象を扱う知だと考える。より正確にいえば、反復不可能に見える現象を反復可能な相のもとで捉え返す、それこそが自然科学の本質だと考える。ダーウィニズムは歴史を扱うではないかと反論が来そうだが、吉川浩満が『理不尽な進化』で指摘したとおり、進化論はまさに反復可能性と反復不可能性の矛盾に切り裂かれた学であり、だからこそ逆に自然科学の本質を照らし出している。

人文学者は、「この歴史」をたった一回の奇跡として受け取る。したがって、偶然としか考えられないような歴史の細部もすべて重視し、伝統の継承なしにはまえに進めないと考える。対して自然科学者は、「この歴史」を、無限の反復のなかの一例、統計のひとつのサンプルと解釈する。彼らにとって、本質は歴史ではなく歴史を産出する原理のほうであり、したがって、偶然の出来事はノイズとして排除すべきだし、教科書は新しければ新しいほどよいと考える。人文学と自然科学の制度や慣習のちがいは、基本的にはこの差異から帰結する。

このように整理すればあきらかなように、人文学と自然科学は、どちらが正しいとか、どちらが優位とかいったものではない。人間は、普遍を認識することができるが、実存としてはただいちどしか生きることができない。人類は、普遍的な認識に到達することができるが、その認識へはひとつの歴史を通してしか到達しない。人文学と自然科学の「対立」は、このような人間の存在構造そのものにより生み出されたものであり、「学際的」云々によって乗り越えられるようなものではない。人間は、人文学だけで生きていけないのと同じように、自然科学だけでも生きていけない。そもそも自然科学はその本質において自律的ではない。反復可能な事象を扱う自然科学、それそのものが反復不可能な「ヨーロッパ近代」の産物でしかないという矛盾については、かつてフッサールが『ヨーロッパ諸学の危機と超越論的現象学』で扱い、またデリダも、同書付録論文への長いコメンタリーである『「幾何学の起源」序説』で主題としている。

さて、あらためて依頼された主題に立ち返るとするならば、それゆえ、人間が人間であるかぎり、人文学がなくなることはないというのが筆者の考えである。人類が、ただいちど「この歴史」のなかでしか文化を築けないかぎり、いくら自然科学が発達し世界の物理的制御力が増したとしても、人文学の伝統が消え去ることはない。かりに人間が生物学的には人間ではなくなり、意識が情報になり、記憶が複製可能になり、「わたし」の数が無限に増殖可能になったとしても、そのなかに「このわたし」がいるかぎり、文学や哲学がなくなることはない。その点で人文学の未来は保証されている。人文学を必要とする人間はかならずいる。ただし、その従事者が、これからも現在のような優遇された労働環境を享受し続けることができるか、前世紀までのような社会的影響力をふたたび回復することができるのかといえば、それは保証のかぎりではない。

人間が人間であるかぎり、人文学はなくなることはない。それは裏返せば、自分が人間であることに気づかない人間にとっては、人文学はほとんど価値がないということでもある。そして、いつの時代も、たいていの人間は自分が人間であることに気づいていない。

霊と批評

2015

今年（二〇一五年）末に『ゲンロン』が創刊される。その準備の過程で、ひとつ見えてきたものがある。それは、『ゲンロン』がいま、『批評空間』の後継を名乗り、批評の再起動を図り創刊されるのだとすれば、ぼくたちは、そこで切り捨てられた問題をこそ再検討し、再統合しなければならないということである。

具体的には、いまは「霊」や「魂」の問題が気にかかっている。そして来るべき『ゲンロン』の編集は、その問題を通奏低音にすべきではないかと考えている。

霊も魂も実在しない。少なくともぼくはそう考えている。にもかかわらず、ひとはなぜか霊や魂を必要とする。その謎に正面から取り組まないかぎり、批評や哲学を行う意味はないのではないか。この数年、ぼくはそう考えるようになった。

霊や魂は、ほんらいは哲学の中心的な問題である。文学の中心的な問題でもあるだろう。けれども、『批評空間』の責任編集である柄谷行人と浅田彰は、霊や魂の問題についてほとんど語らなかった。たとえば彼らは、一九九五年のオウム真理教事件についてほとんどなにも語らなかった。

なぜか。いまから振り返れば、それは彼ら、とくに柄谷行人が、「超越性」と「超越論性」を執拗に区別しようとしたからのように思われる。

超越性と超越論性は哲学用語としては区別なく使われることが多い。けれどもある時期の柄谷は、両者を区別するべきだと主張した。目で見、手で触れることのできる「経験的」な世界を超えるなにかを考えること、それは哲学の基礎である。ただし、その「超えるなにか」はほんとうは存在しない。存在するのは思考だけである。にもかかわらず、その「超えるなにか」を実体化してしまうところに多くの哲学者の錯誤と失敗がある。柄谷はこう主張し、超越の思考の運動を「超越論性」、超越の世界の実体化を「超越性」と呼び、両者を徹底的に区別することを提案した。超越的な思考はだめだが超越論的な思考はよい、それが『探究』の時期の「批評」の原理になっている。

この二分法はとてもわかりやすい。一九九〇年代に柄谷は一部の学生に熱狂的に支持されていた（ぼくもそのひとりだ）が、おそらくその理由はこのわかりやすさにある。あいつは超越論的でいいが、こいつは超越的だからだめだ、といった判断はあまり哲学の知識がなくても行うことができる（ような気がする）。柄谷の真似はかんたんだったのだ。

またそれは科学的な印象も与えた。柄谷と浅田はしばしばユングに否定的に言及した。ユングは「集合無意識」という概念を提案したことで知られるが、それは彼らによればフロイトの無意識の実体化にほかならない。フロイトの無意識は超越論的だからいいが、ユングの無意識は超越的だからだめだ、というのが『批評空間』の「常識」だった。

いずれにせよ、超越論性を超越性から区別し、哲学をオカルトから区別し、フロイトをユングから区別するといった二分法は、『批評空間』の編集方針にはっきりとした方向を与えていた。たとえば中沢新一は評価されなかった。ユングについて肯定的に語り、マンダラやカスタネダを論じる中沢は、まさに超越論性を実体化している哲学者だと考えられた。筒井康隆も評価されなかった。柄谷と浅田が筒井について語った文章をいまはっきりとは思い出せないが、おそらくはそれは、彼らにとって、メタフィクションが超越論性の実体化に見えたからなのではないかと思う。メタフィクションのような手品を使わなくても、小説は小説というだけで十分に虚構的であり超越論的なのだと、柄谷や浅田ならいったことだろう。

けれども、超越性と超越論性は厳密に区別できるものだろうか。むしろ両者が厳密に区別できないからこそ、フロイトはユングを生み出したのだし、哲学はオカルトを生み出したのではないだろうか。

というよりも、話はむしろ逆で、ぼくたちはそもそも神や霊や魂のような超越的なものをどうしても必要とし、だからこそそれについて考えることが求められ、超越論的な思考の運動が生み出されるのではないだろうか。だとすれば、超越論性を超越性から区別し、超越論的な思考を「正しい哲学」

として擁護しようとすること、それこそがむしろ倒錯なのではないか。ぼくはいまはそう考えている。

カンのよい読者であれば、この主張が、デリダのエクリチュール論と同じ構造であることに気づくことだろう。ヨーロッパの伝統的な哲学においては、エクリチュール（文字）はパロール（声）の堕落した形態と見なされていた。それに対してデリダは、パロールはかならずエクリチュールを生み出すので、その堕落を逃れることはできないと主張した。パロールはエクリチュールを排除できない。というよりも、そもそもそれはエクリチュールの可能性なくしては存在できない。したがってパロールとエクリチュールを厳密に区別することには意味がない。それがデリダの主張だった。同じようにぼくはここで、超越論的思考はかならず超越論性の実体化＝超越性を生み出す、というよりも超越論的思考はその実体化の可能性なくしては存在できない、だから哲学はオカルトによる汚染を逃れることはできないし、フロイトとユングを峻別することには（むろん常識的な水準で区別する必要はあるけれど）本質的には意味がないのだと、そう主張したいと思う。

それゆえ、『ゲンロン』では、ふたたび霊や魂の意味について考えたい。いいかえれば、『批評空間』が引こうとした超越論性と超越性の境界、すなわち批評と批評でないものの境界、それそのものを「脱構築」したい。

霊や魂について考えること。それはじっさい、以上のような哲学的な議論以前に、きわめてアクチュアルかつ具体的な課題でもある。それはまずは震災の問題である。つぎにネットの問題である。

タイムラインに囲まれたぼくたちの生は、現実に存在するかどうかわからない、真実か嘘かもわからない幽霊的な存在にますます脅かされつつある。それはさらに沖縄の米軍基地や日韓関係の問題でもある。日本はいまだに第二次大戦の戦死者の霊を振りはらえないでいる。かつて死者の追悼をめぐって加藤典洋と高橋哲哉による有名な論争があったが、それ以降ほとんど議論は深められていない。最後に付け加えれば、二〇一〇年代の現在、霊や魂の存在など関係ない、すべてはアーキテクチャで解決できるのだと嘯《うそぶ》くエンジニアが多いが、彼らが信じる情報技術革命の背後にさえ、じつのところはテイヤール・ド・シャルダンからマクルーハンにいたる神秘思想の系譜が見え隠れしている。その一例が「シンギュラリティ」論である。ぼくたちはいまだに霊と魂に満ちた時代に生きている。批評家はその現実に向かいあわなければならない。

生者だけが存在し、死者は存在しない。現在だけが存在し、過去は存在しない。ひとは無から生まれ、無に帰る。霊も魂も存在しない。そして生=現在のすべては、経済で説明できる。

それは正しい。にもかかわらず、どうしてもそれだけでは納得できないところに人間のむずかしさがあるし、哲学の存在意義がある。『ゲンロン』はその原点に戻り、かつて『批評空間』が「くだらない」と切り捨てたさまざまな「愚かな」問題もまた議論する雑誌でありたい。

観（光）客の視点とは、おそらくは幽霊の視点のことなのだ。そしてそれだけがほんとうの公共性を生み出すのである。

批評家が書く哲学書

2017

『観光客の哲学』という本を書き終えた。原稿用紙五〇〇枚近い書き下ろしである。四月にぼくが経営する会社「ゲンロン」から、同名の批評誌『ゲンロン』の創刊準備号として出版される。雑誌か単行本かあいまいな存在なので、書店では『ゲンロン0』という名で売られるかもしれない。

『観光客の哲学』はぼくのはじめての書き下ろしで、また『存在論的、郵便的』以来の一九年ぶりの本格的な哲学書でもある。カントやシュミットやネグリの読み直しからドストエフスキーの読解まで多岐にわたる議論を含み、ぼくなりにこの二〇年間考えてきたことの集大成になっている。政治思想の本でもあれば文芸批評の本でもあり、また両方が切り離せないことを主張した本でもある。自画自賛と批判されるかもしれないが、正直内容にはかなりの自信がある。書店で見かけたら、ぜひ手にとっていただきたい。

ぼくは長いあいだ本を書かなかった。とくに思想や哲学については書かなかった。近年で多少とも内容が近い本は二〇一一年の『一般意志2・0』だが、それも思想そのものを対象にするというよりは、思想を手がかりに現代社会について考える書物として書かれている。おそらく少なからぬ読者は、東浩紀はもう哲学書を書かないと思っていたと思う。ぼく自身もそう思っていた。『観光客の哲学』を校了し、データを印刷所に送り終えたいま、だれよりも驚いているのはぼく自身である。

なぜ本を書かなかったのか。それは、ひとことでいえば、ぼくが書きたいような本を書いても、読むひとがいないと感じていたからである。ぼくは高校時代に柄谷行人の著作に出会い、彼の文章に惹かれて物書きになった。学者ではない、批評家の柄谷が書く哲学書には、独特の自由で開かれた空気が漂っていて、ぼくはその空気に憧れた。そして批評を読むようになり、大学院で哲学も学んだ。けれども、自分の名前で文章を発表できるようになったときには、もはやぼくが憧れたような書物はほとんど出版されなくなっていた。それから約二〇年間、ぼくはずっと、書きたい本を書けない環境にいると感じ続けてきた。いまでは哲学は大学人に占有されているし、批評は社会評論やレビューを指す言葉に変わってしまった。

『観光客の哲学』は、そのように感じ続けてきたぼくが、あらためて世に問うた「批評家が書く哲学書」である。つまりは、高校時代のぼくが憧れ、書きたいと願った本である。長いあいだ書きたいと思っていた本がついに書けたので、ぼくはいま満足している。

とはいえ、前記の認識は変わったわけではない。だから『観光客の哲学』が売れるかどうかと問われたら、そちらは自信はない。「批評家が書く哲学書」を受け入れる読者、それそのものがいまや絶対的に少ないだろうという認識はいまも変わっていない。だとすれば、なぜぼくはふたたび本を書くことにしたのか。

それは要は、現在の読者に関心がなくなったからである。

いささか挑発的すぎるだろうか。むろん、これは読者一般に関心を失ったということではない。ぼくが関心を失ったのは、あくまでも現在の読者に対してである。二〇一七年の読者は論文とレビューしか読まない。「批評家が書く哲学書」は受け入れない。しかし、それでもぼくは書きたいものを書くしかないし、あとはぼくの文章が未来に残り、それに出会った未来の読者がまたつぎの「批評家が書く哲学書」を生み出すのを願うしかない、そう考えるようになったのである。そんな夢はロマンチックすぎるかもしれない。しかしぼくは、そのような夢を真剣に必要とするようになった。つまりぼくは現在に関心を失い、期待しなくなったのである。

なぜ期待しなくなったのか。それは、この数年（震災後）、出版界にとどまらず社会全体の変化を見るなかで、そもそも「現在」になんの意味があるのか、よくわからなくなってきたからである。ぼくたちはいま、かつてなく「現在」が評価される時代に生きている。目のまえのこの瞬間にどれだけの注目を集められるか、政治家も実業家もクリエイターも、みなそれだけを指標にして、つぎからつぎへ新奇な言葉や商品を送り出す時代に生きている。しかし、その「いま」とは具体的にどれほどの持続を意味するのだろう。「いま流行しているもの」の「いま」が数ヶ月ならば、まだ流行にも意味があるかもしれない。しかし、それが数週間に、あるいは数日、数時間に縮まっていったときに、流行にはほとんど実質がなくなってしまう。そのリズムはむしろぼくたちの生を蝕み始める。これは拙象的には民主主義の問題でありポピュリズムの問題でありトランプの問題だが、同時にきわめて具体的な問題でもある。数ヶ月、数年をかけて作りあげた作品の評価が、わずか数日のアマゾンランキングと店頭初動で決まる世界で、物書きにいったいなにができるだろうか。政治家の去就がワイドショーのコメントとツイッターの炎上だけで決まる世界で、批評家の分析になんの価値があるだろうか。ぼくは、そのような世のなかには背を向けて、自分のしたい仕事をすることに決めた。たとえそれが自己満足にすぎないといわれようとも。

ぼくは最近ほとんどメディアに出ていない。大学にも所属していないし、政治運動にも関わっていない。仕事の大半は、自分が編集する雑誌『ゲンロン』や自分が運営するイベントスペース「ゲンロンカフェ」に振り向けている。そのようなぼくを、公共心を欠いたひきこもりとして批判する人々もいる。その批判は正しい。ぼくは非公共的で非政治的だ。

けれども、世のなかには、ひきこもらないとできないことがある。非公共性を通過しないと生まれない公共性、現在に背を向けないと生まれない現在性というものがある。『観光客の哲学』が、それを体現するものになっていればいいと思う。その逆説こそが、学者の論文でも評論家のレビューでもなく、「批評家が書く哲学書」によってしか表現しえないもののはずだからである。

払う立場

2017

　ぼくは批評家であり経営者である。二〇一〇年にゲンロンという会社を創業し、現在はそこからの報酬で生活している。創業時ぼくは大学に勤めていた。また執筆やメディア出演でも稼いでいた。その収入の内訳を変え、ゲンロンを中心に組み替えるのに五年以上かかった。

　ぼくは起業時に、批評家としてすでに世間で知られていた。いまもその知名度で仕事が来る。多くのひとがいまだぼくを批評家だと考えている。じっさい、メディアでの発言を追うだけでは、あまり変わっていないように見えるのかもしれない。けれどほんとうは、ぼくの世界観はこの七年ですっかり変わってしまっている。

　経営者と批評家のちがいはなにか。ひとことでいえば、それは金銭を払う側と払われる側のちがいである。経営の本質は支払いにある。経営者は金を集め、支払い、商品を作る。他方で批評は支払いを必要としない。批評はひとりで行う頭脳労働である。仕入れも取材もほとんど要らない。なにかをゼロから考えて、それを話したり書いたりして金を受け取る。労働がそのまま換金される。この点で批評家の条件は、トッパライの日雇い労働者のそれにかなり近い。

この条件は批評家という存在に独特の政治性を与える。批評家は思考＝労働を商品とする。金銭は支払われるだけだ。これは、多少格好つけていえば、批評家は本質的にプロレタリアートであることを意味する。かつてはこの条件こそが批評家の知的優位性を証明するものと考えられたこともあった。

けれどもぼくは経営者になってから、そのような自己規定がとても稚拙に見えるようになった。批評家は自分の思考＝労働を金に換えている。けっこう。しかしそれはなぜ金に換わるのか？ 書いたり話したりしたことが金銭と交換される、それはけっして自然なことではない。じっさいにいま日本では人文書は金に換わらなくなりつつある。それは人工の制度なのである。そしてその制度はだれかが作ったものなのである。

かつて柄谷行人は、批評家は「売る立場」あるいは「教える立場」に立つべきだと主張した。ぼくも一時は頷いたものだが、考えてみれば、売る立場とは払われる立場にほかならない。柄谷の抱えた存在論的不安は、結局のところ自分の商品が売れるかどうかの不安でしかない。

しかし、ほんとうに重要なのはその手前なのだ。商品が売れるかどうかを心配するためには、まず商品を作らなければならない。そして商品が流通する市場を作らなければならない。それはけっして「考える」だけではできない。ぼくは経営者になって、単純なひとつの商品（ゲンロンではそれは本やイベントやスクールの講座である）を作るために、いかにひとが動き、いかに多様な支払いが発生するかを知った。そして、だれかを雇いなにかを仕入れることが、いかに厄介でいかにリスクを孕むものかを知った。自分の思考や肉体が商品になる、その状況を自明なものだと信じている人々け、かわりにだれかに制度維持の負担を押しつけ、だからこそ報酬をピンハネされているのだと、いまのぼくはそのように考える。印税が一〇パーセントということは、九〇パーセントがピンハネされているというだけではない。九〇パーセントの負担をだれかに押しつけているということでもある。

払われる立場から払う立場へ。この七年でぼくの実生活での立場はすっかり変わってしまった。それは政治的な態度にも影響を与えている。この（二〇一七年）秋、ぼくは総選挙についての意見をめぐり、多くの小説家や学者たちから厳しい批判を受けた。じっさい、ぼくはもう「リベラル」ではないのだろう。このコラムにしても、見るひとが見れば、プロレタリアート側から資本家側への「転向」にしか見えないのだろう。それでも、小さいながら日々会社を経営しているぼくとしては、もはや払う立場を顧慮しない意見にあまり耳を傾ける気にならない。

払う立場になること。ぼくはそれを『観光客の哲学』で「親になること」と表現している。

虻《あぶ》としての哲学者

2018

この（二〇一八年）六月にまたチェルノブイリに行った。ゲンロン企画のチェルノブイリツアーは五回目となる。今回のツアーはいままででもっともスムーズな進行となった。

理由はひとえに、主催旅行会社であるエイチ・アイ・エスさんの運営が洗練されたことにある。ゲンロンのチェルノブイリツアーは毎回トラブルに見舞われるのが「売り」なのだが（ほんとうはそれが売りではいけないのだが）、今回は、初日こそ多少のもたつきがあったものの、ほとんどの予定がスケジュールどおりに進んだ。集合も点呼も効率よく進み、参加者のみなさんにとってはストレスのない旅だったのではないかと思う。

これは運営として喜ぶべきことである。けれども、ぼくは逆に、深刻な居心地の悪さ、というよりも居場所のなさを感じることになった。その違和感について記しておきたい。

ぼくはこのツアーには、第二回から「同行講師」として参加している。販売される商品名も「東浩紀と行く」チェルノブイリとキエフの旅となっている。けれどもぼく自身は原子力の専門家でもウクライナの専門家でもなく、原発事故についての専門知はない。現実にツアーのなかで講義をするのは、現地の専門家や学芸員であり、通訳するのも上田洋子である。ぼくが「講師」としてクレジットされているのは、そもそもこのツアーの着想が『チェルノブイリ・ダークツーリズム・ガイド』の出版から始まったという、じつに弱い理由によるものでしかない。

したがって、じつはぼくは、ツアーのあいだこれといってやることがない。にもかかわらず、ぼくがこれまでの三回なんとなく講師の役割を果たした気になり、そして参加者のみなさんにもそう受け取られていたのは、毎度毎度トラブルが相次ぎ、解決に奔走するなかで自然とコミュニケーションの機会が生まれていたからにほかならない。ホテルの部屋に入れない、食堂で長いあいだ待たされる、バスがいっこうに動かない、ガイドがどこかに行ってしまった、そんな「余白」の時間でこそ、ぼくはプログラムの狙いや原発事故についての考えを話すことができた。それらの会話はもとより雑談でしかなく、まとまった講義にはなっていない。けれども、それら雑談こそが、どうやらこのツアーに独特のまとまりを与えていたらしい。ぼくは今回、スムーズな運営によってその機会が奪われ、はじめてそのことに気がついた。

その喪失にさらに拍車をかけていたのが、チェルノブイリの観光地化である。チェルノブイリ原発周辺の立入制限区域、通称「ゾーン」の観光には、かならずウクライナ政府認定のガイドが同行することになっている。とはいえ前回までは、ガイドといっても面倒な仕事を押しつけられた冴えない役人といった感じで、とくに現地の紹介に熱心なわけでもなく、事前提出のスケジュールどおりにぼくたちを移動させるだけの人物が多かった。ぼくたちとしても、もとより詳しい説明が必要なのは原発構内だけであり、そこではべつの職員がガイドすることになるのでそれでよいと考えていた。むしろ、ガイドが適度に「いいかげん」なほうが、通訳の上田も休めるし、参加者のみなさんも自由に廃墟を探検したり写真を撮影したりできるので、好都合だったのである。そして、さきほど述べたように、そんな「余白」でこそぼくは参加者に話しかけていた。

ところが、今回のツアーに同行したガイド氏は——これはゲンロンが指定するのではなく管轄官庁によって割り当てられるのだが——、ゾーンの紹介にたいへん熱心で、プリピャチでも廃墟となった軍事基地でも移動のバスのなかでも、二日間の滞在のあいだ、とにかく話し続ける人物だった。参加者は上田の通訳に耳を傾け続け、ぼくが話しかける機会はほとんどなかった。

これはふつうに考えれば悪いことではない。つまり、今年のゾーンガイドは、例年よりもはるかに質が高かったのだ。読者のなかには、ぼくが現地からツイートした写真を見たひとがいるかもしれない［写真1］。写真はゾーン入り口の検問所にある土産物屋なのだが、前回まではこんなものは建っていなかった。観光客は目に見えて増え、キエフからゾーンに向かう道にはゾーン観光を謳う大きな看板がいくつも出ていた。件のガイド氏は、その急激な観光地化に警戒心をいだいているようだった。けれども、かつてはいかにも旧共産国の役所然としていたガイドのラインナップに、彼のような熱心で有能な人物が加わったという事実、それそのものが観光地化の結果だと捉えるべきだろう。ガイド氏

著者撮影

はロシア語に加えて英語も堪能で、聞くところによれば自分でも小さな旅行会社を経営しているという。そういう人物が、チェルノブイリでガイドをする時代になったのだ。

運営が洗練され、ガイドの質が高くなった。それは歓迎すべきことだ。しかしその結果として「余白」がなくなり、ぼくの居場所もなくなった。この経験は、ゲンロンが目指すツアーのすがたについて、そして哲学と批評の本質について、なにか決定的なことを意味している。

ソクラテスの言葉を用いて説明しよう。ソクラテスは晩年、アテナイの市民から事実無根の罪状で起訴され、死刑判決を受けて自死している。いまも残る『ソクラテスの弁明』はその裁判記録だが、彼はそこで、自分は都市にとって「虻《あぶ》」のような存在なのだと語っている。アテナイの市民は、気を抜くとすぐにウトウトしてしまう。そのまわりを飛びまわり、眠りかけた理性を目覚めさせるのが、彼の役割だったというのだ。

哲学者とは虻だ。これは含蓄の深い比喩である。虻はなんの知識ももたない。なにも語らないし、なにも教えない。ただブンブンとうるさいだけだ。

けれどもその虻がいなければ、人々は眠りこけてしまう。そして見るべきものを見逃してしまう。ぼくがいままでツアーで果たしていた役割は、まさにこの虻の役割だったのではないか。なんの知識もなく、なんの講義もしないが、ただひたすら参加者のまわりを飛びまわり、要所要所で「あれ見て！」というだけの存在。ぼくは講師ではなく、虻だったのだ。そう考えると、今回居場所がなくなったことの意味がよくわかる。要は、ツアーもチェルノブイリも「清潔」になって、虻が飛びまわる余裕がなくなったのである。

だとすれば、逆にゲンロンが目指すべきツアーのすがたも見えてくる。哲学者が虻なのだとすれば、ゲンロンのツアーは、虻が飛びまわる余裕のあるものにしなければならない。その余裕があってはじめて、ツアーに哲学者が同行することが意味をもつ。「観光客の哲学」の実践が可能になる。

とはいえ、ここでツアーをまた「不潔」なものに、つまりはいいかげんな運営や情報量の少ないプログラムに戻すべきかといえば、そういうわけにはいかない。ゲンロンのツアーは商品である。エイチ・アイ・エスさんには支援をいただいているし、参加者のみなさんからも安くない対価をいただいている。「清潔」な旅を提供することはぼくたちの責務だ。

ツアーは清潔でなければならない。けれども虻も飛びまわらなければならない。ゲンロンは、その相互に矛盾した要請を調和させねばならない。

ゲンロンがツアーをやる。しかもチェルノブイリで。それはそもそもたいへん奇妙な試みである。繰り返すが、ぼくは原子力の専門家でもウクライナの専門家でもない。上田にしても、専門はロシア文学であり、ロシア語はできるがウクライナ語はできない。その点では、ゲンロンにはチェルノブイリを紹介する資格はあまりない。にもかかわらず、いままでゲンロンのツアーがなんとなく成立して、そして高い評価を受けてきたのは、運営が不慣れで、またチェルノブイリが田舎で、虻の飛びまわる余白があちこちにあったからにほかならない。

ぼくたちは、原子力やウクライナについての専門知ではなく、むしろ虻の存在による「気づき」こそを商品として売っていた。それはいままで無意識に行われていた。しかしこれからはその余白を自覚的に設計しなければいけない。

いいかえれば、ツアーの価値がどこから生まれてくるのか、その源泉についてあらためて考えなおさなければならない。その考察は、じつはべつの理由からも要請されている。ゲンロンはいままで、このツアーの参加者のおもな動機を、七年前の震災と福島の原発事故にあると想定してプログラムを組んできた。じっさいにかつては参加者のほとんどは、自己紹介のときになんらかのかたちで福島について語ったものだった。けれども今回は様子がちがった。三一人の参加者のうち、日本からガイガーカウンターを持参したのはひとりだけだった。ツアー中の会話でもウクライナ人への質問でも、福島の話題はほとんど出なかった。ぼくはそれを批判したいわけではない。それでも、震災からの時間が確実に経過しているなかで、日本人にとってはチェルノブイリに降り立つことはそれだけで哲学的体験になるのだと、そう主張し続けるのが急速にむずかしくなってきたことはたしかだ。『チェルノブイリ・ダークツーリズム・ガイド』の出版から五年が経った。そのあいだにチェルノブイリも変わったし日本も変わった。福島は遠くなった。みな原発事故を思い出さなくなった。チェルノブイリの経験を哲学に変えるためには、以前にもまして虻が必要になる。

そのためにはどのようなプログラムを用意するのがいいのか。チェルノブイリツアーをやめるつもりはない。虻が飛びまわる「観光の余白」の再発明に、期待していただきたい。

デッドレターとしての哲学

2015

聞き手＝宮﨑裕助

宮﨑　デリダ没後一〇年をきっかけとして、『現代思想』でも一〇年ぶりにデリダ特集が組まれることになりました。今日の日本語環境におけるデリダ受容では、新しい世代によるデリダの引き受け直しがまとまって起こっています。おもに七〇年代生まれの団塊ジュニア以降の世代が出てきたことによるものですが――わたしもその渦中にいるひとりです――、本特集でも一〇年前とはかなりちがった論者が寄稿しています。また昨年、脱構築研究会（http://www.comp.tmu.ac.jp/decon/）という集まりができ、二〇一四年一一月二一日から四日間にわたり大きなシンポジウムが行われるなど、ようやく新しいデリダ像の模索の動きが目立ったかたちで出てきています。

わたしたちの世代を代表するデリダ論者といえば、まずは東浩紀さんでした。とりわけわたしは一九九七年から二〇〇〇年くらいまでのあいだ、東京大学駒場キャンパスで東さんの後輩でしたが、わたしが駒場に来たときにはすでに『批評空間』での東さんの連載が始まっていましたし、早くも九八年には『存在論的、郵便的』（新潮社）として単行本にまとめられました。ほどなく博論審査を経て学位を取得されたわけですが、そのプロセスを間近で見ていて、すごく大きな刺激を受けることができました。それに東さんのみならず、わたしたちの指導教員である高橋哲哉さんや、小林康夫さん、増田一夫さん、湯浅博雄さんなど、駒場では当時デリダをふだんから教えたり講読していたりする先生方が多くいらっしゃいました。しかも、当時はデリダ自身がどんどん本を書いていて、つぎつぎ新しい話をしていた状況でした。そういうこともあって、わたしは院生として、デリダを焦点とした知の坩堝《るつぼ》のようなところに身を置くことで、濃密な知的刺激を享受できたわけです。そして漠然とではありますが、そうしてデリダ思想を追究していけばすごく面白くて明るい未来が待っているのではないかと思えたのです。

とはいえ、その後の展開をいまから振り返ってみると、デリダ研究は東さんに引っ張られるかたちで大きく拡大していったというわけではありませんでした。むしろ、どちらかといえば停滞していました。現実的には明るい未来は来なかったわけですが（苦笑）、どうしてそうなったのかということについては、上の世代の翻訳や研究が停滞しがちであったとか、ほかのことが忙しかったとか、いろいろあるかと思います。一方で、東さんに続いて同世代の者がすぐに表に出ていけばよかったのですが、それも留学や博論などでグズグズして時間がかかってしまった。そして東さん自身はデリダ論で博士号を取って早々に見切りをつけてアカデミズムから離れ、もともと活動していた『批評空間』のグループからも離れていき、大学ではもう思想や哲学の研究をやらないという選択をするとともに、どんどん外へ出ていった。その後いろいろとありつつ、いまは評論や小説の作家活動だけでなく、ゲンロンの代表という一企業家としてもご活躍されています。

他方、デリダの日本での受容や展開という面から見れば、やはり『存在論的、郵便的』という本まで書いて、その後まったくほったらかしにしているという身の振りかたは、正直にいうと残念に思ったし、もったいないという感じがずっとしていました。『存在論的、郵便的』自体は刊行から一六年経ったいまも、日本語でデリダを研究する者にとっては大きな宿題みたいなものとして残り続けています。また、二〇代くらいでこれからデリダを読もうというひとのなかには、この本をきっかけにデリダに入門するというひとはまだけっこういるだろうと思います。

東さんのその後の活動を追っていくと、折に触れ原点にデリダ研究があったということがわかります。そのことを考えてみるにつけ、東浩紀の活動の軌跡は、単純にデリダから離れていったとかもったいなかったということではなく、デリダは論じないとしてもデリダの思想をあるしかたで自分の人生において実践、もっといえば実験していたというふうにも見えてきます。じっさい、世界中を見渡しても、こんなデリダ論で博士号を取り、ここまで多様に活動されているひとはいないでしょう。そしてそれにはすごく意味があるというか、日本でデリダの思想から出てきた実践形態ないし発展形態として世界史的ななにかを宿しているような気もするのです。もちろんデリダと東さんにはちがうところもたくさんあるので、単純にそうともいえないとは思うのですが、しかしそうしたちがいも含めて、没後一〇年の年にデリダの思想を考え直すという場合に、東さんの活動自体がとても大きな示唆を与えてくれるのではないかと思っています。

ということで、まずはデリダを研究し始めたときのお話を聞かせてください。

東 きっかけは非常にシンプルです。ぼくが学部生だったとき、東北大の野家啓一さんが東大の科学史・科学哲学の大学院（当時学部は教養学部で、院になると理学部という変則的な専攻になっていました）に集中講義で来ていました。それは大学院の集中講義なので、ほんらい学部生は聴くものではないのですが、大学二年生のぼくは科哲に進むことがわかっているということもあって、モグリで聴きに行っていたのです。記憶があいまいなのですが、それはたしか「物語の解釈学」というタイトルで行われていて、クワインなどの話を中心にかなり見通しのよい授業をやっていました。

そのなかで最後のほうにデリダが出てきたのです。デリダとクワインやローティの比較が出てきて、あの厄介で難解なデリダはこういうふうに明確に読み解けるんだと、ぼくにとっては衝撃的な経験でした。分析哲学や言語行為論などのアプローチを使えば、デリダがどうしてあんなことをやっているのか明確にわかるのだなと。そこでサールとの論争などについても話されていたのですが、それがぼくに光を与えてくれたのです。

当時はドゥルーズも読んではいました。けれども、あくまでも学部生としての理解ということですが、彼は最初から肌に合わないところがありました。というのも、ドゥルーズは独自の定義で言葉を使いますよね。いちどその世界に入れば明確なのでしょうが、なんというか、「自分の考えた勝手な区別」のように見えたのですね。ぼくにとっては、むしろデリダのほうが学問的に見えたのです。哲学者の先行する業績を押さえつつ脱構築をする、いわゆる「古名」を使うという戦略が、ぼくにとっては逆に厳密なように見えた。ここが多くのひととちがうところだと思います。かつてだと浅田彰さん、最近だと國分功一郎さんや千葉雅也さんのように、多くのひとがドゥルーズはパンパン概念を出していく明晰な哲学者で、デリダはウニョウニョしてよくわからない哲学者という印象を語ります。けれどもぼくにとっては、ドゥルーズの明晰さは独自概念で勝手にやっているだけで、デリダのほうが普遍的で確実な基盤にもとづいているような気がしたのです。それはべつの言いかたでいえば、デリダが伝統を重んじるという話につながるのだと思います。それがぼくのデリダの出発点です。

『存在論的、郵便的』の背景

宮﨑　意外なのは、入り口は駒場のフランス系の先生たちではなかったということです。

東　それもまたぼくの変わったところで、ぼくのキャリアだけを見ると、東大の表象文化論が出発点だと思いますよね。あるいは『批評空間』。けれども、じつは出発点はそのどちらでもないんですよ。ぼくのキャリアの出発点は科学史・科学哲学で、だから分析哲学とデリダの関係はすごく大事でした。『存在論的、郵便的』にもその名残りはあると思います。

宮﨑　そのへんは誤解があるかもしれませんね。ただ柄谷行人さんの影響はけっこうありましたよね。

東　はい。ただ、当時の科学史・科学哲学分科は柄谷さんに対して非常に批判的でした。佐々木力さんが主任だったのですが、柄谷のゲーデル論はかなり口汚く罵られていた。ただ野家さんは少し寛容で、そこもぼくに希望を与えてくれました。科史科哲とフランス系現代思想の接点に野家さんがいて、野家さんの授業のなかでデリダに対して新しい光が見え、デリダを選んだということですね。

宮﨑　なるほど、野家さんが架橋したんですね。自分も東北大で野家さんに教わったのでその感じはよくわかります。ではその後、デリダ論でデビューして本格的に取り組むかたちになっていったのは、やはり『批評空間』に引っ張られたところがあるわけですか。

東　そのまえにすごくくだらない話ですが、当時デリダって、『コーラ』とか、短い本がたくさん出ていたんですね。それが短いから学部生でも読み通せるんです（笑）。デリダを選んだ理由にそれはけっこう大きかったと思います。

一般にデリダはすごく読みにくいといわれていますが、そういうふうにゆっくり読んでいくと、デリダの使っている語彙はけっこうかぎられていることに気がつきます。ドゥルーズやフーコーのほうが、社会的な現実に開かれているぶん、いろいろな語彙を使うのですね。デリダはその点すごく語彙が限定されている。学部生でも、慣れてしまえばなんとなく読めるようになるのです。

デリダを選んだのは、べつに『批評空間』の影響というわけではなかったと思います。そもそも学部の卒業論文でデリダを選び、その延長線上です。当時デリダでやると決めて、いろいろ読み始めてみると、翻訳されているのは意外と六〇年代のものばかりで、七〇、八〇年代のものはあまり訳されていなかった。他方で『マルクスの亡霊たち』や『法の力』のような重要なテクストが原書で出版され始めた時期でもあり、これも読んだらけっこう大事な文章で、しかもわかりやすかった。単純に、当時重要だけど翻訳されていないテクストがいっぱいあったというのが、デリダ論を発表するもっとも強い動機になっていたと思います。これだったら、ぼくでも『批評空間』に貢献できることがあるのではないかと。それで浅田さんのところにもちかけてみたという次第です。

宮崎　それは駒場の大学院に入ってからですね。

東　デリダ論の連載が始まったのが、M1の夏だったかと思います。当時、「幽霊」などのメタファーがデリダにとって大事なはずなのに全然系統的に紹介されてないと思っていました。いまだとデリダにおいて「幽霊」や「動物」がすごく大事な言葉であると多くのひとが知っていますが、おそらく九〇年代半ばには日本ではほとんど指摘されていなかったと思います。デリダの方法論を、脱構築という戦略ではなく、メタファーの戯れそのものから取り出してみるというのが、ぼくのオリジナルの着想でした。

宮崎　それについてちゃんと論じているひとは当時出てきていなかった。

東　そう思います。繰り返しますが、そもそも翻訳自体がなかったのです。だから学生のぼくには、デリダは重要なピースがポカンと抜けているように見えたのです。ドゥルーズはむしろ、ぼくの印象ではよく翻訳されていた。フーコーもおもなものは全部出ていました。そのなかで、みながあれだけ「デリダ」「デリダ」というわりには、ぜんぜん訳されていないではないかと。デリダ論を書いているあいだに、「割礼告白」など、それまでのデリダ像とちがうものもリアルタイムで出版されていました。

むろん、そのような「最新のデリダ像」にアクセスしていたひとは、ほかにもいたとは思います。駒場の先生はまさにそうで、ぼくも多くを教わりました。ただ、彼らはまだ若くて、それを頻繁に世のなかで発表するような段階ではなかった。高橋哲哉さんや鵜飼哲さんのデリダ理解は、まだほとんど世のなかに出ていない状態だったのです。

宮崎　高橋さんが入門書的な『デリダ』（講談社）を書いたのも同時期くらいでしたよね。

東　『存在論的、郵便的』と同年（一九九八年）ですね。

宮崎　それ以前はまだまとまったことがいわれていなかった。

東　『絵葉書』がどうとか以前に、「倫理的転回」の存在も知られていない。そもそも『法の力』も訳されていないし、『メモワール』も翻訳されていない。それ以前にド・マンだって翻訳されていなかったし。

宮崎　だからこそよく一歩を踏み出されたなと思います。

東　よく読んだものですよね。いま振り返ると自分でも驚きます（笑）。

宮崎　その結果、『批評空間』にデリダ論を連載され、『存在論的、郵便的』にまとめられたわけですが、これは単純に「デリダを読みました」という本ではありませんね。紹介していけばなんとかなるという感じは全然ない。

東　そうですね。まあ、これはほんとうに変わった本で……。

当時ぼくがデリダを読むなかで最終的に突きあたってしまったのは、先行するテクストを解釈し変形することによって新しい哲学が生み出せるという、彼の方法論そのものへの懐疑です。人文思想の伝統を大切にすることがどれほど有効なのかという問いにぶつかってしまった。『存在論的、郵便的』は最終章でだんだん「転移」の話になっていくのが、そのような懐疑を反映しています。そう考えると、その後デリダ研究もしくは大学のフランス現代思想から撤退するというか脱出するのは、ぼくにとっては必然だったのだと思います。

さきほど述べたように、ぼくはそもそも、ドゥルーズのように「コンセプトを発明する」という方法論を受け入れれず、先行する伝統を変形するのが哲学のありかたとして正しいという前提で仕事を始めました。けれども、ここに来てそのこと全体に対する懐疑が出てきてしまったのです。裏返していえば、もし最初にドゥルーズ的方法論に惹かれていれば、おそらくそのような懐疑にはぶつからなかったのだと思います。科学者やいろいろな分野のひとの文章を読んで、思いついたことをバッと書けばいい、それが哲学なんだというスタイルを受け入れていれば、ぼくはすごく自由に哲学をし続けることができたと思う。でもデリダから始めてしまったので、それができなかった。

先日の『思想』のデリダ特集（二〇一四年一二月号）の座談会で、國分さんがデリダと動物学の関係について話されていました。あれはよくわかります。デリダに親しんでいないひとからすると、デリダのやりかたは自分で限界を作っているように見える。彼は絶対に動物学の本なんて読まないし、クモがどうとかサルがどうとかいう話は絶対にしない。自分の近くで経験した話、あるいは自分が接続している伝統の話しかしない。その限定はすごく不自由ですよね。それが当時、重くのしかかってきて、とにかくこれはやめないとだめだ、べつの人生を始めないとだめだという結論になったのです。逃げるというのに近かったと思います、当時のぼくは。

宮﨑　その流れもたいへん興味深いのですが、逆にいうと、『存在論的、郵便的』でいちど突き詰めていってしまったわけですよね。そちらのほうが興味深いというか、最終的には七〇年代の中期デリダといわれるところに着目し、突き進んでいったところが面白い。

東　それが、人間、なんでもやっているとけっこう楽しくなってしまうわけですね（笑）。いろいろマニアックな知識も増えていきますし。けれども、本をまとめ、身を引いて自分の仕事を客観的に見てみたとき、とにかくここからいちど逃げ出さないとぼくは一生限定されたボキャブラリーの世界のなかに閉じ込められる、という危機感があった。

結局のところ、ぼくが最初に感じた「デリダだったら読める」という直観がすべてだった気がします。そこで将来はすべて予見されていた。デリダの語彙はハイデガーの語彙のハイブリッド版ですが、そもそもハイデガーも語彙がとても限定されている哲学者です。哲学が自家中毒に陥っている感じがしたのです。

宮﨑　デリダは比較的いろいろなテクストに密着しながら読む傾向があるので、そのテクストに応じて語彙が変わっていったりはするのですが、テクストにアプローチするしかたの窮屈さというのでしょうか、おっしゃりたいことはよくわかります。

東　強烈な個性、とはそういうことなのかもしれません。ときどき「デリダはいろいろなひとに憑依する」みたいなことがいわれますが、ぼくはあまりそういう印象をもっていません。むしろ逆です。デリダは強烈に個性的なひとで、なにを扱ってもいつもデリダふうになるし、初期から晩年まで、どのテクストも驚くほど一貫した問題意識に貫かれている。だからこそ、その強烈な個性から脱出しないとだめだと感じました。

「郵便空間」の創出

宮﨑　「脱出」しなければならなくなった手前で、『存在論的、郵便的』の話をさせてください。問いがすごく立っていて、とにかく「郵便空間」というものを提出したところが画期的だったと思います。ある種の脱構築の形式化については東さん以前にも語られていました。一方で二項対立を宙吊りにして決定不可能性に追い込むような、いわゆる否定神学的な形式があり、また英米語圏での受容のように、道具のように使われて流行するという文脈もありました。他方で『弔鐘』や『絵葉書』といった七〇年代の奇妙なテクストでは、デリダはとくに個人的な興味や関心に沈潜して、あらゆるエクリチュールの実践をくり広げ、文体の実験をしているのだ、という理解もあったと思います。中期デリダはそれもあって読まれなくなったということもあったわけですが、しかし東さんは文体の多様化が前景化するということ自体に理論化する余地があるというところに突き進んでいき、それを「郵便空間」として提出された。

そこでいちばん核になっているアイデアは、クリプキの固有名の議論だろうと思います。第一章では、『「幾何学の起源」序説』から論じ始められていて、幾何学というもっとも非歴史的なものがいかに歴史的に発生したかというところに名前の問題が出てくる。そこがデリダのエクリチュール論の核心であるというところから本書の問いが立ち上がるわけです。

東　それはいいかえれば署名の問題ですね。言語行為論の問題。ほんらいはありえてはいけないはずの歴史が、宣言や署名といった固有名の行為によって生み出される。その謎。宮﨑さんもまた『思想』でデリダのアメリカ独立宣言論について論じていましたね［1］。言語行為論的な問題構成が政治批判の文脈で出て来たはじめてのテクストということでしたが、同じ問題意識はすでに『「幾何学の起源」序説』にも現れている。デリダは初期から一貫して、「ほんとうだったら存在しなかったはずの歴史が、ある言語行為によって最初から存在したかのように見えてしまう」というパラドックスに関心を向けていたのだと思います。ぼくもそこに共鳴しました。

宮﨑　最初からそれはあったのだということをきちんと示されていたのはさすがだなと思いました。そこからクリプキの議論に結びつけていくのはかなり独特のものです。柄谷の固有名論と、当時『批評空間』で導入していたジジェクの両方から、クリプキの議論を特異なかたちで展開させながらデリダに重ねあわせ、核となる論点を整理したかたちになっています。

東　そうですね。単純にそれは日本語と英語とフランス語を読める人間にしかいだけなかった問題意識なので、世界的にもめずらしい議論になっていると思います。

宮﨑　ただしそれには良し悪しもあって、かつての『批評空間』の磁場に囚われている感じもする。当時の状況と関係なくたんにデリダを読んでいるひとがこれを読むと、ちょっとわからなくなる可能性もありますね。

東　ぼくもそう思います。デリダの議論がかなり強引に変形されている。

宮﨑　時代に規定されているともいえるけれど、いっぺんそこを潜れば、画期的なことをやっているとわかる。そのあたりの事情が、これまでのデリダ研究者にはうまく消化されず「宿題」としてずっと残っているひとつの原因かなとも思います。でもそこから固有名論を展開し、デリダのエクリチュールの理論的な問題を抽出しながら、それがたんに文体的な実験やエクリチュールの戯れみたいなことにならず、郵便空間としてある種ポジティブに、脱構築の形式とはべつに取り出せるのだということをガンと打ち出したというのは、やはりすごいところだと思います。

そしてそれがその後の東さんの仕事をいろいろな意味で規定していると思う。さまざまな固有名が埋もれて亡霊として徘徊しているようなデッド・ストック状態を郵便空間へとどうやって理論化し可視化するか。理論化したい気持ちはわかるし、その方向に賛成もするのですが、当時のぼくが思っていたのは、超越論的なシニフィアンの機能さえも失調させてしまう郵便空間があるとしたらそれは定義上理論化できないもののはずで「理論化」というには理論の意味自体も変えなければ無理だろう、ということです。しかし、さらにそこを突き進むことで見えてくるものがあるということを、東さんはじっさいに示してみせた。

東　郵便空間の理論で要《かなめ》となるのは、訂正可能性です。固有名が固有名であるゆえんは、確定記述をいくらでも事後的に訂正可能であることにある。これはぼくのオリジナルの理論だと思っています。
人間の歴史や思考はじつは事後的な訂正可能性で満ちている。「〇〇ってじつはそういうものだったんだ」という「遡行的な再定義」ばかりがあって、最初に確固たる定義が示され、そこに新発見が積み重なって展開するというものではないのです。これは人間がなぜ創造的かということとも関係しています。もし事後的な訂正可能性がなく、歴史が確固たる定義に定義を重ねることで発展するものとすれば、未来の可能性は一方的に狭まっていくばかりです。しかし、人間のクリエイションは、そこでつねに前提を壊すことが可能だから生まれている。当初は「〇〇はこういうものだ」という話になっていたのに、「それはじつはちがったんだ」というちゃぶ台返しがつねにやって来る。それが歴史のダイナミズムを生み出しているし、学問的には自然科学と文系のちがいでもあると思います。自然科学は確固たる真実の積み重ねで発展する。けれども政治や哲学や芸術は、確固たるものだと思われていた真実がどんどん遡行的に上書きされることで発展する。理系のひとが哲学を嫌いなのは、そういう差異によるものだと思います。
いずれにせよ、「〇〇は××のはずだったのにじつはちがったんだ」という心の動きはとても大切で、そういう心の動きが可能になるような空間こそがほんとうの公共空間だというのがぼくの考えです。それをかつてぼくは「郵便空間」と名づけました。その後もそういうコミュニケーションのありかたを模索していまにいたっているという感じです。

宮﨑　その核さえ摑んでおけば、一貫しているわけですよね。

東　そのつもりです。
べつの言いかたをしてみます。「大学の知」と「精神分析の知」をラカンが分けていると思いますが、前者は、象徴界がしっかりしている、つまりは真実の領域がしっかりしているタイプの知です。しかし後者は真実の領域自体を生み出すものである。これはまさに訂正可能性の話だと思います。

大学の知は、たとえばデリダであれば、彼はこういう人間であり、こういう仕事をしたひとだと確定させたうえで、その確定のなかで緻密さを築き上げていく知です。だからこそ師は弟子に知識を伝えることができるわけだし、自分たちこそ真実を摑んでいると確信できる。ところが分析者の知はそうではなく、いつその前提が覆るかわからない世界なわけですね。たとえばあるひとがトラウマをもっていたとする。けれども、「トラウマがある」としゃべっているあいだにその記憶自体が変形され、消えていくかもしれない。気がついたらトラウマがほんとうにあったかどうかすらわからない。そういうことが起きるのが分析の場です。つまり訂正可能性のある場です。トラウマを対象として創始された精神分析の知は、この点で、文系の歴史全体を集約しているような知だったと思います。いま自然科学がすごく強くなっているなかで、文学部や哲学科はどういうふうに自分たちを再定義していくか。そこではいまいったような固有名の訂正可能性の問題や歴史の修正可能性の問題など、いわゆる精神分析的な知がひとつの鍵になると思います。

ちなみに、ぼくはこういう解釈でデリダの思想を捉えているので、高橋さんや鵜飼さんが政治的なメッセージを発するときのある種の信念というか、「確固たる歴史的真実はあり、それは絶対に動かせないので、それに対してわたしたちは直面しなければならない」という言説にはあまりコミットできませんでした。ぼくは政治的にはリベラル寄りのつもりですが、それとは関係なく、そこにデリダの思想の可能性はないと感じてしまいます。

おそらくデリダを研究しているひとであれば研究しているひとであるほど怒るでしょうが、ぼくはデリダの脱構築の理論は本質的には歴史修正主義の理論だと捉えています。歴史はいくらでも修正できる。というか、人間はいくらでも修正してしまう。人間とはそういう生き物で、言葉にはそういう性質がある。それこそデリダがいってしまったことだと思います。もちろん、現実の歴史修正主義とはナチの肯定であり極右であり、デリダがそれを強く批判していたことはいうまでもありません。しかし、そのような政治的立場とはべつに、理論そのものの可能性というのはある。訂正可能性の力にはネガティブな効果もあるけれど、ポジティブな効果もある。人間がなにかを発明できるということと歴史を忘れることができるということは等価です。その部分を真剣に考えていかないと、文系の知はそれこそ必要なくなってしまうと思う。一〇〇パーセントみなが同意できる「真実」にもとづき、議論をし、けっしてそれを修正しないというかたちで作られていく知は、もはや文学や哲学を必要としないと思います。

ぼく個人の感触としては、デリダ自身はそういう危うさを自分のものとして捉えていたと思います。そもそもデリダだけでなく、フランス現代思想のあの世代は、みな彼ら自身がハイデガーを「修正」して受け継いだわけです。ハーバーマスとのあいだの葛藤は、まさにそれゆえに起きたものです。ハーバーマスからしたら、ハイデガーのナチへのコミットメントは絶対の真実であって、それを抜きにしてハイデガーの可能性を語るなんてありえない。その観点から見れば、デリダたちがやったハイデガー解釈は歴史修正主義にも見える。ハイデガーから特定の部分を慎重に切り取って、可能性の中心を読んでいくわけですから。

宮崎　のちに問題にはなりましたけどね。

東　もちろん問題になります。そして彼らはそれをわかっていたと思う。

宮崎　当時ドイツではもうハイデガーについて触れることもタブーでした。

東　しかも彼らは、先行世代のサルトルとも異なる解釈を打ち出している。フランス現代思想によるハイデガー解釈は、それ自体がかなり異形なものです。彼ら自身、ほんとうはそれをドイツ人に知られたらヤバいと思っていたのではないか。そしてじっさいに知られてヤバくなった。

宮崎　ただぼくからすると、脱構築が歴史修正主義に直結するというような話だとやはり違和感があります。原理的な脱構築の形式化というところではそういう話になりうるのですが、デリダは他方で、つねにテクスト自体に一定の重みや厚みがあり、かつ諸テクストが織りなすコンテクストにも一定の安定性や堅固さがあり、それらを恣意的に操作したり修正したりはできないということも強調しています（たとえば『有限責任会社』所収の「討議の倫理にむけて」参照）。つまりいきなり形式的な操作を適用する以前に、関連文献を丹念に読んでいって歴史学者がそうするように実証的に積み上げていけば、単純に修正できないという水準はやはり存在する、と。デリダはこれを、脱構築の系譜学的な側面と呼びますが、テクスト間の関係性には固有の水準があって、それはイデオロギー的な信条に左右されてしまうようなものではありません。要するに、一方で形式的なところだけで脱構築を取り出すと、修正主義が帰結してしまうようなデリダも出てきますが、他方でじっさいの文献の扱いというところにフォーカスをあてていけば、個々の歴史的な経緯や文脈を踏まえたうえでテクスト解釈を単純に修正できないということをきちんと追跡するデリダもいる。その両面が高橋さん・鵜飼さんの世代の政治的なアプローチと、東さん自身がデリダに見出したもうひとつのアプローチのちがいとして見えてしまったのかなと思うのですが。

東　むろん、直結するといっているのではないです。ただ、そう読める可能性はあるし、それはけっしてたんなる誤解ではないということです。

逆にぼくからすると、高橋さんや鵜飼さんの世代は、「あえて」なのかもしれませんが、デリダの哲学を「政治的に正しく」使うためにいろいろと単純化しているように見えます。デリダ自身はもう少し危ういことをいっていたし、そのことを自覚もしていたのではないか。それが消されていくのはいささか気持ちが悪い。

宮崎　そう単純にはならないぞと。ジジェクがむかし、脱構築を揶揄して「九〇年代以降、デリダが政治化したときに出てくる現実の実践は、穏健的左翼の凡庸な結論でしかない」と皮肉っていましたね。デリダ自身、有名になったあとは「普遍的知識人」というスタンスを引き受けざるをえなくなり、そういうことになったわけですが。

東　穏健派リベラル知識人としてのデリダ、ということだったら、ローティもハーバーマスもみな同じになるわけで、この暗い時代、あるていどまともな知識人の結論は同じになるよね、ということでしかない。じっさい、九〇年代には日本でも柄谷さんや浅田さんもみな似たような発言ばかりになっていきます。「時代が危機だからしょうがない」というけれど、さすがにつまらなくなっていませんか?というのが当時のぼくが思っていたことです。

宮崎　それを問題化するという意識が背景にないと、郵便空間は提出できなかったのだろうと思います。単純に現実の政治に適用するだけだと「いまの情勢からしてそうだろう」とか、ちょっとものを考えている知識人であれば思いつくだろうところに落ち着いてしまったでしょう。デリダ自身にもそういう言説はたくさんあるので、あたりまえのことでもデリダから引き受けたかのように良識的な知識人として発言するひとが出てくる。もっとも、それが一概に悪いことだとぼくは思いませんが。

東　そこはむずかしいところです。たとえば柄谷行人にしてもいつの柄谷行人を面白いと思うか、いろいろ考えかたがあるわけです。ただ、いえることは、年を取るというプロセスは一方向的なものだから、晩年の仕事に焦点をあてると、どんなひとの研究でも議論としては絶対に勝利するということです。しかしそれはテクストを読む態度としてかならずしも生産的ではないと思う。どんなひとでも、初期にこそ最良のアイデアをもっていたかもしれないし、中期がいちばん単純になって晩年にもういちど戻ってくるということもあるかもしれない。そういう複雑な過程を見ていかなければならない。柄谷さんの例でいえば、「デモに行く柄谷行人」とはちがうすがたが初期のころにはあるわけで、そのころの柄谷はむしろ江藤淳や吉本隆明のような政治的なオピニオンリーダーになるような批評家に対して背を向けていたひとです。その部分の柄谷を踏まえないと、どうしていま柄谷がデモに行くことに意味があるのかということもわからなくなってしまいます。

デリダにしても、九〇年代に「脱構築とは正義のことである」といった、そこに注目するのはいい。しかし、そのまえの脱構築はもっと危ういものだったし、ぼくが読もうと思った中期なんて、表面的にはかぎりなくテクストの戯れに近く、歴史の闇に入っていって自分も溺れていくようなところがあった。『絵葉書』なんて、まったく公共性のない仕事ですよ。そういう文章を書いた人間だということを踏まえないで、「脱構築とは正義である」というところだけ急に取り上げるのは、正確なのか。ほんとうは両者の関係を考えなければならない。当時は翻訳がなかったということもあって、「むかしはテクスト実験に淫していたデリダも最近はすっかり公共性に目覚めたらしい」みたいな雑な話になっていて、「ちょっと待ってくださいよ」という感じでした。

公共性の感覚の失調

宮﨑　その論点に関していうと、東さんはけっこうローティを評価していると思うのですが、彼はそういうデリダはプライベートな、自分の人生を追求するデリダでしかなく、それを好きなひとは好きにやればいいじゃない、というスタンスでしたよね。

東　趣味は趣味、政治は政治、そこをきっちり分けるのがリベラル・アイロニスト、というのがローティの教えですからね。

宮﨑　そこは大反対です。郵便空間を打ち出すのだったら、そういってはいけないというか。

東　人間とはそうやって分けられるものではない。

宮﨑　それだけでなく、郵便空間はもっとポジティブに考えるべきものとして捉えないといけない。当時のデリダの私的な趣味が充満していたというものではありませんからね。

東　郵便空間は、プライベートというか、インティメートなものがじわじわ浸み出していくような空間だと考えています。

『絵葉書』はデリダがちょうど英米圏に紹介された時期の書簡集です。フランス哲学に守られていたデリダが、英米系の新しい世界に接触するときの話でもある。その文面からは、彼が個人のつながりから物事を考えていたことがよくわかります。ぼくは個人的には会ったことがないので推測でしかないですが、デリダはインティメートな関係しか作れないひとだったのではないかと思う。つまり「○○大学の学長」として発言するといったことができないひとというか。

というのも、彼はいつも、アドレス、つまり呼びかける宛先を重視しているでしょう。彼は多くの講演で、「ここではほんらいは英語で呼びかけるべきなのだが、フランス語で呼びかけることにして云々」とか、「ここに呼ばれたのはだれだれに声をかけられたのであって、だからほんらいはこれこれという話を期待されていると思うのだけど云々」とか、そんな変なまえがきをつねに入れている。ある特定の個体、ある特定の人間に話しかける態度がはっきり出ていて、パブリックに向かって公人として話すというありかたを避けている感じがする。

宮﨑　国際哲学コレージュ（一九八三年にパリに創設された国際哲学研究教育組織。デリダは創設者メンバーのひとりであり初代議長を務めた）関連の活動はパブリックだったと思います。ですから、両方をやっていたのではないでしょうか。

東　『絵葉書』のころはできなかったのかもしれない。公の言葉を発することができない、という機能不全から来るとまどいのようなものを、あの書簡集からは強く感じます。

宮﨑　それは微妙ですね。哲学コレージュを創設するまえにフランスの哲学教育の改革運動に関わっていたのは七〇年代なんです。デリダは、二枚舌というと言葉が悪いですが、つねにひとつならずの文体や戦略を駆使するひとで、いろいろな語り口をもっていたのでしょう。

東　そういう意味では、ぼくはパブリックになれないひとに関心があります。デリダにもそうしたものを見ていました。

宮﨑　むしろ、すごく私的な語りなのにそれをパブリック化してしまうというか、そのような語り口があるのだと思わせてしまう、ということでしょうか。

東　そうですね。変わった哲学者なのだと思います。いっけん、哲学の主流の伝統に接続していますし、公的な問題についても積極的に語っているように見えますが、その語り口はじつにプライベートであり、よく読むと狭いことばかり話しているという感じもある。デリダは「いまのフランスの移民政策は……」といった大きな主語を立てて長く話すことがほとんどない。そうではなく、「移民政策についてはだれだれから〇〇のような発言がされているが、それを脱構築すると××になる」といったところにすぐ行ってしまう。その部分に惹かれます。

宮﨑　ぼくからすると、デリダは九〇年代から世界中に出ていくなかでいろいろなところで大きな話もするようになります。「知識人」のスタンスから語っているように見えます。

東　要約するとたしかに「知識人」の発言だけれども、よく読むといろいろな変な細部がくっついている。

宮﨑　そこがむしろデリダらしい。そしてそれが郵便空間という問題設定に行く重要なポイントでもあります。

さきほどの話の続きになりますが、当時の東さんは「郵便空間を理論化する」とポジティブにいってしまっていて「それは無理だろう」とぼくは思っていました。しかしそれを力技というか、独特の文体を駆使しながら、このような空間が考えうるという思考可能性を提示された。それは理論的な手続きとして正しいかどうかといったことを超えて、理論の意味自体を変えるようなテンションでした。いまだによくわからないポイントであると同時に、発展可能性もつねにあると感じています。このようなデリダの郵便空間を展開することを、東さんがじっさいに個々の局面でどれほど意識されていたかはわかりませんが、この点では一貫していますよね。直後のお仕事は『動物化するポストモダン』(講談社現代新書)ですが、そこはどうだったのでしょう、乖離していたのかいなかったのか。

東　自分としては、そこに乖離はなかったと考えています。『存在論的、郵便的』はフランス哲学、『動物化するポストモダン』はサブカルチャー論という括りは、それこそ内容を読んでいない批評だと思います。『動物化するポストモダン』は、『一般意志2・0』とつながっています。そして『一般意志2・0』は『存在論的、郵便的』とつながっている。この三冊はひとつの問題系をなしています。

『一般意志2・0』はルソーの『社会契約論』の読み換えです。ルソーはぼくの考えでは、全体主義者というよりも、社交性のない人間を社会の礎だと考えていた。その逆説こそが現代では重要です。そしてじつは、社交性のない人間たちについて考えたのが『動物化するポストモダン』だったわけです。社交ができない、つまりある種のパブリックの感覚が失調してしまったひとたちについて考えるという『存在論的、郵便的』の関心は、そこでも持続しています。

宮﨑　私的なものが外に浸み出してくるということですね。

東　公共性がないひとたち、というよりも公共性を「摑めない」ひとたちが作り出す社会について考える。その関心こそが、『動物化するポストモダン』『一般意志2・0』『存在論的、郵便的』の三冊を貫くものだと思います。
ですから、公共の言葉を発することこそが政治であり哲学なのだというハーバーマスあるいはアーレント的な思想というのは、ぼくにはどうしても馴染めません。そして、そんなハーバーマスたちと論争するときのデリダのモヤモヤした感じは、「まったくね、公共、大事ですよね、ぼくもそうできたらいいんですけどね、でもできないんですよね、ほんとうにすみません」という感じで、とても共感できる（笑）。サールとデリダの対話もそんな感じですね。

宮﨑　デリダ＝サール論争ですね。デリダはそこで公共的に論争することを完全に放棄していますよね。

東　「わかったわかった、たしかにな、公共的な発言もあるだろう。でもな……」みたいなことをネチネチいっている。

宮﨑　サールはあきれるでしょうね。

東　でしょうねえ。「なにいってんだこいつ、哲学者なんだからちゃんとやれよ」みたいな感じでしょう。でもそうすると、デリダは『ちゃんと』といったけれどもさ……」みたいなことばかりいう。ぼくはあの応答は、感覚的にはすごくよくわかる。ぼくもまた、公共的にふるまうとはなにかどうもよくわからないし、まじめに話すということができない。そういう点では、ぼくはたんに実存的にデリダに惹かれているところがあります。

これはラディカリズムへの抵抗ということでもあります。ぼくが学生時代にフーコーを遠ざけた理由のひとつは、彼のもつラディカルさです。彼は政治的にきっぱりはっきりしている。ぼくにはそれがどうも馴染めなかった。哲学者はそもそもそんなにきっぱりはっきりなれるものだろうかという感じがしました。いまでもぼくはそういうところがあります。たとえば人々が「反自民党」と明確な立場を打ち出す。反自民で団結するべきだとキャンペーンをする。ぼくも現在の自民党政権には批判的ですが、けれどそこで「そんなに簡単か？」と一歩躊躇してしまう。デリダというのは、あらゆる意味できっぱりはっきりしていないひとで、その部分に大きなシンパシーをいだいています。

宮﨑　余計なことを挟んでくる。

東　そう。「この政策に対してイエスかノーのどっちだ！」と問われたとき、「いや、しかし……」と思ってしまう。

宮﨑　逡巡というか、私的な言葉が浸み出してくるような。それを抑えることなく、どこまで全開にして哲学ができるかという試みでしょうかね。そのようないっけんプライベートな自伝的要素を哲学に必須のものとして組み入れて考えていく。公的でないものを枝葉として切り捨てるのではなく、それらをすべて展開していく余地があるということを、つねに考えているわけです。そこが東さんと共鳴したのでしょう。しかし、当時の東さんはすごくきっぱりとしたイメージでしたけれど。

東　たしかに、デリダがきっぱりとしていないのはなぜかについて、きっぱりと考えてみようという本ではあった。

宮﨑　きっぱりとやってしまったから、そのスタイルでデリダに取り組むのに限界が見えたということでしょうか。

東　ぼく自身がそこまでクリアにデリダを読み解けたとは思っていません。むしろ途中で投げ出してしまった。

オタクとネットの問題

東　結局問題は、哲学をするとはいったいどういうことなのかということです。デリダのキーワードのひとつに「寄生」というのがありますが、たしかになにかに寄生するのは哲学にとって大切なことです。しかし、寄生するのであればいろいろな人間、いろいろなテクストに寄生したほうがいい。日本で哲学をやるとき、デリダに寄生し続けることが果たして正しいのか。ぼくはデリダから「寄生」「幽霊」「郵便」といったいろいろなヒントをもらいました。そのヒントを実践に移そうと思ったときに、大学の知のなかに身を置き、テクストを読み続けることが正しいとは思えなくなってしまった。

宮崎　デリダを読んでいくと、彼自身がいろいろな文体を使い分けるのをフォローするだけでもたいへんですから、彼について論じているつもりがいつのまにかその文体に巻き込まれてしまい、デリダを論じているはずが、デリダと同じようなことをいってしまう。もう議論にならない、貧しいミメーシスのような文章が大量に書かれる。そういった悪い意味でのデリディアンたちが、ぼくたちより上の世代には存在していました。もちろん、洗練したかたちで追随するということもあったでしょうし、なかでも豊崎光一さんや蓮實重彦さん——蓮實さん自身はデリダ派ではないですが——といったひとたちが、新たな文体的な実験というか、イメージの範型を与えていたことは事実でしょう。そしてもうひとつの極に、高橋哲哉さんや鵜飼哲さんがいた。そのときどうするかということが、東さんには問われていたのだと思います。そういう意味で『動物化するポストモダン』以降の東さんの興味や方向性は、もう哲学の外に出ていく、ということになったのでしょうね。

東　哲学の外というより、大学の知の外ですね。

いずれにせよ、繰り返しているとおり、ぼくは公共性がわからない人間に興味がある。それはなぜかといえば、人間と動物の差異が、ヨーロッパ哲学の伝統では公共性あるいは言語の有無によって定義されているからです。公共空間に入ることができない人間は、その定義では動物というほかない。それは、最近流行の主権と動物との関係の問題にもつながっている。

しかし、日本においてはそもそもつねに公共性が機能不全を起こしていて、公共的でない人間たちが大量にいるように思えます。そしてその欠落を埋めるようにして、テクノロジーが台頭している。日本には、公共性がなくてもうまくいくような社会をインフラで作るという強烈な欲望がありますね。否、それはむしろ産業革命以降の普遍的な欲望なのかもしれない。そうしたなかで、「公共性をもたない人間たち」というテーマを考えるとすれば、ヨーロッパ思想の文脈で理解できない人間像を例に挙げるのが早いのではないかと思いました。そこで出てくるのがオタクたちです。

宮崎　オタク的な感性や行動パターンは非公共的かもしれないが、それが歴史的な意義を持つというか、新しい公共性につながると。

東　そうですね。オタクの行動は公共性はないけれど無知にもとづくものではないわけです。そこに可能性があると考えた。ちなみに、政治的に最悪なのは無知にもかかわらず公共性をもちたいと願う人々だと思います。彼らほどおそろしいものはない。彼らはポピュリズムをかならず支持する。これはいまの日本の政治状況とつながっています。

ルソーが『社会契約論』で想定したのは、知識はあるけれど公共性はない人間たちです。これは決定的に大事なことで、公共心とはほんらいは危険なものなんです。社会全体の利益というものを考えたとき、ひとはかならず錯覚を起こすからです。みなが社会全体の利益を考え、個別の利益を押し殺してひとつの方向へと走り始めたときにこそ、戦争が起こるし、全体主義も発生する。そこでルソーが強調したのが、だれも全体のことを考えることなく局所的に判断をしていれば、社会はかならず多様な意見でバラバラになり、一色に塗り潰されることはないということです。ルソーはじつは、一般の理解と異なり、そのことを『社会契約論』ではっきりと書いている。ぼくが『一般意志2・0』で強調したのもそのことです。

知識は世界観とはちがう。『動物化するポストモダン』の言葉を使えば、データベースは歴史とはちがう。データベースは解釈が多様ですから、その知識からは公共的でない意見も出てくる。その一例がまさに歴史修正主義なわけです。だからぼくは、歴史修正主義の出現は副産物としてやむをえないと考えている。公共性はないけれど知識だけがある人々、それは歴史修正主義にも走る人々なのですが、しかし同時に脱構築にも開かれた人々でもある。いずれにせよ、二一世紀になって前景化しているのはそういった人々です。

宮崎　それを支える情報技術や可視化する装置といったテクノロジーがいっきに登場し、社会を変えつつあるというところに着目をされているわけですね。

東　ええ。

宮崎　そこをポジティブに考えるのでしょうか、つまり知識だけあって公共性がないひとたちの台頭を積極的に肯定していくのか、それともほんとうは望ましくないが、いまや避けがたく大量に発生してしまうので、どうするかということなのか。

東　ですから、それは表裏なのです。そもそも、知識はないけれど公共性があるタブラサの人々という想定そのものがフィクションであり、近代のロマン主義が作ったものだと思います。偏見のない、無知で無私の視線こそが公共的だという理想がどこから出てきたのか、考える必要があります。

現実には公共性の目覚めが人類史を支えてきたわけではありません。むしろ知識の蓄積こそが人類史を支えてきたわけです。これは具体的な話で、たとえば教育でも、本を読めるようにする、コンピュータを使えるようにするという最低限のリテラシー教育やコミュニケーション技術の習得はとても重要だと思いますが、あいまいな公共心なるものを教えてもしょうがない。ぼくからすれば、リベラルのひとたちは、十分な知識があり、さらには公共心も備えるというあまりにも高いハードルを人民に対して課しているように思います。いまのネットユーザーのように、人々は与えられた知識をまったく無駄なことに使うかもしれませんし、歴史修正主義も出てくるかもしれませんが、それはやむをえない副産物なのであって、そのなかでも人々の意志がなんとかうまく公共性につながるような装置を作るしかないということです。

宮崎　それがデリダの郵便空間のような、半分プライベートから出発しているものとの親和性につながるのでしょうか。ふつうに人間が生きていれば、当然自分のことに関心が向くわけで、いちいちすべての公共的なものに関心をもったりはしないわけですよね。たとえば選挙ですべての争点を検討してから投票したりはしない。というかそんな余裕はない。そこを最小限のコストでどのようにまとめることができるかという問題意識なわけですね。

東　はい。

宮﨑　郵便空間とそれは直結しているといってしまってよいのでしょうか。つまり、最初の段階ではデリダのテクストのなかの、固有名に宿っている訂正可能性といったところから、ある意味で抽象的なものとして構想されていたことを、『一般意志2・0』では大衆の集合的意識という、それだけでは目に見えない欲望のカオスのようなものをIT技術によって可視化していくという構想にいたったわけですよね。

東　いいえ、ちがいます。『一般意志2・0』でいったのは、大衆の集合的無意識が一般意志だということではありません。一般意志は、集合的無意識と熟議のインターフェイスとして現れるという話だったのです。

これは舞台と観客の話でもあります。ここに舞台があるとします。フランス語でいえばscène、つまり舞台であり政治の局面（シーン）ですよね。この舞台のまわりに、観客（スペクテイター）、つまりは幽霊（スペクトル）たちがワーッと群がっている。公共性は、舞台とその幽霊たちの相互作用によって境界に生み出される。『一般意志2・0』ではその例としてニコニコ生放送の画面を挙げています。コメントがまさにその境界なわけです。アーレントであれば、公共性は舞台に宿ります。政治家＝演技者（アクター）こそが公共的だからです。けれどもぼくはインターフェイスのほうが公共だと思う。そこに力点のちがいがあります。

そして郵便空間とは、要はこのインターフェイスのことです。コメントという名の手紙が来て、また戻る。時間的遅延が起こる。コメントが出たのだけれど流れ

1

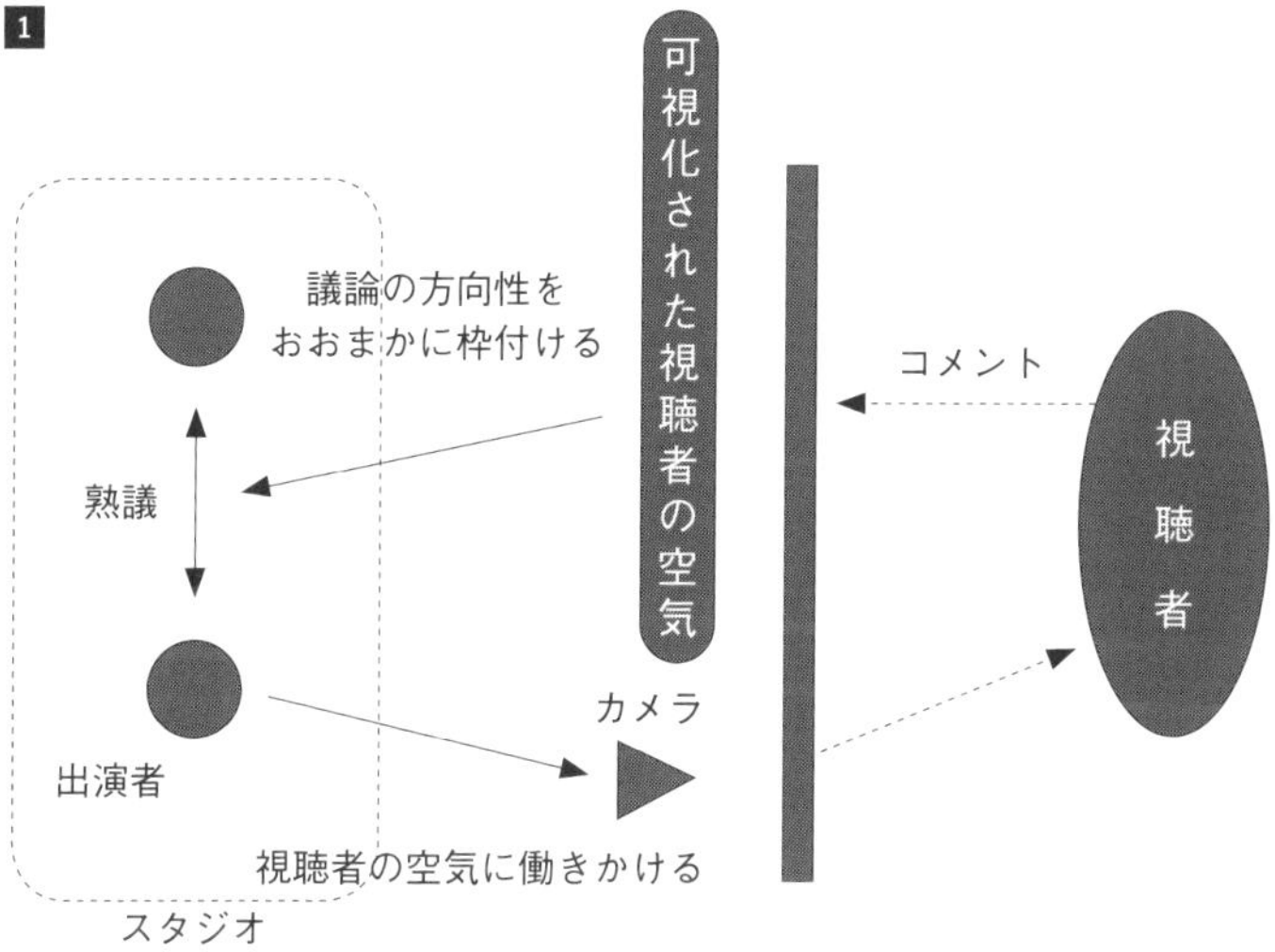

2

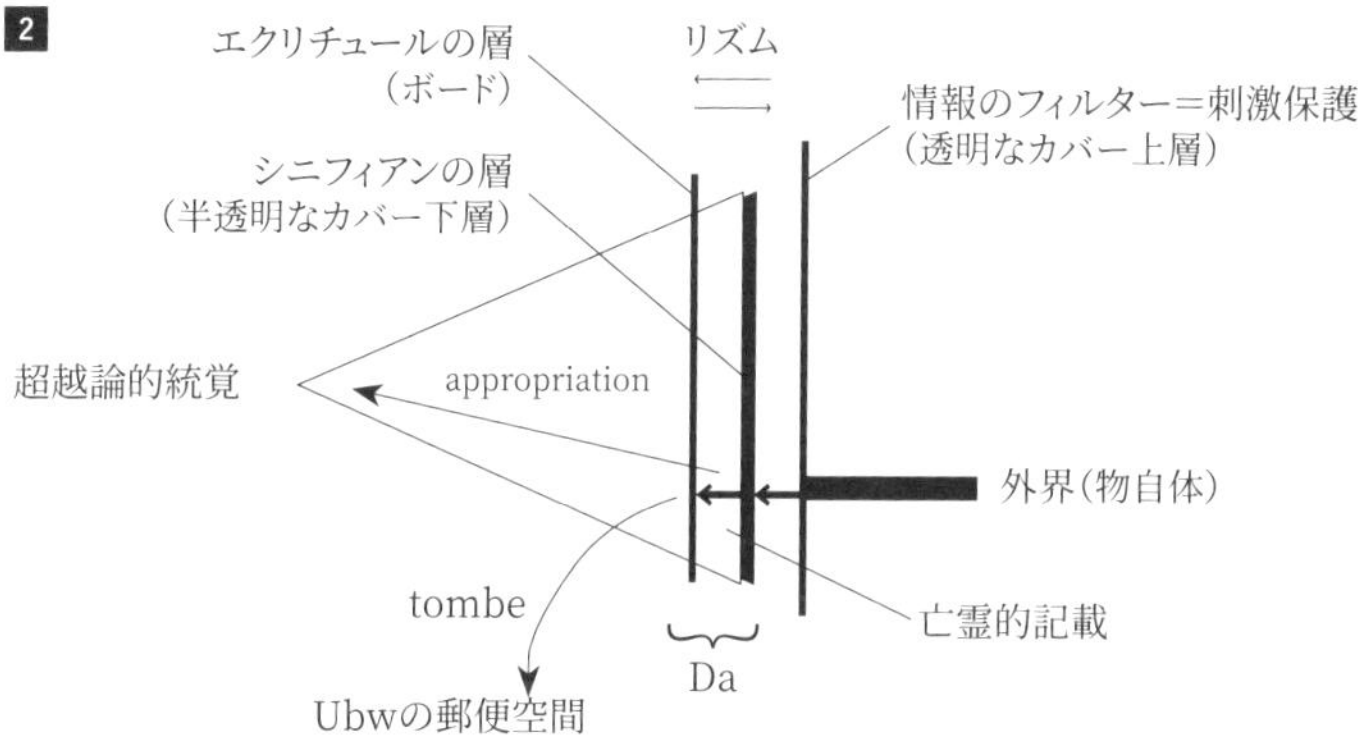

1 | ニコニコ生放送／民主主義2.0の政治家モデル,『一般意志2.0』、p.196
2 | 『存在論的、郵便的』、p.322

ていったとか、そういうずれや誤配が起きる。それらすべてが公共性の条件です。あの本はとにかく誤解されているのですが、一般大衆の隠れた無意識を数学的に実現すれば公共的になるという話ではありません。これはじつは本のなかでもいっているのですが。

宮﨑　なるほど。大衆の側の見えない欲望の集合体がデリダの郵便空間に対応すると誤解していました。

東　『一般意志2・0』の一九六頁の図［図1］は、デッド・ストック空間やマジック・メモから発想された図（『存在論的、郵便的』三二二頁）［図2］が変形されて作られているものです。よく見ると似ていますよ。

宮﨑　そのようにはっきり連関が見えてくると、もう一回デリダのほうに戻ることができます。

デリダのスタイル

宮﨑　ところでいま、東さんはゲンロンカフェで『存在論的、郵便的』についての講義をされていますね。そこでの議論は、当然ながらいまの関心から読み直されているものだと思います。ただ、世間一般には、『存在論的、郵便的』は孤立した仕事で、その後のオタク文化への介入や一般的・啓蒙的な活動とは分断していると思われているのではないでしょうか。

東　そう思われているとは思います。内容的にはいままで述べてきたようにつながっているのですが、ただ、そう思われてもしかたないとは思っています。

　というのも、いまぼくのやっていることは、もう大学の知と原理的に合わないと思うんですね。さきほどもいいましたが、『一般意志2・0』についていえば、これはルソーの読み換えの本です。ルソーは社会常識的には全体主義のひとです。ぼくはそれを読み換えようとしている。これは学問的にいえば、ものすごい力技が必要なことです。でもぼくはあまりその力技に興味がないんです。むしろ、ルソーという歴史のなかに残っている重要な「古名」を梃子《てこ》にして、いかにいまの現実を捉えるかを考えている。ぼくの考えではデリダもそういう哲学者だったと思いますが、しかしそういうありかたは大学のひとたちには反発を買いますね。

宮﨑　ぼくがさきほど『存在論的、郵便的』をめぐって述べたようなことは、それこそだれかの思想を追いかければおのずとそうならざるをえないといったようなたぐいのものです。最初の発想の種があり、それとの関連で後期の著作や晩年の活動も読み解けるといった解釈枠を作って、そこに一貫性を見出したり、矛盾や齟齬を指摘したりするのが研究ですよね。そういった見かた自体に対する違和感が東さんの活動にあるはずですから、ぼくがいまうかがっていることは、嚙みあわないというか、逆に裏切っているような感じもするのですが……。

東　いえいえ。

宮﨑　一方では現在にいたるお仕事の一貫性ということも気になるのですが、そこにこだわってもしかたないですかね。

東　いやいや、一貫性は重要ですよ。

誤解されたかもしれませんが、ぼくはべつにルソーをめちゃくちゃに読んでいいといったわけではありません。そうではなく、大学の知というのは、むしろルソーを見ていないといいたいんですよ。

そもそもぼくのルソー解釈は、『社会契約論』を『新エロイーズ』や『告白』のなかで読み直そうというものでもあります。だから「公共性のない人間」がベースになる。ルソーのその部分は政治思想の研究者は見ていないんですね。そもそも彼らは文学者ルソーの仕事にほとんど興味をもたない。『新エロイーズ』なんてだれも読んでいないわけです。しかし文学者ルソーは、それはそれで偉大で、日本においてもすごく強い影響力をもっています。文学者ルソーを無視したところに、ルソーの全体像などないんです。そして文学者ルソーを知っていたら、彼が全体主義者ではありえないことはすぐわかる。これはべつにぼくの勝手な問題意識ではなく、カッシーラーも『ジャン＝ジャック・ルソー問題』というすぐれた本を書いています。個人主義者ルソーと全体主義者ルソーの矛盾は大きな問題だと書いてある。

そういった矛盾は目に見えて存在しているのに、でもそこは見ないで大学の知は作られる。そういう「一貫性」には意味がない、だから関心を持てないというのが、ぼくのいいたいことです。

デリダにしても、ぼくが大学院時代に直面したのは、六〇年代の脱構築と九〇年代の政治的実践のあいだに、『絵葉書』という著作が巨大な物体として存在している。それをどうするんだということです。大学の知というのは、つねにそういうものから目を逸らして作られている。『絵葉書』の主題のひとつ、ラカンのエドガー・アラン・ポー論（「『盗まれた手紙』についてのセミネール」）がまさにそういう問題を扱っていますよね。

それは現代思想でもあって、たとえばドゥルーズなら自殺したこととか。

宮崎　そういうことは、哲学者のエピソードとして、そこから意味づけがなされてしまいますよね。

東　ドゥルーズの自殺は思想的にも大きいと思う。ドゥルーズは「生の哲学」とされているけれど、結局最後には自殺したと。そこを重要だと感じない感性というのは、ぼくにはよくわからないんですよ。

ちなみにぼくからすれば、ドゥルーズよりデリダのほうがよほど生の欲望に満ちていたというか、楽しく生きていたという感じがしますね。トラブルを抱えつつも、なんだか楽しそうに暮らしていた。

宮崎　でもよく闘ったなとも思います。いろいろなひとから喧嘩を売られていますよね。たとえば先の国際哲学コレージュ設立時の議長就任でも妨害工作があったし、ケンブリッジ大の名誉博士号の授与を妨害されたことも有名です。アメリカで脱構築がポピュラー化していく一方でつねに悪口をいわれたりとか。ハイデガー問題やド・マン問題もそうですが、ユダヤ系なのにナチスの片棒を担いでいるのではないかということもよくいわれました。よくへこたれないなと思うくらい、驚くほどの快活さがありますよね。

東　彼は根本的に健康なひとなんじゃないかな（笑）。初期の沈鬱な印象とちがって。そこがいいと思う。

宮﨑　ロマンチックな文学青年という感じではないですよね。そういうひとでもあったのでしょうが。

東　彼のもっている謙虚さというかポジティブさもいい。

宮﨑　鵜飼さんはキュニコス派にも属するといっていいます。それなりに格好をつけているわりには着るものに頓着しない感じで、どこかずれたファッション・センスとか（笑）。ぼくもデリダのセミナーに参加したときのことを思い出します。ちっちゃな古びた軽自動車を会場の近くの狭いスペースに停めていて、講義が終わるとそれに乗って器用に車を出して帰っていくんですよ。遠目ではどこかのおっちゃんが迷い込んできちゃったみたいな感じだったのですが、「これがデリダだな」と（笑）。

東　いいですね。まさにデリダはそうあるべきですよ。

宮﨑　著作からはすごく洗練されて高踏的なイメージがあるのに、本人に会ったらそういう感じがまったくないというギャップがあった。

その一方で、フランスの知識人社会のなかでは少しアウトロー的なところがつねにあったわけですよね。もともとアルジェリア生まれで、ノルマル出身のパリのエリートたちの渦中にいたのだけれど、いわゆるフランスの大学の教授職には就かなかった。つい最近邦訳も出たブノワ・ペータースによる伝記（『デリダ伝』白水社）で詳細が読めますが、ポール・リクールの後任ポストについてリクール自身から打診があったのにいちど断ったりしている。のちに説得されてその気にもなったみたいだけれど、すったもんだの末に結局だめになった。デリダはもうそのときにはアメリカに進出していて、フランスの大学制度にほとほと嫌気がさしていた。実態としては職に就けなかったというより、オファーもあったのだけれど、デリダ自身が既存の教授職に執着しなかったといったほうがいいと思う。なにか中心に属することを拒否するというか、ずれていくところがあって、しょうもないことにもいろいろ手を突っ込んだりしている。

東 デリダはいろいろやっていますよね。たんに友達から頼まれたので行っちゃった、というものも多いと思う。文章のあの妙にまわりくどい慎重な印象とは対照的に、デリダはじつはおっちょこちょいなひとなのではないか。政治的発言でもそういうものはあると思う。

宮﨑 政治的発言は比較的慎重ですが、たしかになんでこんなことをしているのだろう、というのはありますね。建築家アイゼンマンとのコラボレートもはじめからうまくやる気がないんじゃないかと思わせるところがあるし、オーネット・コールマンのステージに出て行ってジャズの聴衆にはわけのわからない自作のテクストを朗唱してブーイングされたり（笑）。あとは大竹しのぶの写真集が送られてきて、なにも知らないくせに書いてしまうとか（笑）［2］。

東 たまたまそのとき気分がよかったので引き受けたとか、まあそのていどのことでしょう（笑）。やっぱりみんなデリダについては初期設定がちがうと思う。ある意味おっちょこちょいなひとだと考えるとわかりやすい。だいたい『絵葉書』自体がおっちょこちょいな本というか、いったいどうしてこんなもの書いちゃったんだろう、みたいな本ですよ。『弔鐘』まではまだいちおう哲学をやろうとした形跡がある。でも『絵葉書』はおかしいだろうと。

誤配への今日的形態

宮﨑 話は飛びますが、東さんは近著『弱いつながり』（幻冬舎）のなかで「無責任化」ということをおっしゃっていますね。フェイスブックもそうですが、インターネットはなんでもつながりを作ってしまうので、いちいち返答したりするとか真面目にやってしまうとどんどん神経症化してしまって、世界がすごく窮屈になってしまうという流れがある。しかし『一般意志2・0』が出た四、五年くらいまえはむしろ逆だったような気がします。ツイッターのことも肯定的に言及されていたし、SNSのような新しい情報技術の動きのなかで、そういう窮屈なことをむしろ切断できる新しい技術が出てきたのだということを肯定的に言及されていたような気がするのです。でも『弱いつながり』はベクトルが逆になっていますよね。

東　はい。コミュニケーションの誤配こそ大事なのであって、ネットそのものが大事なわけではない。だから、ネットに期待ができた局面と、そうではない局面がある。つまり、二〇〇〇年代、ネットがソーシャルの方向に進化したことによって、当初のようには誤配のメディアになりにくくなってきたということですね。

宮崎　東さんはつねに郵便空間というかインターフェイスを担うある種の下部構造というか、技術として新しい誤配のシステムのようなものが出てくるというところに軸足を置きつつ発言されてきたと思うのですが、今回は評価の方向が逆になっていると思ったものですから。

東　現実が逆になってきたので。現在のネットはむしろ徹底して誤配を避けるように作られ始めている。

宮崎　でもこれまでこういうことはなかったですよね。ずっと一貫して肯定的だったような気もするのですが。

東　書籍として「ネットすごい！」と書いたことはないと思います。『一般意志2・0』もそういう本ではありません。ツイッターでの発言が多いので、そういう印象があるかもしれないけど。

それに、いわゆる役割分担というのがあって、五年前くらいまでは、ぼくもまだ三〇代だったし、「若手論客」のひとりだったので未来の味方をしなければいけなかったというのがあった。若者とかネットとかに可能性を見出す必要があった。でもいまはそういう役割から解放されている。ぼくは最近、テレビや新聞にもあまり出ないようにしています。テレビや新聞に出ると、「インターネットに新しい可能性がある」とか、

「若者にも可能性がある」とかならずいわなければならない。そういうのに疲れました。

宮﨑　では、誤配のシステムを実装化・現実化するようなものとして、テクノロジーを考えないほうがよいということになりますか。

東　そうですね。誤配というのは数量化できるようなものではないですからね。ニコ生のコメントのようにそれが起きやすい空間はあると思いますけれど、それだって硬直するときは硬直するでしょう。最後のところは、一対一のコミュニケーションに戻るしかないのかもしれない。

宮﨑　結局、核になっている問いは偶然性をいかに導き入れるかだと思うので、システム化ということ自体を考えるようなものではないのかもしれません。

東　誤配とは要は哲学のことなのだけど……。すごく究極的にいうと、すべての前提を覆すような話になるけれど、哲学は基本的にはソクラテスのかたちしかないと思うのです。一〇人か二〇人かを相手に向かってしゃべる。そこで「あのひとがしゃべっていることは基本よくわからないけれど、パッと世界が開ける感じがしないでもない」ということになって、だんだんひとが集まってきたりする。記録されてもされなくてもどうでもいい。そしてなにか知識が蓄積していくものでもない。そういう行為はどのような時代にもあって、そのようにふるまうひともいる。そのうちのだれかがすごくすぐれているわけではないけれど、たまたま歴史に残ったひとはいて、哲学の伝統というのは要はそういうものでしかないのではないか。おそらく哲学はそういうものでしかない。だからそれは、文系の知一般ともちがうんですよね。

宮﨑　その一〇人、二〇人というのはフェイス・トゥ・フェイス、現前の空間ということになりますよね。

東　そうですね。哲学の本質は学問とも公共とも教育ともちがう。

さきほど述べたように、ぼくには「公共性がない人間でも社会をうまく回すにはどうしたらよいか」という社会思想的なテーマがあるといえばあって、いちおうそれに関心をもち続けているのだけど、さらに本質的なところに行くと、ほんとうはそれすらどうでもいいんですよね。というか、ぼくには公共性がそもそもないんだから、そんな問題意識も持てるはずがない。そして哲学もそもそも公共的な役割なんてない。大切なのはよりよく生きることだけです。究極的にはそれに関わるようなことがやりたいなと思っています。

それにしても、なぜぼくはこんなだめな人間になってしまったのか（笑）。いまやぼく自身もわからないのだけれど、デリダに影響を受けたのだとしたら、デリダにもそういうところがあったのかもしれない。

宮崎　ある意味デリダにはかなり党派的なところがあって、七〇年代以降アメリカでポピュラー化する核には、デリディアンとデリディエンヌたちがつねにまわりを囲んでいたということがあったのかもしれません。そしてデリダ自身あるていどその状況を自分から作っていった。

東　それはしかたがないと思う。ある種の応答をはぐらかすとか、ここでこう話をずらすとか、そういうところに哲学者の閃きがあるのであって、それはやっぱり現実的にまわりにいる人間たちしか体験できないし、その人間たちが布教に努めることもまた避けられないことだと思う。遠くから見たら党派性と見えるかもしれないけれど。デリダはきっと、応答のひとであって、会話のひとであったのでしょうね。ぼくはセミナーで遠くから見ただけで、直接話したことがないからわからないけれど。

宮崎　デリダは講義ではどんな素朴な質問でも、すごく律儀に、明快に質問に答えるとか、質疑応答の回もかならずあってそれだけで一コマ使うとか、そういうところがありますね。あとは意外と電話をしまくる。ゼミに継続的に出ていたひとの話を聞くと、翻訳をしていてちょっとしたことを聞いてみると、あとで一行でもファックスを送ってくるとか、御礼だけでも一言留守電に入れてくるとか、すごくマメにコンタクトを取ってきたそうです。

東　そういうのは現場に行かなければわからないですよね。最近そう思うようになってきました。そういう意味ではぼくはすごくふつうのことをいうひとになっていますね、「生《なま》のコミュニケーションが大事」(笑)。

宮崎　『弱いつながり』もそういうところがあるのですが、他方で、あくまで「検索せよ」というのがポイントだと思うのですが。

東　いまや知識はいくらでも手に入る。『弱いつながり』は、そのとき知識へのアクセス経路をどうするかというメタ知識論ですね。

宮崎　ネットや検索用語に媒介されているわれわれの日常はいわばネットというヴェールに覆われた現実と化している。だからといって、ヴェールを破ってリアルの旅に出てリアルの経験をしろ、ということでもないわけですよね。

東　知識や情報はコモディティ化しているので、それに対するアクセス権をどう手に入れるのかということです。

有用性の彼岸、あるいはデッドレターとしての哲学

東　とにかく、ぼくとしては、いまはあまり自分のやっていることを多くのひとに理解してほしいと思っていないのです。どうせそれは無理だし、哲学はそもそもそういうものではないし、世のなかを変えたりするものではないと思うようになりました。

宮崎　社会に提言することとはちがう。

東　ちがうし、提言してもそもそも役にも立ちません。にもかかわらず、その役に立たない言説を面白いと思ってくれる少数の人間がいるから、彼らに向けてしゃべるということでしかない。哲学者には存在の理由がなく、世界が消えろといったら消える存在でしかない。ソクラテスもそうだった。彼の人生には哲学のありかたが詰まっていると思います。

宮崎　「世間がそういうならわたしは毒杯をあおる」と。

東　あれはよくわかる応対ですね。「ですよね。ぼくもそういわれると思ってました」というような。彼は自分の本質をわかっていた。

べつに自死する必要はないですが、哲学は一回そういうところに戻るべきだと思います。近代になって哲学は大学の知のなかに組み込まれ、国家の税金で養ってくださいという感じになっている。でもそれは哲学のありかたとして根本的にまちがっている。哲学はそういうものではありえない。生活の糧として大学で教えることとはべつに、それを強く意識していないと哲学はどこかまちがえるのではないでしょうか。自分たちが役に立たない危うい存在だということを自覚しないといけない。

ぼくはテレビに出たり新聞で書いたりしていて強く思いました。「おれはなぜここにいるんだ?」と。「なんでおまえがいるんだ?」といわれたら、「たしかにおれもそう思う」と答えるしかない。だからだんだんいやになってきたわけです。テレビや新聞で仕事をしていると有用性を証明しないといけない。自分で有用性の言説をでっちあげるようになる。でもそれはぜんぶ嘘なんですよね。ぼくのしゃべっていることはほんらいはなんの役にも立たないもので、その役に立たないということを嘘で塗り固めようとしていくと、やっぱり心が病んでくるのです。だからちょっといやになってしまった。

宮崎　有用性がないとは思いませんが、期待に応えるということをしていくうちに、そもそも自分がなにをしたいのかわからなくなってくるというのは十分わかります。

東　哲学はいろいろと疑問を挟むということなのだけれど、「疑問を挟んでいるぼくたちは有用だ」といい出したら、それはほんとうの意味で疑問を挟んでいることにならない。いまのこの国の知識人たちは、「疑問を差し挟むわたしたちこそが重要なのだ」といってとまどわないひとたちが多い。

宮崎　研究費を取るための研究計画書とか、つねにそういうふうに書かされますからね。

東　でもそれは自己矛盾でしかない。ぼくは、有用性がないということ、役に立たないということに戻りたい。それに人間とはそもそもなにかといったら、究極的には全員有用性なんてない。多くのひとたちは有用性のなかで生きているけれど、それ自体が錯覚なんですよ。「おれはこの発明でこんなに世のなか便利にした」とか「おれはこういう提案で人々をこれだけ救った」というようなことをいうけれど、でもそんなものだってほんとうはそのひとがいなくてもだれかが発明したし、だれかが提案したことでしかない。でも人々はそこに自分の名前をくっつけて必死で自己の存在を証明しようとしている。それ全体が虚しいと感じるひとだけが話を聞いてくれたらいいな、と思っています。

宮崎　まさに固有名の訂正可能性でしょうか。べつの歴史がありえたことを考えるという。

東　そうですね。有用なものに固有性はないんです。だれだってできたことなんです。有用性とはそういうものです。

宮崎　それはすごくわかるのですが、一方で東さんは自分で起業して、ちゃんと経済的に利益が出るようにしていかなければならないという、ある意味でいちばん厳しいところにいますよね。大学では、研究計画書でたてまえとしてごまかしながら有用性があるようなことをいい続けていれば研究費がもらえるというところがありますが。

東　いやいや、それは逆なんです。市場というのはじつにいい加減なところで、有用性がないけれどなんとなくやって生きているひとたちもたくさんいる。むしろ、市場で勝ち続けようと思ったらちがいますよ。けれど、市場はすごく大きいから、有用性がないものにもお金を払うひとが一定数いるんですよ。だからこそアートも生まれるわけだし、うちのような会社も成り立つ。そちらのほうが気が楽です。

他方で大学の知はいまや急速に有用性に向かっていますね。「講義のたびにこの知識をあなたに提供します」みたいな。かつてであれば、「おれについてこい。満足するかもしれないし、しないかもしれない。しかしそれはきみの判断だ」というようなシラバスばかりだったのに。

宮﨑 デリダの話につなげると、こんなにややこしいテクストなのに、没後一〇年が経ち、世界中に読むひとがいて、それでもまだ少しずつ新しく読むひとが出てくるというのは、やっぱり有用性にもとづくとはいえないと思います。これはなにに引っ張られてのものなのか。

東 なんといえばいいんですかね。愛とでもいうか……。

デリダは、というか哲学は全体にそうだと思いますが、そこに有用性はまったくないので、いわゆる愛の関係というか、デリダのテクストを読んだら意外とよかったのでまた会おうかな、ということでしか読者との関係は存在しないと思います。考えてみれば人間はそもそもそういうものであって、哲学にはその原点が露出している。みな友人が有用だから会うわけではない。好きだから会うのです。そしてそれでいいわけで、人間がそういう存在であるかぎり哲学も存在し続ける。芸術や哲学が嫌いなひとっていっぱいいますよね、有用性がないから。彼らの苛立ちはよくわかるけれど、でもしょうがないんですよね。人間はそういうものを作り出す存在だから。「いままでも哲学は存在してきたし、これからもきっと存在し続けるのだろう。ぼくもそういう有用性のない人間として生きていこう」と思っています。

これはけっこうデリダ的なテーマでもあって、彼ふうにいえば、有用性のコミュニケーションとは現前（プレザンス）のコミュニケーションですよね。けれど、そこから抜け落ちたデッドレターとしてしか哲学は存在しない。ネットはいま急速にプレザンスの世界になっています。ＲＴがいくらとか、シェアがいくらとか。そういう世界はもうどうでもいいという感じです。

宮崎　そうした動きはどんどん精緻化していき、とどまることを知らないような気がします。

東　人々はどんどん有用性とリアルタイム・コミュニケーションの世界に取り込まれていく。でもそこからこぼれ落ちるひともいる。哲学はそういう人々のためにある。

宮崎　でも東さんは有用性から降りることもできないということもいっていると思うのですが。

東　降りることはできないといえば降りることはできない。けれども降りなくてもときどきデッドレターの世界に来たいと思うことはある。アートもそうですよね。べつにアートはフルタイムのアーティストのためにあるものではない。ときどきアートを鑑賞したいな、というときにそのひとたちが見られる場所があればいい。哲学も同じだと思います。

とはいえ、そういうことをいうと、こんどは「仕事で疲れたひとを癒すためのアート」みたいなことになったり地域おこしに動員されたりして、ふたたび有用性に絡め取られていくわけですね。哲学もそうなりつつあるんじゃないかな、「ビジネスに役立つ哲学」「元気になる哲学」「コミュニケーション力を高める哲学」というように。ああいうのはぜんぶ嘘でしかないと思いますけどね。

宮崎　「哲学は役に立たないところがいい」ということ自体、ひとつの定型になってしまっているところもありますけどね。

東　「役に立たない」といっているわりには、みんな必死になって論文や著作を生産し有用性を証明しようとしている（笑）。

宮崎　むかしは「役に立たない」で開き直っているひとたちが大学にいたけれど、さすがにいまはそれはできない。

東　とはいえ、有用性のゲームに乗ってもそれはそれで哲学は壊滅するに決まっているので、べつの戦略を考えたほうがよいと思います。ぼくなんかはそのゲームそのものから降りてしまったわけですが。

宮崎　東さんのされてきたことはまさに一貫しているということでしょうね。そういう意味づけないし解釈の束に回収できない散種性をいかに担保するかという試みの軌跡だったのかなと思います。そしていまの言葉でいうと「有用性のなさ」が、名の解釈不可能性というところにつながっていく。

東　そうですね。

宮崎　アンビヴァレントですが、デリダのテクストはすでに膨大にあるし、まだこれからも出てくる。その研究もどんどん出てくる。しかし翻訳されていないものがあるから、どんどん紹介もしなければならない。ある種の制度に乗って——たとえば大学の制度はそうですし、『現代思想』という雑誌もひとつの制度ですが――それを紹介していくというのは完全に有用性ですが、つねにそのモードから外れること、あるいはその隙間みたいなものを考えないかぎり、デリダの思想やデリダのやろうとしていたことの核は摑めないということですね。

もちろんぼくは研究者としての立場を引き受けているのでそうした紹介はやります。とはいえ、デリダのテクストを日本語に翻訳し、自分なりに考えるという行為自体は、有用性を追求しているというよりは、単純に自分にとって面白いからということがまずあるからです。それも有用性だろうといわれるかもしれませんが、それはもっとシンプルに「こんなに面白いんだよ」ということに共鳴してほしいというか、それが伝わるひとがいるなら受け入れてもらいたいというだけのことです。

東　これからの世界では情報はだれにでも手に入る。デリダの著作はこんな内容で、周辺研究にはこういうものがあって、国際シンポジウムではこんな議論があって、という情報そのものはすぐに手に入る。だからこそ、その情報への「欲望」そのものを作り出すというか、「デリダって面白いんだよ」ということをいかに伝えるかが大事なんだと思います。さきほど世界観より知識が大事だといいましたが、知識の羅列だけでも意味がないんですね。大事なのは知識への欲望です。『思想』のデリダ特集の座談会では、宮崎さんと國分さんは積極的に問題提起をされていましたが、ああいう構えが重要になると思います。

デリダ以後に向けて

宮崎 現在のデリダの受容においても、たんに研究が精緻化しているというよりは、デリダの仕事を最大限引き受けつつ、デリダのあとでいかにデリダとちがうことができるかというような問題設定も出てきていいます。先の『思想』のデリダ特集で紹介され、また本特集でも翻訳の載るマーティン・ヘグルンドや、カトリーヌ・マラブーがそうでしょう。デリダは脳科学や神経生理学的なことはあまりいいませんでしたが、マラブーはデリダのグラマトロジー（書字体）を変形するかたちで、脳に注目して可塑性の概念を打ち出します。他方ヘグルンドは、クァンタン・メイヤスーや思弁的実在論と呼ばれる一派の議論、カント以来の超越論的哲学のフォーマットがすべて破壊可能性に曝され、リセットできるところから形而上学を再開しようというタイプの議論に対して問題提起しています。時間の潜在的な力を超人類史的な尺度にまで拡張することで、世界なんて存在しえないし哲学自体もいくらでも変えられるというような前提に立つところまでいったんリセットするような議論です。それに対してヘグルンドがデリダの痕跡概念のうちに「原―物質性」と呼ぶことで再導入しようとするのは、時間構造そのものの有限性というか、どうしても還元できないもの、不可避的に引き受けなければならない事実性みたいなものがつねに付きまとう構造、そうした無限に有限な構造への問いです。超越論哲学の枠組みを超えて、そういう還元不可能なものをどこに見出すかというモメントがすでにデリダの思想のなかにあったというわけです。

さきほどの話につなげると、ネットの空間が実現する世界では、あらゆる情報が選択肢の束になってまとめられ、検索を通じていろいろな可能世界も追体験できるようになり、またそれに応じてあらゆる欲望のパターンが先取り的に用意されている。パターンが細分化しすぎると逆になにを選べばよいのかわからなくなるので、おすすめのメニュー自体を差し出すようなサービスも発達している。いわば自分の生自体がネット空間の情報の秩序によって媒介され、超越論的主体を必要としない観念論が成立しているといえるでしょうか。そこにはデリダが見出した「みずからが話すのを聴く」の構造と同様、欲求と欲求充足が自己完結的に満たされるという意味で、ネット空間のある種の「現前の形而上学」的な状況があるわけです。そこではあらゆるものに対する応答可能性が逆に開かれすぎていて、結局どうして生きているのだろうということを根本的に肯定するものが出てこない。

そこに東さんはけっこうこだわっていると思う。事実性や還元不可能性という言いかたをしましたが、高度な計算不可能性に媒介されたわたしたちの生にとっていったいなにが決定をもたらすのか。それはおそらく自分の実存的な決断とかではないでしょう。愛の問題にしても、どうしてこのひとを愛せるのか、さまざまな可能性に曝されて明日も明後日もまた変わるかもしれないような状態でなぜこのひとを愛せるのか、ということでもあるでしょう。あらゆる可能性を汲み尽くしたあとに残る有限性というか、一方でものすごくはかないけれど、だからこそそれを肯定するのだという考えかたのようなものをデリダは出している気がするのです。だから、そこをどういうふうに言葉にしていくかということなのではないかと思います。

東　そこはこんなふうに考えています。たとえばぼくがいまここに生きていること自体は無根拠です。ただぼくの無根拠はうちの娘にとっては必然です。なぜなら、うちの娘は、ぼくが妻と結婚して子どもを作っていなければ存在しないからです。これ以上の必然性はない。この非対称性が大事だと思います。ぼくにとっては妻と結婚することはまったく必然ではないし、子どもを作ることも必然ではないし、東京に住んでいることも必然ではない。けれどもそれがうちの娘にとっては全部必然に変わる。偶然と必然はインターフェイスでしか出てこないのです。自分にとっての必然的選択という話をしているかぎり、絶対に必然は現れない。

これはもっと一般的にもいえるのではないかと思います。インタビューの最初に言語行為論の話をしました。たとえばアメリカ独立宣言にだれかが署名した。署名者にとってはそれはまったくの無根拠だけれど、いったんその署名によって国が作られてしまうと、その署名がなければ国そのものが存在しないのだから、これは絶対的に必然なものに変わるわけです。結局、なにかを誕生させるということは暴力ですよね。暴力と必然は密接に結びついていて、暴力の問題や根拠の問題は、だれかにとっての偶然がべつのひとにとっての必然であるという交叉（キアスム）において考えられなければいけない。

この交叉を忘却し、一方の立場からすべてを考えようとすると、あらゆる偶然を無根拠に引き受けるオポチュニストになる。だれとセックスしてもいいしなにをやってもいい、ドストエフスキーふうにいえば「神はいないのだから全部ＯＫ」、という話になる。けれど、そうではなくて、問題は関係性でありインターフェイスなのだということがぼくのいいたいことです。その関係の非対称性みたいなことと偶然／必然の問題というのは密接に結びついていて、それを考えるとけっこういろいろ出てくるのかなと思います。

これは日常的にもいえて、たとえばぼくと宮崎さんのいまここの会話はなにも必然性を帯びていないけれど、こうやってしゃべったものが活字になって、それを一〇年後に読んでなにか事を起こしたひとがいると、そのときは必然性を帯びる。必然とはそういうレトロスペクティブなものでしかないと思う。いいかえれば、リアルタイムからずれたところにしか必然性はない。それがデリダでいえばエクリチュールの問題であり、

『「幾何学の起源」序説』の問題だと思うのです。

宮﨑　名前が残っているということがそれを引き起こす梃子になるというか。

東　梃子になり、そこで変化を引き起こしたあとはそれが根拠であり必然に見える、そしてまた暴力にも見える、ということですね。

宮﨑　デリダは名の書き込みにこだわることでひたすらそのきっかけというか下地を作り出そうとしていたのだと思います。そこはほんとうに重要なポイントですね。『弱いつながり』にもそういう問題設定があって、旅というきっかけによって全然見えかたが変わってしまうということが起こる。

東　ぼくは『弱いつながり』では「偶然性に身を晒せ」としかいっていません。でもほんとうはそのあとに必然の話をするべきなのですよね。旅をする根拠なんて見出そうとしてもないに決まっているから、なにも考えず、「チケットが取れたから行く」でいい。それで行ったら行ったでなにか必然的なことが起こるかもしれない。人生はそういうものでしかないし、そうでないと必然は生まれない。

すべての必然性はあとから発見されるものなのです。なにかが起こるのを期待したり、なにかを決定するときに必然性を探してはいけない。むしろ遡行的な必然性を受け入れること。責任を取るというのはそういうことだと思います。

宮﨑　あらかじめ有用性をということになってしまうと、それに逆行してしまうことになる。まさに前未来（フランス語の文法用語で「未来のある時点ですでに完了している事態」を表す時制）の議論であり、デリダが出来事を語るときもそのようにいっていたはずです。

〔二〇一四年一二月二二日〕

［注］

1　宮﨑裕助「国家創設のパフォーマティヴと署名の政治——ジャック・デリダの『アメリカ独立宣言』論」、『思想』二〇一四年一二月号、岩波書店。

2　言及したテクストの日本語訳に以下がある。ジャック・デリダ「なぜピーター・アイゼンマンはかくもよい本を書くのか」、『プシュケー――他なるものの発明II』、藤本一勇訳、岩波書店、二〇一九年。「ピーター・アイゼンマンへの手紙」、小林康夫訳、『Anyone』、浅田彰、磯崎新監修、NTT出版、一九九七年。「弾け――名前（を）［遊べ――名前で］」、椎名亮輔訳、『ユリイカ』一九九八年一一月号、青土社。オーネット・コールマン、ジャック・デリダ「他者の言語」、同前。ジャック・デリダ「アレテイア――篠山紀信写真集『闇の光』を読む」、小林康夫訳、『新潮』一九九三年四月号。

宮﨑裕助（みやざき・ゆうすけ）
一九七四年生まれ。新潟大学人文学部准教授。著書に『判断と崇高――カント美学のポリティクス』（知泉書館、二〇〇九年）、共著に『終わりなきデリダ』（法政大学出版局、二〇一六年）など。

職業としての批評

聞き手＝入江哲朗

2018

――東さんの批評家としてのキャリアは、一九九三年四月刊行の『批評空間』第一期第九号に掲載された「ソルジェニーツィン試論」によるデビューから数えて、今年（二〇一八年）でちょうど四半世紀になります。東さんの初期のキャリアにおいて、批評を書くという営みを自分の仕事にできるという確信をいだいたきっかけのようなものはありましたか？

東　とくにありません。「ソルジェニーツィン試論」も、柄谷行人さんのところにたまたま原稿をもっていったら「『批評空間』に載せます」といわれて、「えっ!? おれ意外と才能あるのかな」とか思いつつ、つぎはなにを題材に書こうかと考えてデリダを選んだらそれが『存在論的、郵便的』（一九九八年）になり……という感じですね。なので、批評家になるぞという明確な意識を当初からもっていたわけではないです。

そもそも、ぼくはある意味で、人生についてあまり真剣に考えないままここまでずるずる来てしまった気がします。ゲンロンという会社を経営し始めてからもそれは変わらず、最近経営がうまくいき始めてから、ようやく「これが自分のやりたかったことなんだ」と思えるようになりましたが、それまでは、自分がなにをやればいいのか自分でもよくわからないという気持ちがつねにありました。

――しかし、文章を書くことが自分に向いているとは思っていらっしゃった？

東　ええ、本が好きでしたし、論理的になにかを説明することも好きでしたから。柄谷さんへの尊敬もあったので、抽象的な思考を言葉にすることへの漠然とした憧れはありました。でも結局のところ、ぼくが書いたものはじつはさほど多くない。つねに執筆しているように見えるのはぼくがツイッターをやっているからでしょう。ぼく自身の率直な気持ちとしては、自分がほんとうに書きたいものを最後まで書ききって世に問えたという感覚をいまだにもてていないんです。『観光客の哲学』（二〇一七年）も第二部は未完成の議論にとどまってしまったし、『存在論的、郵便的』も『動物化するポストモダン』（二〇〇一年）も最後はアイデアだけになってしまった。毎回このパターンを繰り返しているので、きちんとはじまりと終わりがあって、構成された議論のすえに解決がはっきり示されるようなものをいちど書かなくてはという、借金のようにわだかまった気持ちが自分のなかにあります。

ですから、プロの物書きとして仕事をこなし続けているとか、自分のペースでコンスタントに執筆していると思ったことはほとんどありません。自分はそうした理想のはるか手前にいるという意識が強い。迷走に迷走を重ねてきたといいますか……。現にいまだって、ぼくの時間の大部分は、社員との会議とかお金の計算とか、企画を立てたり宣伝の計画を練ったりといったことに費やされています。便利だから批評家を名乗ってきましたけど、自分の正体がいったいなんなのか、ぼく自身も正直なところよくわかっていないんです。

書くことと批評

――東さんは四半世紀におよぶキャリアのなかで、ただ批評を書くばかりでなく、ゲンロンという出版社を作って雑誌や書籍を発行し、ゲンロンカフェを運営して数多くのトークイベントを主催するなど、批評が流通するためのプラットフォーム作りにも力を注いでいらっしゃいます。ゲンロンスクールでは批評再生塾も開講されていて現在四期目を迎えていますが、その第四期の説明会において東さんは、批評家を「本来は存在しえないはずのコミュニケーションの回路を作るひとたち」と定義していらっしゃいました。ここからは、批評家はかならずしも物書きである必要はないというお考えがうかがえますけれども、あらためて、批評という営みと文章を書くという営みとの関係を東さんがどう捉えていらっしゃるのかうかがいたいです。

東　文章を書くというのは、ひとがひとに対してなにか影響をおよぼすときの回路のひとつでしかないですよね。すごくシンプルにいえば、大事なのはひとの心を動かすことです。にもかかわらず近代の批評や文学は必要以上に文章を重視してきたのではないか。作家の望みはほんらい、物語をとおして世界に働きかけることにあるはずで、ぼくたちが置かれている二一世紀のメディア環境においては、物語を伝えるための媒体として文章のみにこだわる理由はどこにもない。ほかにもさまざまな媒体があるわけですから。

ぼく自身は二〇世紀に教育された人間なので、文章をとても大切に思っていますし、文体へのこだわりもあります。たとえば、二〇〇〇～三〇〇〇字くらいをひとつのブロックと見なし、ブロック単位でリズムをコントロールすれば読者に理解させやすい文章になる……みたいな、執筆においての具体的なアドバイスをすることもできる。でも、そうしたエクリチュールの問題はきわめて特殊な時代の考えかたにすぎないということも、もっと広く認識されるべきです。

ぼくは一時期よく「東さんももっと文章を書けばいいのに」みたいなことをいわれていたんですが、そういわれるたびに、こういう考えかたが日本の批評をだめにしてきたんだろうなと思っていました。ぼく自身にとっては、執筆が仕事に占めるウェイトは小さくて、会社の経営を支えるために書き続けなければならないという意識が強い。そもそも、ひとの心を動かすという点では、ぼくは書くことよりも話すことのほうが能力が高いはずです。しゃべりのわかりやすさに執筆がぜんぜん追いついていないと自分では感じています。にもかかわらずぼくの文章がほかの批評家たちよりもわかりやすいと思われているのだとしたら、それは批評というジャンルが根本的な問題を抱えているということかもしれない。

たとえば、小林秀雄は「学者と官僚」（一九三九年）という文章のなかで、西田幾多郎の難解な文章は「見物と読者」が欠けているから「健全」ではないと述べています。いいかえれば、西田の文章では言文一致がなされていない、「見物と読者」がふだん使っている話し言葉から完全に乖離したエクリチュールが綴られているということです。一方では小説において言文一致がなされ、他方で大学において使われる言葉は言文一致がなされていないという状況のなかで、批評というジャンルは小説に近い位置を占めていたからこそ、アカデミズムに対する優位を確保しえた。ところが、現在の批評家はどんどんアカデミズムに近づいていって、まったく奇怪な文章を書いている。彼らは話し言葉から隔絶された世界でラテン語のような難解な術語を駆使しており、俗語であなたの思想を説明してくださいといってもぜんぜんできない。これはやはり根本的な問題であって、これを解決するためには批評と言文一致との関係をそもそも変えなくてはなりません。そこを変えるという行為は、ぼくにとって、ゲンロンカフェの実践と非常に近いところにあります。

どんなひとでも一回は批評を必要とする

──雑誌『ゲンロン4』（二〇一六年）で東さんは、「批評という病」という巻頭言を書いていらっしゃいました。東さんにとっての批評は、病のメタファーで捉えるのがもっともしっくりきますか？

東　病のメタファーをもう少し発展させるなら、ぼくは批評は「健康保険」のようなものではないかと思っています。まず、あたりまえのことですが、作品がどんどん売れ、消費され、世のなかが盛り上がっているときには批評なんて必要ありません。作れば売れるのなら、作家はたんに作り続ければいい。しかしながら、どんなジャンルにも、危機に陥るとき、全体がうまく回らなくなるときがある。そういうときには、「そもそも小説とはいったいなんなのだろう」とか、「このジャンルはなぜある時期にウケていていまはだめになったんだろう」といったことを考えなくてはならず、ここで批評が必要になるわけです。

この意味での批評は、ぼくにとっては哲学と同じものです。日常をふつうに生きているかぎりは、ぼくたちは思考なんてほとんどしない。ハイデガーふうにいえば、ぼくたちはふだん「頽落《たいらく》」している。しかし、危機に陥ったときにはぼくたちはものを考える。そのときに使えるような、ものを考えるうえでの手がかりとなる言葉を作っておくこと、あるいは危機に陥ったひとたちが集まれるコミュニケーションの空間を用意しておくこと、それがぼくの仕事なんだと思います。つまり、ぼくは保険会社を経営しているようなものですから、「うまくいっている」ひとやジャンルがぼくの仕事を必要としないのは当然のことです。

しかし、ひとは絶対に、人生のすべての瞬間において健康的であり続けることはできない。たしかに、任意の瞬間の社会を切りとれば、そこでは大多数のひとは健康であり、彼らは批評を必要としていない。ゆえにいっけん、批評はものすごくマイナーなものに見える。けれども、精神的にも、文化的にも、知的にも、危機に陥るときというのはかならず存在するし、どんなひとでも人生において一回は批評を必要とするんです。その意味では、批評はきわめてメジャーなものだともいえるわけです。

そうした役割をきちんと自覚できれば、批評をマネタイズすることも十分可能なはずです。インターネットのテクノロジーは、いまはリアルタイムの情報共有という側面ばかりが強調されていますけど、すべてのひとが同じタイミングで危機に陥るなどということはありえない。インターネットにはほんらい、それぞれ異なるタイミングで危機に陥った人々をつなげられるような技術も備わっているはずですから、それをうまく使えれば、批評を流通させるプラットフォームも効率的に維持できるだろうとぼくは考えています。

——東さんは今年（二〇一八年）五月一二日にツイッターで、「批評を『売る』ってのは、雑誌で原稿書いたり、大学で講義もったりしてそこそこ食うってことじゃない。市場に新しい価値をアピールしなきゃいけない。そのために必死にならなきゃいけない。ときに傷つかなきゃいけないし、醜いこともやらなきゃいけない」と書いていらっしゃいました。批評のマネタイズを意識しなくてはならないということはいまのお話からよく伝わったのですが、傷ついたり醜いことをやったりする覚悟が批評家に求められるというのは、具体的にはどういうことでしょうか？

東　危機に陥ったとき、ひとは自分がほんとうに望んでいるものはなんなのかを考えざるをえなくなります。そのときに必要なのは、「あなたのような人間はふつうはこう生きるものだ」という常識の外に出ることです。それは、そのひとにいままでなかったつながりが作られる必要があるということですから、「あなたの消費行動はこのクラスターに分類され、そのクラスターでよく読まれているのはこの本だ」というマーケティングに従っているだけではいっこうに外に出られない。批評の価値は、出会うはずのなかったひとや物が出会ったときに、すなわち誤配が行われたときに生まれます。誤配には当然失敗の可能性も含まれており、失敗したときには傷ついたり、醜く思われたりすることもあるわけです。

たとえば、「ゲームの時代」という特集の『ゲンロン8』（二〇一八年）が炎上していますけど、それはあの特集が「ゲームはゲームのひとたちで、批評は批評のひとたちでやりなさい」という暗黙の了解を攪乱しているからでしょう。おそらく『ユリイカ』がゲーム特集をやるぶんには、「『ユリイカ』はそういう場所」という了解の範囲内で行われるので問題ないかもしれない。ところが『ゲンロン』がやると、いままで存在しなかった新しいつながりが作られるので、衝突も起きてしまう。しかしそもそも、新しいつながりを作ることはかならず抵抗を伴いますから、批評家にはその抵抗を引き受ける覚悟がなくてはならないというのが、ぼくがいいたかったことです。

批評はつながりをつくるもの

――『ゲンロン6』（二〇一七年）の巻頭言「受信と誤配の言論のために」で東さんは、消費者は反復を求めるのに対して生産者は受信を必要とすると書いていらっしゃいました。この巻頭言は、生産者―消費者の関係が親―子の関係になぞらえられていたりしてたいへん興味深いのですが、そうしたニュアンスをあえて乱暴に捨象すると、要するに、誤配の可能性に晒された雑多なインプットを適度に続けていかないと日本の批評は自家中毒に陥ってしまうとおっしゃっているのだと思います。雑誌『ゲンロン』はまさしく日本の批評を自家中毒から救うための試みだと思われますけれども、東さんご自身は、日々の生活において、インプットとアウトプットとのバランスをどう維持していらっしゃるのでしょうか？

東　インプットなんて、たぶんきみたちが好きな筋トレと似たようなものです。ひと月に何冊読むぞとか、今日は何ページ読むぞとか、いまは午前零時で三時には寝るからそれまでにこの本を読み終えるぞみたいにノルマを決めて、たんにそれを守っているだけです。もちろん生活のリズムが崩れればノルマも守れなくなりますけど、たとえば一週間まったく本を読まずにいるととても不安になるので、そういう感覚も筋トレに近いんじゃないかな……。

――むかしからそういうふうに読んでいらっしゃったんですか？

東　はい。そもそもなぜデビュー作の題材がソルジェニーツィンだったのかといえば、新潮文庫の海外文学をア行から順に読破するという壮大なプロジェクトにぼくが取り組んでいたからです。アーヴィングとかから始めて、ゴールディングなどを経てついに「ソ」にたどり着くという（笑）。

あたりまえのことですけど、なにかを理解するにはものすごく時間がかかります。ですから、きちんと本を味わって読もうとするとすぐにページをめくる手が止まり、ノルマをこなせなくなってしまう。そこは割り切って、ノルマとして読書するという習慣も大事です。たとえ理解していなくてもページをめくり続ければかならず読み終わる。仕事で使う重要な本はそのときにまた読み返せばいいのであって、ノルマの意識をもたずにいくつも未読を積み重ねているようでは、本なんていつまで経っても読みきれません。

――二〇一七年に刊行された千葉雅也さんの『勉強の哲学』は大きな話題を呼びましたが、その理由のひとつは、インプットとアウトプットとの往復運動を効率的に行うための方法、ツール、アプリがきわめて具体的に紹介されていたことにありました。東さんには、批評家として仕事をするうえで日々使っているツールなどはありますか？

東　ありません。ぼくは千葉さんとはまったくタイプが異なるので、アウトライナーを使っても効率は上がらないと思っています。もちろん、執筆においては文字数を計算しやすいエディタを使うとか、メールは即レスを心がけるとか、そういうごくシンプルな工夫はあります。しかし、さっきもいったように、批評とはつながりえないはずのものをつなげることですから、そういうつながりを思いつくためには頭のなかを散らかしておくことが必要で、整理整頓してしまってはだめなんです。メールに即レスするのは、思いつきを邪魔しかねないTo Doをなるべく少なくしておくということなので、その意味ではライフハック術と呼べるのかもしれませんが。

　いずれにせよ、哲学者はよく哲学を概念の創造だなんていいますけど、ぼくはああいうのは全部ハッタリだと思っています。哲学はなにも発明しない。ぼくもなにも新しいことを思いついているわけではない。世界に関する新しい知識を得たければ自然科学に頼るべきであって、哲学や批評によっては知識はまったく増えない。哲学にできるのはせいぜい、散らかしたり攪乱したりすることをとおして、人々がもともともっていたもののなかに、いままで存在しなかったつながりを作ることです。ソクラテスはそういっていたはずですし、それでいいのではないかとぼくは思っています。病のメタファーに引きつけるなら、ぼくの考える哲学は自然治癒力に頼った療法に近いのかもしれない。答えはすでに人々のなかにあるので、体に潜在している力をうまく引き出せば人々はおのずと答えにたどり着くはずだ、ということです。

批評史は存在しない

——『ゲンロン1』『2』『4』（二〇一五—一六年）に掲載された連続討議「現代日本の批評」（二〇一七—一八年

に講談社より単行本化）では、現在の若手論客が構造的に抱える問題のひとつとして、『出口』がテレビや新聞や大学にしかないという状況」が挙げられていました。ゲンロンスクールで開かれている批評再生塾の主任講師は佐々木敦さんですけれども、東さんご自身は、批評再生塾という「入口」を抜けた批評家たちがどういう「出口」に向かうことを理想として思い描いていらっしゃいますか？

東　残念ながら、「出口」を自分なりに考えて批評に携わろうとし続けるひとは、いまのところ輩出できていないと思います。これは佐々木さんの責任ではまったくないのですが、あそこに集まる人々は、批評というジャンルの存在を自明の前提にしているように感じます。そしてそれはけっして批評再生塾のみの問題ではなくて、ぼく自身も、「現代日本の批評」シリーズではまずは過去の批評史を学ぶという態度をとっていたわけです。それはそれで勉強になる試みでしたが、ほんとうは批評などというジャンルは存在せず、したがって批評史などというものも存在しないんですよ。いままで話してきたように、危機的な局面において人々の頭を解きほぐす行為としてしか批評は存在しえないわけですから。

――東さんと北田暁大《あきひろ》さんが二〇〇八年にＮＨＫ出版から創刊なさった『思想地図』に関して、「現代日本の批評」のなかで東さんは、新世代のすぐれた研究者たちを集めてひとつの大きなシーンを作ることを目指したがうまくいかなかったという反省を語っていらっしゃいました。しかし、いまのお話を踏まえれば、批評は個別的な営みでしかありえないのだから、批評家たちがひとつの大きなシーンを形成するという発想がそもそもまちがっていたということになりますか？

東　そうです。まちがっていた。この数年は、そのまちがいに気づく過程でした。批評が代々受け継がれることによって批評史が紡がれるというのはあきらかなフィクションだと、いまのぼくは思います。それでも、八〇年代までであれば、たとえば、小林秀雄に代表される文芸批評の伝統に七〇年代からの現代思想ブームが接続した、みたいな物語を作り批評史を拡張することもできたかもしれない。しかし冷戦終結後はあらゆる批評史が捏造にならざるをえない。批評的な人々はたしかに存在し続けているけれども、彼らはみなバラバラに、各々の場所で批評的なことをやっているだけであり、そしてそれは批評のありかたとして正しいんです。

「現代日本の批評」では、一九七五年から四〇年間の批評史をまじめに振り返ろうとしたわけで、大澤聡さんをはじめとする参加者のみなさんはたいへんな労力を注いでくださいました。しかし、まじめにやったからこそ、批評史などというものが途中から完全になくなっていることがはっきりとわかる……。正直なところ、討議の後半はずっと、批評史といっていること自体があまりに空虚だという思いがぼくにつきまとっていました。ただ、そのように思えたという点では、あの企画には大きな意義がありました。読んでいただく価値はあると思います。

いずれにせよ、いま批評を志す若者たちには、批評というジャンルの存在を自明視し、自分の好きなものについてむずかしい言葉を駆使しながらそれっぽく論じて、どこかに載ればオッケーと思っているひとがたくさんいる。しかし、自分の好きなものなんて一回論じてしまえば終わりですから、それはほとんど卒業論文みたいな話です。それを批評といわれても、知ったこっちゃないですよ。

批評家の孤独

——批評再生塾から輩出されたひとたちは、東さんの考える「批評家」ではなかったということでしょうか？

東　むろん、これから変わる可能性もあると思うんですけど……。もう少し丁寧にいうと、批評再生塾生が共有する批評観にぼくがいだいている最大の違和感は、そこに孤独さがないように見えるということです。価値観を同じくする者たち同士で集まって、仲よくやっていこうという志向性が顕著に現れている。これは批評にかぎった話ではなく、現在のアート・シーンでも「コレクティブ」がひとつのキーワードになっています。カオス*ラウンジ、パープルーム、渋家（シブハウス）などいろいろありますが、同世代が集まってなにかクリエイティブなことをやるというのが最近のトレンドです。しかし、アートはともかく、批評の場合はそうした志向はうまくいかないと思います。なぜなら、これはぼく独特の表現になりますが、批評は自己嫌悪とセットになっているものだからです。『ゲンロン7』（二〇一七年）の巻頭言で「批評とは距離の回復なのだ」と書きましたけど、その「距離」とはすなわち自己嫌悪のことです。

批評再生塾で書かれる文章のなかには、「わたしはこれがこんなに好きなんです、わかってください」というような、「現代日本の批評」で「実存主義化」と呼んだ傾向がしばしば見受けられます。こうした当事者言説は、批評っぽい言葉をどれほど使っていたとしても、本質的に批評ではない。論述の対象と書き手とのあいだに、距離がないからです。「これが好きな自分はちょっとおかしいのではないか」という疑いを自然にいだけるひとでないと、批評を書き続けることはむずかしい。これを自己嫌悪と呼ぶとおおげさに聞こえるかもしれませんが、すでに述べたとおり、長い人生を生きるなかで、仕事でもプライベートでも、「なんかおれ、少しおかしくなってるかも」と思う一種の自己嫌悪はあらゆるひとにかならず訪れるはずです。その瞬間こそが批評の萌芽なんです。したがって、「自分がやっていることは正しい、それを世界に認めてもらいたい」というふうに自己肯定したいひとや、同質の集団のなかでお互いを承認しあいたいひとは、そもそも批評を必要としていないのだと思う。
じっさいのところ、「ゲンロン友の会」の会員のみなさんやゲンロンカフェにいらっしゃるお客さんの顔ぶれは、ここ五年間でかなり様変わりしています。そこには非常に多様なバックグラウンドのかたがたがいらっしゃって、いわゆる批評好きの人文系学生はかなり少なくなりつつある。しかし、批評を病のメタファーで捉えるならこれは当然の変化です。病院の待合室にいるひとたちこそ批評的コミュニティの可能性を表しているとぼくは考えるのですが、ゲンロンで作ろうとしているコミュニティもまさにそうしたものです。ひとつの病院に五年間ずっと同じ顔ぶれが通い続けるなどということはありえないでしょう。危機の言葉としての批評は、あくまでも健康を取り戻すためにあるわけですから、回復してしまえばもう批評は必要とされません。批評家は同じ顧客集団を相手にし続けることはできないし、そもそもそうすべきではない。批評は個別的な治癒のプロセスとしてしか存在しえないからこそ、批評家は孤独だし、批評史は存在しないんです。

——しかし他方で東さんは、ゲンロンカフェでのトークに頻繁に登壇なさって、非常に多くのかたがたと直接対話していらっしゃいますよね？

東　対話とは孤独なものですよ。対話をしているからといって、お互いになにかをわかりあっていることにはならないですし、ぼく自身も、ぼくのことをわかってもらおうと思ってしゃべっているわけではない。ゲンロンカフェにいらっしゃったかたには、なにかをもって帰っていただきたいと思っていますけど、それはけっしてぼく自身の思想というわけではない。むしろ、世界にはいろんなひとがいて、知らないことがまだまだたくさんあるのだから、自分ももっと自由に生きていいんだというメッセージをお客さんに受け取っていただくことのほうがはるかに大事ですね。

マイナーとメジャーの視点変更

東　もちろんぼく自身にとっても、ゲンロンカフェで相手の顔を見ながら話すことをとおして、「この切り口では伝わらなくて、こうするとずっと理解しやすくなるんだな」みたいなことを実地に学ぶのはとても大切なことです。ひとりで考えているだけだと、巨大で美しい、しかし現実から乖離した体系はいくらでも作れてしまいますから。ぼくが新しいつながりを思いつく瞬間もひとと話しているときが多いので、言語的なコミュニケーションがぼくにとって重要であることはまちがいない。けれど、それはぼく自身の思想をわかってもらうこととはちがう。たとえば、バイク作りの名人がいたとして、そのひとが、プロとして丁寧にバイクを作ると同時に、「バイク作りに込めるおれの思想はだれにも伝わらない」という思いもいだいているということはありえますよね。わかりやすくしゃべったり伝わりやすい文章を書いたりする技術とぼく自身の思想との関係は、いまのバイク作りの例に近いです。

――『AERA』二〇一八年一〇月八日号の巻頭エッセイで東さんは、『新潮45』休刊のニュースを取り上げて、炎上狙いの過激な記事を掲載して部数を稼ごうとした編集部と、炎上の過熱を恐れて慌てて休刊を決めた新潮社の経営陣はどちらも「ネットに振り回され、出版の強みを見失っている」と論じていらっしゃいました。もちろん、人権思想に反する文章を発信したり外国人の排斥を促す内容の書籍を刊行したりすることは許しがたい極端な例ですけれども、利益を最大化するための判断と出版社の理念との衝突という側面だけを取り出すなら、この問題はゲンロンを経営されている東さんにとって無縁ではないと推察されます。東さんは、この衝突をどう乗り越えていらっしゃるのですか？

東　理念と経営上の合理的判断とのあいだに衝突が起

こるとすれば、原因は会社を大きくしすぎていることにあるんじゃないでしょうか。だとすれば、理念を維持しうる適正規模に会社を戻せばいいのだと思います。ゲンロンという会社はお金儲けのために始めたわけではないですし、ぼく自身の人生を見ても、現状より経済的に豊かになる選択肢を捨ててこの道を選んでいます。ですから、『新潮45』のようなことはゲンロンでは起こりえないと思います。現在校了作業中の『ゲンロン9』の刊行をもって、ゲンロンは雑誌としても会社としても第一期を完走したことになるのですが、来る第二期も、いまのバランスを維持しながら地道にやっていこうと思っています。

哲学や批評が売れなくなったとよくいわれますが、そう嘆いているひとたちの多くは、そもそも文化の捉えかたを誤っているのだろうと思います。一方に、健康なマジョリティによって日々消費される大衆文化があり、他方に、気取った変人たちのためのハイカルチャーがあるというふうに、ふたつの文化を階級差のように捉えることは根本的なまちがいです。そうではなくて、このふたつは人生におけるステージの差なんですね。社会に生きる大多数のひとは、どの時点をとってもその瞬間では健康な人々ですから、危機に陥ったときに読むものとしての哲学や批評が、リアルタイムの消費において大衆文化に負けてしまうのは当然のことです。にもかかわらず、哲学や批評を多数派にウケるものに無理やり変えようとするから、変なことになってしまう。その結果行き着くのは、健康なマジョリティに向けて発信される自己啓発です。ヘイトも一種の自己啓発です。

しかし、繰り返し述べているとおり、いまこの瞬間はファストフードを食べてポルノを見て日々なにも考えずにハッピーに生きているひとであっても、人生においてはかならず、それだけではやっていけなくなるときが訪れる。哲学や批評はそんなときのためにある。だから、いまこの瞬間においてはマイナーであっても、どんなひとでも人生において一回はそこに立ち寄るという意味では、哲学や批評はメジャーであるというふうに視点を切り替えることこそが重要です。哲学や批評がマネタイズできていないのだとすれば、それはこの視点変更をうまくできていないからでしょう。

オンラインサロンは美容外科

東　たとえば文系学問不要論がよく話題になりますけど、あれは要するに、「いま大多数のひとは健康なんだから病院なんて不要だ」といっているようなものです。たしかにいまこの瞬間はおまえは健康かもしれないが、だからといって……という話から健康保険が生まれる。このような病のメタファーを使えば、文系学問不要論の前提が不十分であることはすぐ伝わるはずです。ただ、日本においては、健康なマジョリティのための大衆文化しか文化と見なされない傾向が根強く存在していることはたしかで、それは大きな障害です。

——近年は、たとえば宇野常寛さんが率いるPLANETSも、出版、メールマガジン、トークイベント、動画配信、オンラインサロンを手がけており、少なくとも表面上は、言説を流通させるプラットフォームとしてはゲンロンと似た形態をまとっているようにも見えます。東さんは、批評家によるプラットフォーム作りは今後より盛んに行われると予想していらっしゃいますか？

東　若手知識人によるオンラインサロン作りは最近のトレンドですけど、ゲンロンが病院だとするなら、あれらは美容外科だと思います。彼らがやっていることは、ダイエットなどの指導をとおして「あなたはもっと美しくなれます」という自己肯定のメッセージを与えることです。それはゲンロンの試みとまったくちがう。

ぼくの仕事は健康な人々のためにはありません。しかし他方で、病気がいいといっているのでもない。知識人のなかには、病気こそを高く評価し、健康なひとを貶めて「もっと病め、もっと病め」というひともいます。これもおかしな話です。健康とはマジョリティのことであり、そこでは哲学や批評は必要とされません。そしてそれでいいのです。問題は、細かく見れば「マジョリティ」という実体などは存在せず、ひとりひとりの人間がいるだけで、彼らがそれぞれのリズムで病に陥るということのほうにあるのです。そんなときに立ち寄れる場所を、哲学者や批評家は用意すべきなのです。

それはオンラインサロンとはまったくちがう試みですが、他方、このような視点は批判的知識人のあいだでも共有されていません。彼らは、権力側がSNSを使って健康な人々＝マジョリティを動員するワンフレーズ・ポリティクスの時代になると、むしろそれをまねて「ぐだぐだいわずにとにかくデモに参加しろ」と動員の戦略に乗ってしまう。しかし、一時期盛り上がったSEALDsも解散後はあまり話題になりませんし、いったいなにが残ったのかといえば疑問です。動員だけしても意味がないことはいまやはっきりしている。持続可能な批判的勢力が今後立ち上がるとすれば、それはなんらかの持続可能な組織とセットにならざるをえない。つまり、十分な知識をもったうえで、現実ときちんと向きあえるひとをまず育てる必要があるはずです。

そのためには時間が必要です。たとえば『新潮45』に載った杉田水脈《みお》さんの反LGBT論を話題にするとして、杉田さんとリベラルの論者を同じ舞台に上げて「はい、議論してください」というやりかたではなにも生まれない。そんなことをしても、双方がいままでの主張を繰り返したすえに「結局わかりあえませんでした」という結論にいたり、敵味方の分断が深まるだけだからです。杉田さんがいいか悪いかという話とはべつに、あれほどつっぱるのは、おそらく杉田さんの人格のなかになにかがあるからであって、対面して話を聞くのであればその「なにか」を引き出さなくてはならない。そこまで行ってはじめて、杉田さんを批判する準備ができるわけです。このようなコミュニケーションは、SNSのようなリアルタイムウェブの対極にあるものです。ゲンロンカフェでの経験からいって、初対面のひととの公開対談でそこまで行くには、三時間以上は必要ですね。

哲学的知性は人格抜きには定義できない

──「十分な知識をもったうえで、現実ときちんと向きあえるひとをまず育てる必要がある」というご発言がありましたが、東さんがおっしゃる意味での「批評家」はどのようにして育てられるのでしょうか?

東　ゲンロンでは、近々、ぼくを主任講師とする新しいスクールを始めるつもりです。まだ名前も決まっておらず、もしかしたら「批評」という言葉は使わないかもしれません。けれど、今日お話しししたような意味でのほんとうの批評あるいは哲学を教えたいと思っています。批評の再生は教養の再生なしにはむずかしいので、座学もちゃんとやろうと思っています。

いずれにせよ、この半年間は、いわゆる批評に携わるひとたちのふるまいにうんざりさせられることが多かったので、こうした状況を変えなくてはという強い思いがあります。最近も、渡部直己のセクハラ問題について若い評論家が書いた文章を読んで、心の底からがっかりしました。自分の頭の良さを批評っぽい言葉を使ってアピールする文章で、セクハラという現実の被害者がいる事件さえも自己アピールのためのネタとして使っている。ぼくは、このような批評観が若いひとに拡がっているのは大きな問題だと思っていますし、現状を生み出した責任の一端が自分にあることも自覚しています。だから新しいスクールでは、「頭の良いふりをしたい」ひとたちではなく、他者とのコミュニケーションをとおして世界をより良くしたいと本気で考えるひとたちを育てたいと思っています。そのひとたちにはもはや文章を書いてもらう必要もないのかもしれません。批評的実践のアウトプットが起業や政治でもいい。

そもそも書くという仕事で経済的に成功することだけが目標なら、必要なのは「いっぱい連載をもって書評もどんどん書いて、どんな依頼も断らずに世のなかを貪欲にウォッチ」みたいなことに尽きます。けれども、そうやってトレンドをつねに追いつつそれに合わせて文章を書くというのは、資本主義のなかで商品開発をし続けているのと同じです。

他方で、資本主義への抵抗を口にしているリベラルのひとたちにも、「いまこそ立ち上がれ!」とか「すぐにリツイートしろ!」といった切迫感がたえずつきまとっています。そんなすがたを目にするたびに、「そうやって資本主義のリズムに巻き込まれるのがいやだから、本を読んだり書いたりしていたんじゃないの?」と疑問に思ってしまいます。デリダは『マルクスの亡霊たち』(一九九三年)で、『ハムレット』の"The time is out of joint"(「この世の関節がはずれてしまった」)というセリフに注目しましたが、ぼくにとっての哲学や批評はつねに、資本主義の時間から「はずれる」ためのもの、アウト・オブ・ジョイントするためのものとしてあります。批評が病院だというのも、病院は日常の時間の外にあるものだからです。

いいかえれば、哲学者や批評家というのは、たんにおもしろい文章=商品を書けば済む仕事ではないのです。ここがフィクションの世界と根本的にちがうところです。おそらく、フィクションを書くことははるかに商品開発に近い経験でしょう。じっさい、多くの読者=消費者はたえず新しいフィクション=商品を追い求めています。

べつの観点でいえば、これは固有名の問題と関係しています。フィクション=商品の世界では、内容のおもしろさだけが重要なのであって、それがだれによって作られたものかはほとんどの消費者は気にしていません。対して、批評や哲学の世界はまったくルールが異なる。そこにはデリダのいう「署名の効果」があり、要するに、いうひとによって言葉がまったくちがったふうに聞かれてしまうという現実がある。ぼくの本がどう読まれるか、そのコンテクストをぼく自身の生が決めるという厄介な構造があるわけです。その点でも、ぼくは批評家や哲学者が「書くひと」だというのは、近代のある時期の転倒でしかないと思う。哲学や批評を「書く」という営みは、あくまでも、そのテクストをそれ以降どんなふうに読まれるようにコンテクストを作っていくかという、テクスト外の営みとセットになっているんです。

――東さんにとっての哲学や批評は、あくまでも属人的かつ個別的なものであり、定冠詞つきの「ザ・哲学」とか「ザ・批評」といったものは存在しないということでしょうか?

東　そうです。哲学的知性は人格抜きには定義できないと思う。それは人生や歴史といってもいい。ですから、ぼくがあらたに始めるスクールはもちろん知識の伝達も行いますけど、そこは本質ではありません。受講者のみなさんがどういう「批評」を発現させるかは、それぞれのコンテクストすなわち人生に依存する問題であり、ぼくにできるのはただ発現の可能性を高めることだけです。教育とはほんらいそういうものでしょう。

さきほど「マジョリティ」という実体は存在しないといいましたが、それはつまり、「マジョリティ」と呼ばれているものを人格の集合として捉え、さらにそれぞれの人格を物語の集積として捉えるところからしか、批評は始まらないということです。ぼく自身、以前はもっと狭い批評観をいだいていました。それが変わった理由のひとつは、ゲンロンとゲンロンカフェでの、この八年間のさまざまな物語を背負ったお客さんたちとの交流の経験にあります。

最近、『ゲンロン』の前身である『思想地図β』の、二〇一一年一月刊行の創刊号にぼくが寄せた巻頭言を読み返しました。そして、それがたいへん力強く、明るく、開かれた文章であることにわれながら驚きました。ぼくはいまその原点に戻りたいと考えています。この数年、ぼくはゲンロンがなぜ批評を大事にしているのかばかり語ってきた。でも批評の自己アピールほど不要なものはない。そんなことを一生懸命訴えなくても、批評には批評の使命がある。その使命をこれから、実践をとおして身をもって示していきたいと思っています。

［二〇一八年一〇月五日］

入江哲朗（いりえ・てつろう）
一九八八年生まれ。東京大学大学院博士後期課程。共著に『ウィリアム・ジェイムズのことば』（教育評論社、二〇一八年）、『オーバー・ザ・シネマ　映画「超」討議』（フィルムアート社、二〇一八年）。

批評とはなにか

ゼロ年代の批評・再考

2016/2019

二〇一五年からの四年間、ゲンロンでは、批評家の佐々木敦を主任講師に迎えて「批評再生塾」という名の講座を開いてきた。受講生は累計で二〇〇人近い。

他方で、雑誌のほうの『ゲンロン』でも、並行して「現代日本の批評」と題する批評史再検討の連続特集を展開してきた。一九七五年から現在にいたる四〇年強の批評の歴史を、三回の座談会で振り返るシリーズである。こちらはすでに終了し、いまでは講談社から二巻組の単行本として刊行されている。

おかげでこの数年、批評とはなにかについて考える機会が頻繁にあった。その現時点での答えをかんたんに記しておきたい。

1

ゲンロンは批評家を育成する。それはいまやゲンロンという企業のミッションであるかのように見える。けれど、じっさいは創業のまえから似た試みを行っていた。

ぼくはいままでさまざまな書き手のデビューに関わってきた。思い出せるだけでも、『波状言論』（二〇〇〇年代半ばに発行していたメールマガジン）で福嶋亮大と渡邉大輔と前島賢を送り出し、GLOCOM（二〇〇三年から二〇〇六年にかけて在籍していた研究所）で濱野智史を送り出し、『思想地図』（二〇〇八年から二〇一〇年までNHK出版から発行されていた書籍シリーズ）で黒瀬陽平を送り出し、ゼロアカ道場（二〇〇八年から二〇〇九年にかけて講談社主催で行われた新人批評家育成講座）では坂上秋成と村上裕一と藤田直哉を送り出している。以上には、いまも親しくしている書き手もいればそうでない書き手もおり、後者はもしかしたらここで名前を挙げられるのを迷惑に思うかもしれないが、とりあえず事実として、ぼくが彼らの登場に深く関わったのはまちがいない。批評再生塾もその延長線上にある。

『波状言論』を始めたときは三二歳だった。ふつうなら新人育成を考える年齢ではない。にもかかわらず当時から若い書き手の登用を積極的に試みてきたのは、批評をとりまく環境が劇的に変質しつつあると感じていたからである。それは、単純な世代交代で説明のつくものではなかった。もっと深いところで、かつて批評と呼ばれていたものが批評でなくなり、逆に批評と呼ばれなかったものが批評になる、そのようなラディカルな「定義の変更」が起きているように感じられていたのである。

どういうことか。一九九〇年代を代表する批評家として、たとえば宮台真司と大塚英志を考えてみよう。前者は大学人で、後者は編集者出身だ。ふたりとも最初の著書の刊行は八〇年代だが、九〇年代に入ってから論客として活躍し始めた。他方で九〇年代は多様な背景をもつ論客が現れた時代でもある。象徴としては小林よしのりと岡田斗司夫が挙げられるだろうか。彼らもまたマンガ家やアニメプロデューサーとしては八〇年代以前から活躍していたが、論客になったのは九〇年代のことである。ゼロ年代に入ると、こんどはぼく自身が『動物化するポストモダン』を書いて論客として認知される。最初の著作は九八年の出版だったが、広い読者に知られたのはこの新書がきっかけだった。

ぼくがゼロ年代の前半に、当事者のひとりとして見ていたのは、まさにこのような多様な人々が「批評」の名のもとに統合される光景だった。宮台、大塚、小林、岡田、そしてぼくの五人は（あくまでも象徴的な名前としてこの五人を選んでいるだけで、むろんこれですべてが尽きるわけではない）、異なる出自をもち、年齢も問題意識も語り口も離れている。にもかかわらず、ゼロ年代に入ったあたりから、その五人のテクストは、若い読者のなかでゆるやかにつながり、ぼんやりとグループをなしていく。そしてゼロ年代も半ばに入ると、そのまとまりの存在を前提にして、宇野常寛のような新しい世代の書き手が現れる。そこにさらに、荻上チキや鈴木謙介といった「社会派」、前述したぼくの影響下で世に出た書き手たち、ほか速水健朗のようなすでに活躍していたライターや千葉雅也のような若手哲学者も加わり、大きな潮流へと成長していく。佐々木敦が二〇〇九年に出版した『ニッポンの思想』は、まさにこのグループの俯瞰で終わっている。いわゆる「ゼロ年代の批評」の誕生だ。

とはいえ、その変化は、批評の「新しい潮流」の誕生と呼ぶにはかなり奇妙なものだった。なぜならば、そこでまとまりとされた著者たちには、じつのところあまり共通点がなかったからである。ぼく自身の例をとってみても、おそらくぼくともっとも読者が共通していた著者は宮台だが、両者の主張や関心はかなりかけ離れていた。なぜ読者が重なっているのか、正直にいってぼくは理由がわからなかったし、宮台もわかっていなかっただろう。ゼロ年代の批評のまとまりは、書き手よりも読み手の主導でつくられたものだったので、そのような現象が起きた。

それに加えて、ゼロ年代の批評のスタイルは、同じ「批評」を名乗ってはいたものの、かつての批評とはあまりに異なってもいた。少なくともそれは、一九九〇年代前半までの、かつて柄谷行人や浅田彰ら『批評空間』のグループが代表していたような批評のスタイルとは正反対のものだった。『批評空間』が思考の飛躍を重視するのに対して、ゼロ年代の批評は実証を重視した。『批評空間』が哲学と映画と文学を参照するのに対して、ゼロ年代の批評は社会学とアニメとテレビドラマを参照した。『批評空間』が海外の文献や作品を好んで話題にしたのに対して、ゼロ年代の批評は国内の話題しか扱わなかった。そしてなによりも、ゼロ年代の批評には、『批評空間』にあった政治的な左翼性がまったくなかった。

いずれにせよ、九〇年代の後半からゼロ年代にかけては、批評という言葉でなにを意味するのか、そのイメージそのものががらりと変わることになった。ぼくは二〇代から三〇代にかけて、まさにその地滑り的な変化のただなかで仕事をしていた。だから、批評とはなんなのか、つねに考えざるをえなかったし、若い世代の動向に敏感であらざるをえなかったのである。

誤解を避けるためつけ加えれば、以上の整理は、かならずしも「古い」批評が消え去ったことを意味しない。二〇一九年のいまも、文芸誌にはときに、『批評空間』を思わせるような、あるいはもっと古い時代を思わせるような文章が掲載されているし、それを支持する読者も存在している。ぼくはそれを無視するつもりはない。また以上の整理は、ゼロ年代の批評がいまだに「新しい」ことも意味しない。じっさいにはゼロ年代の批評は、震災後に急速に影響力を失っている。かりにいまの論壇にゼロ年代の残滓を強引に探すとすれば、古市憲寿や落合陽一のような、より大衆向けでビジネス寄りに「アップデート」された論客がそれにあたるだろうが、彼らは自分たちを批評家とは考えていまい。

だから、ぼくがここで問題にしたいのは、なにが古くなにが新しいかといった問いではない。確認したいのは、九〇年代の後半からゼロ年代にかけて、「古い」批評のかたわらに、まったくべつのスタイルの文章が現れ、そちらもまた批評的な機能を持ち始めたという単純な現実である。その現実が、ぼくに批評とはなにかという問いを突きつけ続けたのだ。

2

さきほど記したように、ゼロ年代半ばのぼくは、その変化を「定義の変更」だと捉えていた。どのような文章が批評として機能し、どのような文章が機能しないか、その境界は時代が変わるにしたがい変わっていく。『批評空間』が没落し宇野常寛が現れたのは、まさにその変化を象徴している。だとすれば、これからはその条件のなかで、新たに批評として機能する新たなタイプの文章を書き、またそのような文章を書ける新たな書き手を送り出していくのが自分の使命だろう。ぼくはそのように信じ、若い世代を探すことにした。つまりは、ぼくは、時代が変わるのだから批評もまた変わるべきなのだと、そう素朴に信じていたのである。

けれども、ぼくはいまは少しちがう考えをいだいている。ゼロ年代の若い世代は、彼らのスタイルこそが、ゼロ年代の「新しい現実」に、すなわち、日本社会の構造変化やネットで生まれた新しいコミュニケーションといった現実に対応していると主張することが多かった。そして、論壇誌や文芸誌に原稿を寄せる「古い」批評家たちは、社会学も知らないしネットも知らないしアニメも見ないからだめなのだと、好んで世代対立を演出した。

その戦略をもっとも攻撃的に打ち出していたのが、ゼロ年代を代表する著作、『ゼロ年代の想像力』を二〇〇八年に出版した宇野常寛である。同書の議論は、つぎのようなじつに印象的な一節で始まっている。「ノートの中央に一本の線を引こうと思う。右側には古いものを正しく葬送するために配列し、左側には今を生きるものを、それと併走しやがて追い抜くために刻み付ける。／右側に葬られるものは、一九九五年から二〇〇一年ごろまで、この国の文化空間で支配的だった『古い想像力』であり、左側は二〇〇一年ごろから芽吹き始め、今、私たちが生きているこの時代を象徴するものに育った『現代の想像力』である」[1]。宇野は、新しい批評を、古い想像力と新しい想像力を区別し、そのあいだに「線」を引くものとして定義した。

ぼくは一時期、宇野と頻繁に会い、ともに仕事をしていた。それを認めたうえで記すのだが、「古いもの」と「新しいもの」を対立させ、「新しいもの」につくのが新しい批評の使命だという宇野のその図式は、いま振り返ると、個別の作品論に用いるのならばともかく、批評全体のパラダイムを刷新する議論としては根本的に無理があったように思われる。

なぜならば、そこで彼が依拠しようとしていた「新しい批評」なるものには、古いか新しいか以前に、そもそもなにも実体がなかったからである。ゼロ年代の批評のまとまりは、じつは読者の頭のなかにしか存在しなかった。宮台、大塚、小林、岡田、東云々といった、当時「新しい批評」の基礎をなすと見なされた書き手の主張には、じっさいはなにも共通点がなかった。彼らは共通の理論をもつわけでもなければ、共通の世界観を提示したわけでもなく、それぞれ書きたいことを書いたひとでしかなかった。ひらたくいえば、ゼロ年代の批評が遡行的に見出した先駆者たちのリストは、ただの雰囲気で選ばれた恣意的なものでしかなかったのである。もしいまかりに、結局のところゼロ年代の批評とはなんだったのかと問われたら、ある時期、ある世代のネットやサブカルチャーに詳しい読者（それも圧倒的に男性の読者）が、宮台や大塚、東、さらには宇野や濱野といった特定の名前の連なりをまえにしてなにかそこに共通のものがあるかのように感じてしまった、その「かのように」こそが本質だったと答えるのが、もっとも正確な回答ということになるだろう。

ゼロ年代の批評の本質は錯覚にあった。これはおそらく、じつに否定的で辛辣な総括のように聞こえるのではないかと思う。その理解は半分は正しい。

けれども、残りの半分は異なる。というのも、ぼくはいま、むしろその「錯覚しかなかったという現実」こそが、ゼロ年代の批評のもっともラディカルで、そして普遍的な可能性につながるものだったと考えているからだ。

九〇年代からゼロ年代にかけて、批評のかたちは大きく変わった。その変化は劇的で、前後ではほとんどべつのジャンルといえるほどのものだった。

その変化が露わにしたのは、結局のところ、日本における「批評」とは、固定したジャンルやスタイルの名称ではないという現実である。どんなテクストが批評と見なされ、どんなテクストが批評として機能しないのか。それを決めるのは、スタイルでもなく内容でもなく、ましてや書き手の意識でもなく、それを受け取る読み手＝観客のがわ、『観光客の哲学』の言葉を使えば「観光客」のがわである。ゼロ年代の批評の出現と（一時的なものではあったが）隆盛は、「批評」という言葉がもつその厄介な性格を、はっきりと炙《あぶ》り出す現象だった。

日本では「批評」という言葉には、なぜかそのようなメタジャンル的な機能が付されており、ゼロ年代の批評はその性格を最大限に利用した運動だった。ゼロ年代においては、観客＝読者がそれを批評だといいさえすれば、なんでも批評になった。宮台も大塚も小林も岡田も東も宇野も濱野も、当時はすべて批評という言葉で括られてしまっていた。

その「なんでもあり」の状況を戯画的に象徴していたのが、冒頭に名前を挙げた「ゼロアカ道場」である。講談社が主催し、ぼくが「道場主」を務め、新世代の批評家を育成するという触れ込みで二〇〇八年に始まったこのプロジェクトは、プログラムに同人誌の作成やシンポジウムでのプレゼンなど多彩な能力での選考を入れたためか、途中からネットを舞台に奇妙な盛りあがりを見せるようになった。その断片はいまでもネットに散らばっているが、当時の展開をリアルタイムで「ヲチ」していた読者ならご存じのように、この道場の参加者のあいだではいつのまにか、2ちゃんねるのスレッドで暴言を吐き、ＹｏｕＴｕｂｅに友人の奇行を撮影した動画を投稿すればそれだけで「批評」になるのだと、というかこれからの「批評」はむしろそういうものでしかないのだと、かなり真剣に考えられるようになった。そしてじっさいに、藤田直哉のように、そのパフォーマンスがきっかけで業界の注目を集め（「ザクティ革命」！）、批評家として現実に活躍し始める書き手も現れた。その状況は、いまから振り返ればすべてが悪い冗談だったように見える。けれども、ではなぜ悪い冗談が力をもったのか。そこには、批評とはなにかを考えるうえで、決定的に重要ななにかが隠されている。

ゼロ年代の批評家は、批評はなんでもできる、なぜならばすべては批評だからと信じていた。かりにゼロ年代の批評がなんらかの意味で「新しかった」のだとすれば、ほんとうの新しさはここにあったのではないだろうか。けれども、当時の書き手は、ぼくを含め、その可能性に直面することができなかった。新しいアニメやゲームについてさえ語っていれば新しさを主張できるのだと、安易な自己肯定に閉じこもってしまっていた。そこにゼロ年代の失敗があったのである。

3

それにしても、批評はなぜゼロ年代にそんなに「メタ化」してしまったのだろうか。その必然性を理解するためには、少し歴史を遡る必要がある。

ぼくはさきほど、日本では「批評」は、固定したジャンルを指すのではなく、むしろメタジャンル的な機能をもつ言葉だったと記した。それは事実なのだが、それでもある時期までは、批評にもいちおうのまとまったイメージがあった。それは、とりあえずは、マルクス主義そのほかの人文的な理論、あるいは文学的な教養を背景にした、イデオロギーの左右を問わず「知識人」「文化分析」と呼ばれる人々が提示する社会分析や作品分析を総称する言葉だった。この意味での「批評」は、いまから一〇〇年近くまえ、昭和の初期に小林秀雄によって創設されたひとつのジャンル、あるいは大澤聡の『批評メディア論』での言葉を借りれば「メディア」で、昭和の終わり、すなわち八〇年代までは日本の言論空間でかなり大きな位置を占め続けた。それを支えたのが、論壇誌や文芸誌を送り出す出版産業である。

ところが、その構造が八〇年代には急速に壊れ始めた。出版ではミニコミ誌やサブカル誌が乱立した。出版の外では「朝まで生テレビ!」が始まり、討論番組が論壇で大きな位置を占めるようになった。そもそも消費社会が進むとともに「知識人」は死語となり、だれがどの媒体に発表したどのような表現が「批評」として機能するのか、だれにも判断できない状況になってきた。政治家や作家や経営者や社会学者などなど、多様なキャリアの「論客」がテレビやネットを舞台にバトルロイヤルを繰り広げる、いまのぼくたちにとっておなじみの状況はこの時期に現れた。その混乱の過程については、冒頭で触れた『ゲンロン』の座談会で具体例を出して詳しく語っているので、興味のあるかたはそちらを参照されたい。

いずれにせよ、九〇年代以降、すなわち平成以降の批評の歴史は、「主要論客」の「主要著作」を追うという単純なかたちでは語れなくなってしまった。出版は、もはや批評の全体を覆うことができなくなってしまったのである。

九〇年代のその変化のなかで、「批評的な知」の道は大きく四つに分かれることになった。

第一に、批評には、壊れ始めた「古い批評」のスタイルに断固こだわり、むしろ先鋭化していく道があった。いいかえれば、批評にはまだ力がある、いまこそ批評が必要だといいつのり、あくまでもスタイルを変えないという道があった。さきほどから名前を出している九一年創刊の批評誌、『批評空間』がこの道を選んだ。その選択は九〇年代のあいだはかろうじて影響力を保ったが、ゼロ年代に入るとほぼ力を失った。『批評空間』が二〇〇二年に終刊したあとは、編集委員の柄谷行人は後述の第三の道（運動化）を、浅田彰は第二の道（大学化）を選ぶことになる。

第二に、批評には、出版のひとつのジャンルであるという自己規定を捨て、大学のなかで制度化をめざす道があった。この道を代表するのは、東京大学の教養学部、とくに蓮實重彥が設立した表象文化論である。小林康夫と船曳建夫の編集による『知の技法』が九四年に東京大学出版会から刊行され、ベストセラーになると、この道を選ぶ人々はますます増えた。批評の蓄積を出版から大学へと移し、制度的に後続世代を育て、学会のような互助組織を作ることで批評の精神の生き残りを図ろうというこの道は、ゼロ年代以降も機能し続けている。とはいえ、二〇一〇年代も終わりのいま、学生たちは、そこで教えられているのがかつて「批評」と呼ばれたものであったことなど、もはや意識しなくなっているかもしれない。だとすれば、これはこれで批評が消えたといえないこともない。

第三に、批評には、同じように出版を離れるけれども、象牙の塔に閉じ込もるのではなく、逆に街路に出て政治運動に向かう道があった。思いつくままに固有名を挙げれば、だめ連、サウンドデモ、ロスジェネ、プレカリアートを経由し、SEALDsなどに通じた道である。

　この道は第一の道（先鋭化）および第二の道（大学化）と重なるものでもある。『批評空間』の直接の後継誌ではないが、執筆者や編集者などが重なっている批評誌『atプラス』は、アクティビズムを打ち出した編集で知られており、第三の道の拠点にもなっている。他方で、大学への批評的言説の導入は、もともと九〇年代の半ばに、ポスト植民地研究や文化研究（カルチュラル・スタディーズ）の隆盛と並行して行われている。そのため、第二の道を選んだ大学人には、政治的な発言に関心が高いひとが多い。

　ぼくはゼロ年代のはじめ、『現代思想』が活動家の言説を紹介し始めたときにとまどいを覚えることしかできなかったが、いま振り返ってみれば、結果的にもっとも大きな成功を収めたのはこの第三の道だということができる。かつて「批評」と呼ばれた知のスタイルは、いまでは市民運動の言説のなかにもっとも力強く生き残っている。ただし、それもまた、いま国会前で声をあげている若い活動家に「批評」という名で意識されているかといえば、かなり心もとない。批評の伝統は、ここでも途絶えてしまっている。

　そして、最後に、批評には、この三つのいずれからも離れた第四の道があった。それこそが、ここまで話題にしてきたゼロ年代の批評の道、すなわち批評の「ゲーム化」「メタ化」の道だったというのが、ぼくの考えなのである。

「ゲーム化」は、ここではかならずしも悪い意味ではいわれていない。それは趣味化といいかえてもよい。ゼロ年代の批評は、批評を趣味の言説として生き残らせることを選んだ。なぜそれが悪い意味ではないのか。それは、その選択こそが、九〇年代に起きた「批評の死」に対するもっともまっとうな回答だったからである。

ぼくはさきほど、ゼロ年代の批評には本質がなかった、すべては「錯覚」だったと記した。しかし、ぼくの考えでは、その錯覚の認識こそが、ゼロ年代の批評が手に入れた最大の洞察だった。宮台、大塚、小林、岡田、東の言説に、ほんとうはなにひとつ共通するものなどない。しかし、にもかかわらず、ぼくたちはそこに共通するものを自由に見出すことができるし、その自由だけが破壊された論壇を再生し、批評の精神を再起動することができる。ゼロ年代の批評を支えたのは、ほんらいは、そのようなきわめてシニカルで、かつ現実主義的な認識だったはずなのである。

それは、ゼロ年代の批評が、あくまでも「古い批評」の死を前提として始動した運動だったことを意味している。ゼロ年代の批評は、「古い批評」が死に絶えたあとに、その残骸を集め、趣味もしくはゲームの対象としてゾンビのように生き返らせる、そんなアクロバティックなプロジェクトだった。たとえそれが「錯覚」にすぎなくても、そこで語られる対象がアニメであってもゲームであってもライトノベルであっても、とにかくはみなが知る固有名で「批評らしきもの」さえ再構築してしまえば、そこで「議論らしきもの」は勝手に生まれるし、「批評の精神らしきもの」も生き残る。むろん、ゼロ年代の書き手のすべてがそんなことを考えていたわけではない。けれども一部の書き手はそう考えていた。少なくともぼくはそう考えていた。ぼくがネットの事例紹介やサブカルチャーの作品分析に身を投じたのは、それが「ノートの左側」に分類された「現代の想像力」だったからではない、そうしなければ批評が復活しないと考えたからである。ぼくは当時、この認識をいまほどクリアに言語化することができなかった。だから宇野が提示した単純な新旧対立の構図を批判できなかった。

ゼロ年代の批評は、震災後、現実に向きあわない「遊び」の言説として厳しく批判されるようになった。その批判はまったく正しい。ゼロ年代の批評の本質は、そもそも批評のゲーム化＝遊び化にあったのだからだ。

しかし、そのうえでぼくが、二〇一九年のいまあらためて考えたいのは、だとすれば、なぜそこで批評にはゲーム化が求められたのか、なぜ批評は現実から離れなければならなかったのかという問いである。

九〇年代に批評の道は四つに分かれた。第一の先鋭化の道は、死んだ批評を生きているといい続ける無理のある道だった。第二の大学化と第三の運動化の道は、死んだ批評を生き返らせるために、批評とはべつのものに生まれ変わらせてしまう倒錯した道だった。ぼくの考えでは、ただ第四のゲーム化の道だけが、批評の死を現実として認めたうえで、それでも批評を生き残らせることを目指したまっとうな道だった。

むろん、結果として、そこで生き返らせることができた批評は、ゾンビでしかなかっただろう。あるいは冗談でしかなかっただろう。だからみなに笑われたし、いまも笑われている。

けれども、たとえゾンビでも、冗談でも、それはまだ学問でも運動でもなく批評ではあった。だからこそ、ゼロ年代においては、第四の道だけが「批評」の名を高々と掲げ続けることができた。第二の道の果てにはアカデミズムしかないし、第三の道の果てには政治しかない。むろん第一の道の果てには先細りする読者しかない。それがどれほど滑稽に見えたとしても、結局は第四の道の果てにしか批評の未来はなかった。ぼくたちは、ゼロ年代の批評が忘れ去られ、批評が運動に飲み込まれつつあるいまこそ、あらためてその意味について考える必要がある。

4

少し批評から離れよう。批評とはなにか。それに近い問いとして、哲学とはなにかという問いがある。

哲学とはなにか。その問いに対して二〇世紀の哲学者たちが出した答えもまた、それはゲームにすぎないというものだった。哲学は、哲学的概念と呼ばれるカードをめぐって、哲学者と呼ばれる人々が展開してきた一連のゲームにすぎない。だからそこに真理はない。意味もない。とはいえ、それはそれでむかしから続いてきたゲームだから、そのかぎりで歴史的な価値はある。その価値を認めるならばゲームに参入すればいいし、認めないならば離脱あるいは解体すればいい。ウィトゲンシュタインにせよハイデガーにせよデリダにせよローティにせよ、ざっくり要約すればそのようなことをいっているというのが、ぼくの理解だ。

哲学はゲームにすぎない。ぼくはこれは完璧に正しい結論だと思う。ただひとつ、その結論を受け入れるとき、いままでの哲学者が忘れがちだったことがある。それは、ゲームは観客がいないと成立しない、否、ゲームはむしろ観客を生み出すためにこそ行われるということである。

どういうことか。むろん、ゲームが生まれたときはそうではない。野球やサッカーのような身体を動かすスポーツにせよ、将棋や碁のようなテーブルゲームにしろ、最初の、まだゲームがゲームとして名指されていない状況におけるプレイヤーたちは、ボールを蹴ったり、フィールドを走ったり、あるいは駒を置いたり動かしたりする「プレイ」そのものが楽しいからこそゲームをしていたはずだし、だれも観客の視線など意識しなかったはずだ。そこまではゲームは観客なしに存在している。

けれども、ウィトゲンシュタインが『哲学探究』で指摘したように、じつはその状況のままではゲームはゲームとして安定することができない。プレイヤーしかいないのであれば、ゲームのルールはいつでも変わる可能性があるし、いつゲームそのものが終了してもおかしくないからだ。それは子どもたちの遊びを見ればわかる。子どもたちの遊びにルールはない。鬼ごっこがかくれんぼに変わるかもしれないし、かくれんぼは缶けりに変わるかもしれない。そして、プレイヤー＝子どもたちが飽きたらそこでゲーム＝遊びは終わりだ。

ウィトゲンシュタインは、この観察から人間のコミュニケーション一般をめぐる有名な洞察を引き出している（言語ゲーム論）。けれども、ぼくたちは、その手前で、同じ観察から、もっと具体的で世俗的な洞察も引き出すことができる。プレイヤーはいつでもゲームのルールを変えることができる。だからゲームはゲームとして安定しない。それは裏返せば、ゲームがゲームとして安定して存在するためには、かならずプレイヤー以外の第三者、すなわち観客が必要になることを意味している（審判も観客の一部だと考える）。観客はプレイヤーがルールを恣意的に変えることは許さないし、唐突にゲームを終えることも許さない。観客こそが、プレイヤーの快楽とはべつに、ゲームの同一性を作り出し支えるのだ。

じっさい、野球やサッカーのような身体を使うゲーム（スポーツ）にしても将棋や碁のようなボードゲームにしても、ルールがきちんと定められ、審判制度が整備され、フェアなプレイが約束されているのは、そこに膨大な数の観客がいるからである。もしも観客がいなければ、それらのゲームはあっというまに同一性を失ってしまうだろう。野球が現在の野球になり、サッカーが現在のサッカーになったのはようやく一九世紀も後半である。日本将棋連盟と日本棋院はともに大正時代に創設された。いずれのゲームも、近代社会が生まれ、プレイが見せもの（ショー）になり、産業化され観客が生まれることではじめて同一性を確立することができたのである。

ゲームは観客を必要とする。もしこの命題が正しいとすれば、哲学もまたゲームである以上、観客を必要とすることになる。

哲学はゲームにすぎない。多くの哲学者や研究者は、この命題から、哲学は無根拠なのだ、だから根拠として外部が必要なのだ、具体的には哲学は政治の表現として解釈されるべきなのだといった結論を引き出してきた。

けれども、ぼくたちはほんとうは、哲学がゲームにすぎないとして、だとすればそのゲームはどのような観客をどのようにして生み出してきたのか、と問うべきだったのではないだろうか。

哲学はたしかにゲームかもしれない。しかし西洋では、そのゲームにはプラトンまで遡る長い歴史がある。しかも、プラトンはいまでもけっして死んだ古典ではなく、アクティブに読みなおされ続けている。つまり、ヨーロッパでは、哲学というゲームは二〇〇〇年の時を超えて同一性を保ち続けている。もし哲学が無根拠なのだとすれば、まずはこの持続可能性にこそ驚くべきだろう。そして、その持続可能性を支えるために、西洋の哲学者たちがこれまでどのような方法でどのようなタイプの観客すなわち読者を再生産し続けてきたのか、その戦略こそを学び模倣するべきだろう。これはたんに哲学という特定のジャンルの話にとどまらない。おそらく西洋においては、その哲学というゲームが生み出す観客こそが、「公共」と呼ばれ「市民」と呼ばれている。そして彼らこそが近代社会や民主主義の理念を支えている。日本にはそれに相当するゲームは存在しない。したがって市民も存在しない。だからこれは、日本社会の欠落を考えるうえでも重要な議論である。

哲学はゲームである。だからそこに真理はない。意味もない。野球やサッカーに真理も意味もないように。

けれども、哲学はゲームだから観客を作り出す。そしてその観客こそが、歴史的にも社会的にも政治的にも大きな役割を果たしている。野球の観客やサッカーの観客が、ゲームのルールを守るうえで大きな役割を果たしているように。

5

以上の考察は、ゼロ年代の批評についての議論と深く関係している。

哲学はゲームにすぎなかった。無根拠で無意味だった。ただし、それはゲームであるがゆえに、観客を生み出すものだった。そして哲学というゲームが生み出した観客は、ヨーロッパの社会で大きな役割を果たしてきた。

だとすれば、日本の「批評」についても同じことがいえないだろうか。ゼロ年代の批評は、批評がゲームにすぎないことを暴露した。無根拠で無意味であることを暴露した。そして、もし批評が根拠のないゲームにすぎず、にもかかわらずこの国で長いあいだ同一性を保ち、ひとつのゲームとして受け入れられていたとするならば、そこにはかならず独自の観客＝読者がいたはずである。なにが批評で、なにが批評でないかを決める人々がいて、そして彼ら観客＝読者には、ヨーロッパにおける哲学の観客と同じく、なんらかの社会的な役割があったはずである。

日本ではしばしば批評が哲学の役割を担ってきたといわれてきた。それはたいていの場合は、哲学的なテクストが多く書かれたという意味で受け取られてきた。じっさいに柄谷行人のように、哲学論文と見まごうばかりのテクストを書き、批評も哲学も変わらないと宣言する批評家も現れた。けれどもほんとうはそこで重要なのは、テクストそのものの哲学的な質なのではなく、日本で批評というゲームが作り出してきた観客＝読者が、ヨーロッパで哲学というゲームが作り出した観客＝読者と相似形の役割を果たしてきた、その対応関係のほうだったはずである。重要なのは観客であり、けっしてゲームそのものではない。

このように議論を進めてくると、あらためて、ゼロ年代の批評家が、ほんとうは当時なにを考えるべきだったのかも見えてくる。

第四の道を選んだ彼らは、批評がゲームにすぎないことを自覚できる場所にいた。それこそが、第一の道を選んだ文芸評論家とも、第二の道を選んだ大学人とも、第三の道を選んだ運動家とも異なる、優位な場所だった。だとすれば、彼らはもはや、なにを書けば新しい批評になるのかといった批評文の問題、すなわちゲームのルールの問題に関わるべきではなかった。そうではなく、彼らは、九〇年代にいちど古い批評のゲームが終わったあと、新たなゲームを始めるとしたらそれはいかなる観客＝読者を生み出すべきなのか、その課題にこそ正面から取り組むべきだったのだ。批評の危機とは批評文の危機だったのではない。それはなによりもまず批評の観客＝読者の危機だった。ゼロ年代の批評は、その危機に対してこそ応えるべきだったのである。

これからの日本において、批評というゲームはいかなる観客を生み出すべきなのか。ゼロ年代の批評の運動は、そのもっとも重要な問いに答えずに拡散し、力を失った。

ぼく自身は、ゼロ年代が終わるとほぼ同時にゲンロンを創業した（創業時の名称はコンテクチュアズ）。そして三年後にゲンロンカフェを開店した。

ゲンロンとゲンロンカフェは、かつてゼロ年代の批評の主要な担い手だったぼくが、それを引き継いであらたに起こした批評再生のプロジェクトである。けれどもそれは同時に、ここまで記してきたように、ゼロ年代の批評への深い反省のうえに設立してもいる。もはやぼくは新しい書き手に過剰に期待したりしない。古い批評と新しい批評を分けたり、古い想像力と新しい想像力を分けたりもしない。かわりにぼくは、批評というゲームがいかなる観客を生み出すべきなのか、その課題にこそ取り組んでいる。

だから、冒頭の話題に戻れば、新たな批評家の育成は、じつはゲンロンという企業のミッションではないのである。
ゲンロンは、批評家の再生ではなく批評の再生をミッションとしている。そのためには批評家の再生はかならずしも必要ではない。重要なのは、ゲームのプレイヤー＝批評家ではなく、むしろ観客＝読者の育成である。

これもまたきわめて具体的な話である。ゲンロンカフェが開店して六年になるが、そのあいだ数百ものイベントを主催しあらためて気づいたのは、ぼくを含め、登壇者は観客がいなければけっして対話など行わないということである。ゲンロンカフェは白熱の議論の場として知られている。三時間、四時間が経っても話し足りず、日付が変わってもイベントが続くこともめずらしくない。にもかかわらず、だからといって登壇者が舞台を降りたあとも侃々諤々《かんかんがくがく》の議論を続けるかといえば、そんなことはまったくない。じっさいにはそこで交わされるのは、壇上とは打って変わった、日常的でおだやかな会話であり社交である。人々は、観客がいなければ、けっして批評的な対話など行わない。

これは当然である。人間の信念や世界観は、何十年もの人生をかけて培われるものである。それを数時間の対話で変えられることなどできないことは、あるていど大人になればだれでもわかっている。にもかかわらず、登壇者が壇上で対話を行うことができるのは、あるいは行うふりをすることができるのは、みなそこでの目的がそもそも相手を説得するためにあるのではないとわかっているからである。対話は、あくまでもゲームとして、観客のまえで「見せもの」として行われる。というよりも、そこで語られる内容が複雑で、深刻で、相互理解がむずかしいものであればあるほど、つまり、重要な対話であればあるほど、対話はそもそもそのようなゲーム＝見せものとしてしか成立しないのである。

社会はつねに対話を必要としている。けれども、対話は、それが社会にとって必要で重要なものであればあるほど、不毛なものでもある。深刻な問題を抱えている当事者は、けっしてひとの話など聞かない。

だから、社会にとって必要で重要な対話は、皮肉なことに、つねにゲーム＝見せものとしてしか成立しない。それゆえ、ぼくたちは、まずは対話という見せものを演出する場所をこそ作らなければならない。そしてその見せものを楽しむ観客＝読者をこそ育てなければならない。それが公共の原点であり、市民社会の原点である。おそらくは、日本の「批評」は、あるいは「論壇」や「論客」は、そのような必要性から生まれた概念だったのではないか。

ぼくはいま、ゲンロンカフェでその原点に立ち戻っている。そしてあらためて、批評というゲームの未来のために、どのような観客が求められるのかを考えている。

（未完）

［再録にあたっての追記］

本稿は、二〇一六年にゲンロン発行のメールマガジンにおいて連載「観（光）客公共論」のなかの連載内連載として三回にわたって書かれ、未完のまま放置されていた原稿に、二〇一九年の視点を加えて加筆したものである。加筆にあたり議論を完結させることも考えたが、ゲンロンとゲンロンカフェのプロジェクトがいまだ継続中のため、あえて未完のままとした。

［注］

1　宇野常寛『ゼロ年代の想像力』、早川書房、二〇〇八年、一二―一三頁。「／」は改段落を示す引用者の挿入。

4 誤配たち

「新日本国憲法ゲンロン草案」起草にあたって

『日本2・0』によせて

2012

本誌編集部は、『日本2・0』と題された書物を世に送り出すにあたり、戦後日本の諸制度の屋台骨であり、そして長いあいだそれについて議論することさえ困難であった一九四七年施行の日本国憲法について、いままでのイデオロギー対立を離れ、まったく新しい観点と前提から再検討することが不可欠だと考えた。以下に収めるのは、その議論の結果生まれた新憲法草案の前文および条文全文と、そこに付されたコンメンタールである。法学者、現役官僚、情報通信企業幹部らを招き行われた討議の詳細は、企画ページの最後に簡単にまとめられている（肩書は企画発足当時）。

ぼく、すなわち編集長の東浩紀は、討議において議長を務めた。前文と条文はすべて議論の結果として生まれたものであり、だれのものと区別することはできない。とはいえ、議長として、そこにぼくの理想が色濃く反映されていることもたしかである。そのかぎりにおいて、ここで、企画全体を通してなにを考えていたのか、ぼく個人の狙いを記すのもけっして無駄ではないと考える。

ぼくがこの草案の制作にあたり、重要な原理として表現したいと考えたのは、ひとことでいえば、フローとしての日本とストックとしての日本の両立という理念である。ぼくたちはいま、ネットワークが世界全体を覆い、ヒトとカネとモノの奔流がかつてない速度で国境を超える時代に生きている。国民がそれを歓迎するか否かにかかわらず、国内に住む外国人はこれからますます増えるだろうし、またその逆に国外で生きる日本人もますます増えていくことだろう。日本文化は日本だけのものではなくなるだろうし、逆に国内にもさまざまな文化が流れ込むことになるだろう。つまりは、日本なるもののウチとソトを決める境界はますますあいまいになっていくはずなのだが、にもかかわらず、そこでもぼくたちが（日本という国家が解体したり消滅したりすると前提するのでないかぎり）、意識的にせよ無意識的にせよ、日本人としてなにかしらの伝統と遺産を引き継ぎ、これから生まれる子どもたちに譲り渡していくこともまたまちがいない。日本という国家の制度的な境界はこれから溶解せざるをえないだろうし、また特定の立場からはそれは好ましい傾向と考えられるだろうが、現実的に考えたとき、日本列島というこの土地に蓄積された膨大な記憶、言語や文化や習俗の独自性がそうたやすく消え去るとも考えられない。

流れる日本と留《とど》まる日本。解体する日本と解体に抵抗する日本。市場と遺産。ぼくはこの草案で、その二面を止揚する制度を提案しようと考えた。天皇と総理、国民と住民、国と基礎自治体、国民院と住民院、以下の草案全体を貫く二元性の原理は、そこから導かれている。

憲法を提案する、というのは危険な試みである。とりわけ戦後の日本では、憲法について修正の可能性を考えること、それそのものが特定のイデオロギーの表現とされる不自由な言論状況が続いてきた。本誌の試みは、そのような状況からまったく離れた場所で行われている——と記しても少なからぬ読者は信じてくれないかもしれないが、天皇を元首にし自衛隊を合憲化する一方で、前文で国家の開放を謳い、在日外国人参政権の大幅な拡大を認めているぼくたちの試みが、従来の革新対保守、護憲対改憲の対立のどちらにも収まらないものであることだけはまちがいないと思う。個々の条文がどれほど魅力的で説得的なものかどうか、あとは読者のみなさんの判断に委ねたい。建設的な批判はむろん大歓迎だ。

なお、本誌には、憲法前文と条文のみを印刷した別冊を付している。そちらは、友人への譲渡はむろんのこと、クリエイティブ・コモンズのライセンスのもとでデジタル化し複製し公開することも認めている。適宜利用してほしい。

憲法は国民すべてのものだ。未来に向かって、新たな憲法を考えることが悪いことだとは思えない。この草案の提案が、国のかたちをめぐる議論の硬直を揺るがすひとつのきっかけになれば、草案作成委員会のメンバーとして、編集長として、そして本誌の発行人として、望外の喜びである。

［再録にあたっての追記］

本稿の初出は、二〇一二年にゲンロンから出版された『日本2・0 思想地図β3』内の企画「新日本国憲法ゲンロン草案」に寄せた序文である。同草案は、楠正憲、境真良、白田秀彰、西田亮介の四氏を招き、ぼくが議長になって研究会を開催し（ゲンロン憲法委員会）、討議を重ねて作成した一〇〇条からなる全面的な改憲案である。誌上では前文・条文案とともに、研究会の記録と長い「コンメンタール」も掲載された。国民と住民を憲法上の概念として区別し、天皇（象徴元首）とはべつにもうひとりの元首＝総理（統治元首）を置くなど、護憲か改憲かに捕われた従来の憲法論を切断し、ゼロベースで「この国のかたち」を考えたきわめてラディカルな提案になっている──はずなのだが、あまりにラディカルすぎたのか、発表当時の論壇からの反応はおそろしく冷ややかだった。本稿を読み興味をもったひとは、ぜひ草案に目を通してみてほしい。『日本2・0』は現在品切れだが、条文はネットで公開されており、討議記録やコンメンタールを含めた企画全文も『憲法2・0──情報時代の新憲法草案』（ゲンロン、二〇一四年）として電子書籍化されている。

憲法とやかんの論理

2015

ぼくは改憲派である。現行憲法は、現実にあわせ修正すべきだと考えている。修正するべきは九条だけではないと思うが、こう考える最大の理由はやはり九条への違和感にある。九条が自衛隊の存在と矛盾するのは、子どもでもわかることだ。ぼくはその矛盾は取り除くべきだと思う。

とはいえ、この単純な主張は、単純であるがゆえにこの国では通らない。第一に、憲法学者のあいだに、九条は自衛隊の軍備とは矛盾しないというアクロバティックな解釈が存在する。第二に、市民運動のなかに、たとえ九条が自衛隊の存在と矛盾していたとしても、その矛盾こそが軍拡に対する抑止力として機能しているのだからそれでいいのだという状況判断がある。護憲派はたいていこの両者を使う。

ぼくはその主張は双方とも理解できる。両者ともに戦後日本の歩みのなかで生まれてきたものであり、その必然性は尊重すべきだとも思う。けれども、その奇妙な論理構成が、憲法をめぐる議論をどうしようもなく麻痺させていることはたしかである。

フロイトの精神分析に有名な「やかんの論理」なるものがある。隣人から借りたやかんを壊して返した人物が、叱責を逃れるために三つの言い訳をする。第一に、返したときにやかんは壊れていなかった。第二に、借りたときにすでにやかんは壊れていた。第三に、そもそもやかんを借りたことなどなかった。これら三つの主張は、いうまでもなく相互に矛盾している。けれども本人はその矛盾に気づかず、三つを並べることで反論が強化されたと感じている。このような奇妙な「論理」が夢の世界にはあるとフロイトは主張するのだが、九条をめぐる議論はぼくにいつもこの話を思い起こさせる。

護憲派は、一方で九条と自衛隊の存在は矛盾していないと主張し、他方では矛盾しているからこそよいのだと主張する。「やかんの論理」は夢の論理なので、合理的には論破できない。反論しようとすると、核心がどんどんずれていく。九条改正の提案も、けっして文字どおりに条文の話として受け取られることがない。改憲派の議論はつねに、たんなる条文の改正ではなく、背後に政治的意図を隠した動きとして受け取られ、ほんらいの問題設定と異なるかたちで抵抗にあうことになる。

ぼくは軍備拡張を望むものではない。国家主義者でもない。どちらかといえばリベラル寄りのノンポリで、防衛問題にさしたる関心もない、戦後日本が生み出した「平和ボケ」の典型である。けれども、九条をめぐる「やかんの論理」はあまりに不健全であり、取り除くべきだと考える。だから九条は改正すべきだと考える。つまりぼくは、九条そのものだけでなく、九条を取り巻く言説状況のほうに問題を感じている。この点ではぼくは、ちょっと変わった改憲派というか、メタ改憲派とでも呼ぶべき立場である。

この国は「やかんの論理」に覆われている。子どもでもすぐに気がつくような矛盾や不正が、複雑怪奇な「大人の事情」で許容され放置されている。「きみのいっているとおりなんだけどね、いろいろ事情があってさ、きみも大人になればわかるよ（苦笑）」といった説明が横行している。ほんらいは論理こそが大人のものと呼ばれるべきなのに、この国の大人は「やかんの論理」に服従している。そして論理のほうが子どものものとして抑圧されている。

九条は、その麻痺の象徴である。だから、ぼくには、九条の改正は、憲法の改正であることを超えて、この国全体を覆う機能不全を吹き飛ばし、まっすぐな議論をまっすぐにできる環境を取り戻すための重要な一歩になるような気がするのだ。

『一般意志2・0』再考

講談社文庫版へのあとがき

2015

本書は不幸な本である。個人的にはたいへんに力を入れた本だった。反響にも期待した。けれども単行本出版の時期がよくなかった。

本書はゼロ年代に執筆され、二〇一一年の秋に出版された。ところが日本の社会は、そのあいだの春に起きた震災で大きく変わってしまった。ひとことでいうと、保守化してしまった。そしてその変化は、本書の理解を決定的にむずかしくしてしまった。

日本社会の保守化、というのはかならずしも政権の右傾化だけを意味しない。政権批判の側もまた著しく「保守化」してしまった。

ここで「保守化」とは、政治的な意味というよりも日常的な意味、つまり、変化を拒否し、古いスタイルに固執する態度という意味で用いている。この国では長いあいだ、従来のイデオロギー対立は無効であり、これからは右でも左でもない、新しい野党が必要なのだと語られてきた。政権批判の側、左翼の側こそが変わらなければならないというその意識改革の結果こそが、長い政界再編劇であり、じっさいそこでは新しい勢力が台頭してもいた。ところが震災で状況が一変してしまった。自民党が復活し、民主党も第三極も壊滅してしまった。二〇一五年のいまや、政権批判の希望はデモにしかなく、人々はふたたび「護憲」「戦争反対」を叫び始めている。まるで時計の針が半世紀戻ったかのようだ。

それがよいか悪いか、価値判断はひとそれぞれだろう。けれども、その変化が古い「左翼」のスタイルの復活であることだけはたしかである。ゼロ年代の日本には、まだ「新しい政治」を模索する余裕があった。情報技術の勃興のなか、政治とはなにか、選挙とはなにかといった抽象的な議論を交わす余裕があったし、じっさいに民主党による政権交代に期待がかけられてもいた。ルソーに遡り、グーグルを参照し、民主主義のべつの可能性を問いなおすという本書のじつに悠長な構想は、そのような時代の空気のなかから生まれたものである。けれども、残念ながら、本書が出版されたときの日本はそのような余裕を失っていた。人々は「いまここ」の運動に役立つ言葉だけを求めるようになっていた。

その環境は本書の読みを大きく制約することになった。震災から八ヶ月後に単行本として出版されたとき、本書は多くの読者によって、情報技術を使って大衆の欲望を可視化すればよい、それで政治はよくなる、新しい民主主義が生まれるといった希望の書として受け止められた。支持するひともいれば批判するひともいたが、とにかくそのような本だと理解された。

著者からすれば、その理解は端的に誤りである。本書はけっして、政治が大衆の欲望にもとづいて運営されるべきだと主張する本ではない。むしろ、政治は大衆の欲望にもとづくべきではないと主張している本である。本書が大衆の欲望をできるだけ細かく可視化すべきだと主張しているのは、それが政治の基礎になるからではなく、その限界を縁取るからだ。ぼくがクリストファー・アレグザンダーの図表を引用することで示したかったのは、大衆の欲望は予算制約や地政学的条件と同じく政治の「障害物」と見なすべきだという視点であり、それはSNSを使ってみなが政治に参加すべきだといった発想の対極にある。

政治家は、ときに大衆の欲望と戦わなければならない。大衆の欲望をそのまま実現するだけならば政治家は必要ない。では政治と欲望の関係はどうなるべきなのか。本書の関心はそこにあった。ぼくは本書で「民主主義2・0」なる言葉を用いているが——いま振り返ればそれこそが致命的な誤解を招いた原因であり、その点は単純に反省すべきだと思うが——、それは、二〇一五年のいま、デモの舞台で叫ばれている民主主義とはあまり関係がない。ぼくの考える「一般意志2・0」または「民主主義2・0」は、けっして大衆の欲望の透明な反映を意味するものではなく、むしろ、欲望（一般意志）と政治（統治）のあいだの闘争のアリーナを意味する言葉なのである。大衆の「民意」がそのまま政治を動かし始めたら、世界はヘイトと暴力ばかりになるに決まっている。

おそらくは、民主主義にはなにかしら「外部」が必要なのだ。ぼくは本書でその外部について考えたかった。著者としては、その意図ははっきり書き記したつもりだった。出版後にもあらゆる機会で強調してきたつもりだった。にもかかわらず誤解は消えそうにない。おそらくその誤解は、記述のあいまいさによってだけではなく、読者の心の構えによっても生み出されている。この国では、いまみなが民主主義の肯定を求めている。大衆は善なのだと考えたがっている。だからみなその前提で本を読むのだ。

二〇一五年の夏、ブラウザを立ちあげると、毎日のように、民主主義はこれだ、おれたちが民主主義だ、と叫ぶ新しい運動家たちのすがたが映った。

けれども、素朴な民主主義はかならず暴力を呼び寄せる。情報技術によって大衆が結びつけば結びつくほど、動員が楽になればなるほど、そしてビッグデータの分析が進めば進むほど、政治はポピュリズムに呑み込まれ、身動きが取れなくなる。おそらく人類は、どこかでその制御に本気で取り組まねばならなくなるだろう。民主主義とビッグデータの「外部」を探さねばならなくなるだろう。

書物のよいところは、映像や音楽よりも同時代の共振から距離が取れることだ。とりわけ文庫という形式は、ときにとても遠い読者に届く。単行本の出版は時期が悪かったかもしれないが、また時代が変わるときも来るだろう。この文庫が、いつか未来の遠い読者に届き、ほんとうの「新しい政治」を考える一助となることを期待したいと思う。

妄想／

新津保建秀『／風景』によせて

2012

二〇一一年一一月の早朝、ぼくは新津保建秀とともに、本写真集[1]の構想が生まれるきっかけになったという、東京近郊の新興住宅地を訪れた。

都心から一時間強。なだらかな多摩丘陵のなか。雑木林は紅葉を迎えている。ワゴンはカーナビに導かれるまま、車線の中心にいつできるかわからないモノレールの建設予定地が確保された、むやみに広い幹線道路をぐいぐいと進む。大型商業施設の看板を目印に左折し、ぼくたちは、寂しい交差点にぽつんと建つ、美容院を併設したコンビニの駐車場に車を停めた。見上げれば空は低く、陰鬱な雲が垂れ込めている。いまにも雨が落ちそうで、風が冷たい。

ぼくは新津保に促されるままに車を降りた。寒空のもと、人気のない街路をとぼとぼと歩き、高層の団地群と低層の分譲住宅地からなる名も知れぬ町に足を踏み入れる。

最初に目に入ったのは小学校。

低い塀。開放的なデザイン。校門正面に半円形に拡がる小さな広場。ゆるやかに下る幅の広い階段。パステルカラーのおもちゃのような手摺り。その彼方に曲線を描いて伸びる大きな歩道橋。かわいらしい親水設備、徹底した歩車分離。どうです、これなら安心して子どもを送り出せるでしょう、と建築家とデベロッパーが自慢げに売り込むさまが目に浮かびそうな光景。

新津保は、そんなデザインをまえにして立ち竦《すく》むぼくに対して、丸い瞳をくるくると子どものように輝かせ、試すように問いかける。

——どうです、東さん？

やばいですね、とぼくはコートのポケットに両手を突っ込んだまま、肩を竦めて答えた。

——でしょう？　わかってますねえ！

新津保はそういって少し身体をかしげ、指を鳴らした。

妙にテンションが高い。

彼は続けた。

——じつはここ、例の事件の舞台らしいんです。数年前、ある仕事で撮影に来たんですが、このなんともいえない空気に衝撃を受けましてね。調べたら情報が出てきた。

例の事件とは、ご記憶のかたもいるかもしれない、一〇年近くまえに東京で生じたある少女誘拐監禁事件のことである。

年端のいかない女子児童四人が、繁華街の一角で数日にわたり監禁された。監禁そのものは、被害児童みずから脱出し助けを求めたことで解決したが、警察が事件現場に駆けつけたときは容疑者はすでに自殺しており、事件の真相は闇に包まれた。容疑者は児童売春、つまりは小学生の売春専門のデートクラブを運営していたといわれ、顧客リストに有力政治家の名があったとかなかったとか、ネットでは長いあいだ噂が囁かれ続けた。新津保によれば、ここがその被害児童の通っていた小学校らしい。

ぼくたちは校門のまえにいた。小学校は日本では特別な場所だ。教会もなければ広場もない日本の都市計画においては、明治以降、小学校こそが特権的な場所として機能し続けてきた。その半年ほどまえに新津保とともに訪れた警戒区域でも、もっとも印象的だったのは廃墟と化した小学校だった。同じようにここにもだれもいなかった。平日の昼下がりだというのに、通り過ぎるひとがいなかった。奇妙なことに子どもの歓声すら聞こえなかった。憂鬱な灰色の曇天のもと、耳に入るのは丘陵の彼方の鉄道がたてるかすかな騒音だけだった。

最寄り駅までバスに乗る必要があるはずだ。そこからさらに電車。都心まではおそらく一時間以上がかかる。それだけの長い時間、ランドセルを脱ぎ捨てた子どもたちが、ささやかな小遣いを夢見て公共交通機関に揺られているさまを思い描いてみた。

あらためてあたりを見まわした。

家庭的で清潔なはずのニュータウンの風景が、にわかに性に満ちているように見えた。否、性の欠落に満ちているように見えた。性が存在しないがゆえに、風景から猥雑な肉体のイメージが、まったく、完璧に、暴力的なまでに排除されているがゆえに、むしろその欠落を埋めるかのように想像力が過剰に喚起されてしまう、そのような逆説に満ちているように見えた。

——つぎ行きますか。

新津保が促す。

小学校は低層の一戸建てに囲まれている。屋根のむこうに高層棟が見えた。

ぼくたちはそのすがたを目印に移動を始める。階段を昇り、幹線道路を渡るとゲートがある。それを潜ると、高層棟に囲まれた開放的な空間が拡がった。斜面を活かした広い芝生。花壇とぶどう棚。自転車専用道。カラフルな遊具。随所に置かれたベンチ。児童と高齢者に配慮し、住民同士のコミュニケーションを支援する設計。建築家とデベロッパーの誇らしげな顔がふたたび思い浮かんだ。

それなのにやはりだれもいない。不気味なほどにだれもいない。遠くで人影が動く。慌てて目を凝らすと、ガーデンクリーナーを抱え、管理事務所のパーカーを羽織った高齢の制服作業員。黙々と落ち葉を吹き飛ばしていた。路線バスが一台静かに通り過ぎていく。だれも乗っていない。何年何十年もまえに打ち棄てられた廃墟を訪れているかのような、あるいは閑散としたオンラインゲームのCGのなかを歩いているかのような錯覚に囚われた。これはなんなのか。だってそこには現実には、何千、何万もの住民が住んでいるはずなのだ。食事をし、排泄し、性交する人間たちが。彼らはどこに消えたのか。

――怖いでしょう。

新津保がまた嬉しそうに囁く。

――でもひとはいるんですよ。窓からじっと見てるんです。いちどロケハンしていたら通報されたことがある。

見えない視線。

設計者の意図を無効化する神経症的セキュリティ。

たしかにあちこちにカメラがある。

新津保はそのカメラにカメラを向けている。

団地群をもういちど見上げる。一五階に届くか届かないかの高さ。パステルカラーの外観。一九九〇年代の豊かだったころに建設された住宅群なのだろう、ところどころに経年劣化を見て取れた。布団が干されている。だからたしかにひとはいる。とはいえ、その布団すらも、曇天のもとではむしろ嘘くさくCGのようにしか見えない。ぼくは想像力を働かせてみる。ぼくたちを見下ろす数百の窓の、そのひとつひとつの背後に家庭があり生活があり人生があることを想像してみる。中年夫婦がセックスレスに悩み、高校生が2ちゃんねるを巡回し、小学生が出会い系サイトにアクセスしている場面を想像してみる。乳児が虐待され、要介護の高齢者が汚物に塗れ放置される場面を想像してみる。

むわり、と幻想の腐臭が鼻を突く。ぼくはぶるぶると首を振る。むろんそれはすべて現実ではない。清潔で無害な土地が逆説的に呼び寄せる、無根拠な穢れた妄想にすぎない。晴れわたった青空のもと、きもちのいい初夏の休日に訪れれば、この場所もまた住民の幸せな笑いに満ちているにちがいない。ぼくは必死でそちらに頭を切り換えようとする。事件を忘れようとする。けれども、いちど浮かんだ醜いイメージはいくら頭を振ってもなかなか消えない。

　妄想。

　設計を無効化する神経症の見えない視線。

　その視線をさらに上書きする妄想の見えない視線。

　視線の闘争。

　ああ、そうかと、ぼくはようやく、新津保が、写真集の序文を書かせるにあたりぼくをこの場所へ案内した意図を悟る。

　新津保は住宅地を見せたかったのではない。小学校を見せたかったのでも団地を見せたかったのでもない。

　彼は妄想を見せたかったのだ。事件の記憶を核として、ネットを舞台に結晶化した噂と幻想の力を見せたかったのだ。物理的な風景を切り崩す心理的な風景を、いやさらに正確にいえば、心理的な風景が作りだすもうひとつの物理《フィジカル》=身体的な風景を見せたかったのだ。彼はぼくに、清潔で安全な風景が呼び寄せる、なんの根拠も対象物もない、その醜い穢れた連想こそを見せたかった。

　それは風景からやってきた醜さではない。ぼくの心からやってきた醜さだ。新津保の無邪気を装う子どものような瞳に導かれ、やばいですねと答えたとき、すでにぼくは彼の罠に嵌っていた。

この写真集は「／風景」と名づけられている。

名詞のまえに逆さ向きの斜線記号（バックスラッシュ）が付加されている。スラッシュは一般にふたつの名詞を連結する意味を表す。とくに「あるいは」という意味で用いられることが多い。たとえば英語で A and/or B という表現は、「AとB」あるいは「AまたはB」の双方を表す。

したがって、この標題はつぎのようにいいかえることができる。

——あるいは風景。

なにか、あるいは風景。

そしてその反転。

まえになにが省略されているのか、すでに説明の必要はあるまい。

風景を見るとき、ぼくたちは自分の心のなかを覗いている。だからぼくには、二〇一一年の五月、いまは無人のゴーストタウンと化してしまったが、当時はまだ住民が住んでいたあの事故の被災地で、一心不乱に真っ白な雪を——放射性物質が含まれているかもしれないが含まれていないかもしれない、しかし確実にその不安だけは投射されざるをえない、白く清潔で安全に見える美しい雪を撮影していた新津保が、いまこの写真集を出版することは必然に思える。

ぼくたちは、いつも、心理が作りだす物理に脅かされている。
新津保はそれを撮り続けているのだ。

［注］

1　新津保建秀『＼風景』、角川書店、二〇一二年。本稿は『＼風景』への序文として執筆されたが、諸事情により掲載されなかった。本書が初出となる。

イデオロギーからアーキテクチャへ

猪瀬直樹『欲望のメディア』小学館文庫版解説

2013

本書はテレビの歴史を主題とし、一九九〇年に単行本として出版された書物である。二〇一三年の現在と一九九〇年ではテレビをめぐる環境は激変しており、いまやテレビというメディアは、本書が前提とする重要性を保っていないようにも見える。とりわけ、若い読者であればそのように感じるだろう。

しかし、後述のように、本書の核心は、テレビそのものというよりも、その歴史を通じて見えてくる戦後日本独特の権力構造の分析にある。この点において本書の価値はいささかも色褪せていないし、また、日本社会の構造がさして変わっていないがゆえに、一九五〇年代のテレビ黎明期を二〇〇〇年代のネット黎明期と置き換えてみると、本書で描かれるエピソードがかたちを変えて反復されているように見えないこともない。本書が正力松太郎や三木鶏郎《みきとりろう》の生《せい》を生き生きと描き出したように、いまから半世紀後、新時代の猪瀬直樹が、堀江貴文や西村博之や川上量生《のぶお》についてどのようなドキュメントを書き記すことになるのか、想像を巡らせてみるのも一興だろう。
テレビなんて古い、と思う若い読者にこそ、手に取ってもらいたい一冊である。

ところで、猪瀬氏は、ぼくが一〇代のころから尊敬し続けている数少ない作家のひとりである。そしてまた氏は、作家でありながら、同時にこの数年、政治家として社会改革の前線に立ち続けている貴重な存在でもある。そこでここでは、本書の解説という枠に囚われることなく、猪瀬直樹というこの特異な書き手の思想について、いささかの整理を試みたい。

ご存じのかたも多いと思うが、そもそも本書は、一九八六年の『ミカドの肖像』と一九八八年の『土地の神話』に続く、三部作の完結作として位置づけられている。『ミカドの肖像』の出版時、ぼくはまだ一六歳だったが、同書を刊行直後に読むことができた。当時ぼくはまだ猪瀬氏の名前を知らず、したがってなぜ『ミカドの肖像』を手に取ったのかよく思い出せないのだが、いずれにせよ、オタク気質で世俗に疎い高校生だったぼくは、その内容に決定的な衝撃を受け、社会学やジャーナリズムへの見かたを大きく変えることとなる。

当時のぼくは、なににそこまで衝撃を受けたのだろうか。あらためて振り返ってみると、その驚きの対象は、理念やイデオロギーの問題として語られているものを徹底して世俗の問題として捉え返す、いいかえれば、理念やイデオロギーをあくまでも世俗のできごとの副産物として捉え返す猪瀬氏の方法論にあったということができる。

たとえば、この三部作はいずれも「ミカド」（天皇制）を隠れた主題にしているが、ぼくたちは天皇の力の源泉について、ふつうは歴史や伝統から考え始めてしまう。天皇制には長い歴史と伝統がある、だから天皇は国民から慕われるのだと考えてしまう。

しかし、猪瀬氏は逆に、天皇に力があるのは、ぼくたち国民がその存在を便利に使っているから、もっとあけすけにいってしまえば、ぼくたちが天皇という記号を欲望しているからだと考える。そしてその欲望は、日常生活のあちこちに潜んでいると考える。だから『ミカドの肖像』は、天皇制の（あるいは戦後日本独特の権力構造の）メカニズムを描き出すにあたり、政治学や社会学を援用するのではなく、プリンスホテルはなぜ「プリンス」なのか、オペレッタ「ミカド」はなぜ流行したのか、そして明治天皇の「御真影」はなぜ洋装なのか、というきわめて世俗的な、だれもが理解できるわかりやすい三つの問いを立てるところから出発している。同じように『土地の神話』では、東京はなぜこれほど私鉄網を発達させたのか、本書『欲望のメディア』では、日本のテレビはなぜかくも民放中心で娯楽中心のメディアとして育ったのか、という問いが立てられる。権力の構造について、大きなイデオロギーの分析から入るのではなく、日常でも出会う小さな謎から迫るそのアプローチは、猪瀬氏の仕事にあたかもミステリを読むかのような娯楽性を与えているとともに、氏の権力観の本質を示している。

権力の構造を、支配者ではなく被支配者のほうから考える。イデオロギーではなく生活から考える。支配者が被支配者に振るう暴力としてではなく、支配者と被支配者が一体となって生みだす「システム」として考える。まずはこれが猪瀬氏の権力観だが、多少政治学や社会学をかじればわかるように、この発想そのものはべつに氏独自のものではない。『ミカドの肖像』が刊行された当時、日本ではニューアカデミズム（ニューアカ）といわれるアカデミズム風の言説が流行していた。猪瀬氏の権力観は、ニューアカが好んで参照したポストモダンの権力論、たとえばフーコーやルーマンらの権力論と類似している。じっさいに猪瀬氏もその親和性を自覚していたようで、それは彼が三部作を「記号としてのミカド」三部作と呼んでいることにも現れている。「記号」は、当時ニューアカ界隈で新しいリアリティを指す言葉として頻繁に使われていた。

けれども、猪瀬氏の権力観は、そのような権力論とは重要な点で異なっている。権力を中心不在のシステムとして捉えるポストモダンの視点は、ともすれば支配―被支配の暴力的な関係を見失わせる。被支配者こそが権力を望んでいるのだといってしまうと、支配者の暴力を批判するのがむずかしくなるからだ。じっさいにポストモダンの権力論は、そのような弱点を指摘され、一九九〇年代以降急速に影響力を失っていく。

しかし猪瀬氏の分析は、そこでつねに「仕掛け人」の存在に注目するところに特徴がある。たとえば本書であれば、日本のテレビはなぜ民放中心で娯楽中心になったのか、それは正力松太郎がいたからだと明確な回答が与えられている。イデオロギーはたしかに大衆の欲望の効果としてある。しかしそれはけっして匿名的に生成するものではなく、大衆の欲望を特定のイデオロギーへと流し込む装置を設計するアーキテクトがいる。これこそが猪瀬氏の権力観、そして日本社会論の核心であり、だから氏の目には、イデオロギーを語るイデオローグ（政治家）よりも、インフラを整えるアーキテクト（インフラ屋）のほうがはるかに政治的に重要な存在に映るのだ。『ミカドの肖像』で堤康次郎が、『土地の神話』で五島慶太が、そして本書で正力松太郎が分析の俎上にあげられているのは、彼らが以上の意味でアーキテクトだったからにほかならない。そしてこの視点はそのまま、一九九七年の『日本国の研究』で官僚国家批判として結実し、猪瀬氏はこの著作をひとつのきっかけにして、二〇〇二年に道路関係四公団民営化推進委員会の委員に就任、それ以降政界との距離を急速に縮めていくこととなる。

猪瀬氏はいまでは日本を代表する政治家として知られている。その立場は一般に保守だと見なされており、その観点で言動を批判されることも多い。けれども、以上の整理からわかるように、猪瀬氏の行動原理はおそらく、右や左、ナショナリズムやリベラリズムといった特定のイデオロギーにはない。そしてそれは、猪瀬氏個人に政治的な「好み」がないということを意味するのではなく、氏にとってはもはや政治の本質がそのような抽象的な理念の争いではなくなってしまっていること、すなわち、彼の目にはふつうの政治は政治には見えず、むしろふつうには政治ではないものこそが政治に見え始めているということを意味している。猪瀬氏は、政治の本質がイデオロギーではなくアーキテクチャに宿っていると考えている、きわめて特異な政治家なのである。

そのような特異な政治家が東京都知事を務めているということ、それを好ましいと考えるか嘆かわしいと感じるか、それはひとりひとりの「政治」への感性によって意見が分かれるところだろう。いずれにせよ、『ミカドの肖像』から『欲望のメディア』にいたる三部作は、このような点で、猪瀬直樹という政治家の本質を理解するうえでいまだ必読の書物であり続けている。

あまりにもリベラルな「トーキョー」のすがた

リミニ・プロトコル『一〇〇％トーキョー』について

2014

筆者は演劇評論家ではなく、演劇のよき鑑賞者でもない。フェスティバル／トーキョーの作品もほとんど観ていない。したがって、この『一〇〇％トーキョー』に対して、演劇としての評価を下すことはできない。その前提のうえでいくつかの感想を述べさせていただく。

リミニ・プロトコルの『一〇〇％トーキョー』は、一〇〇人の東京二三区在住の都民を出演者として、東京という都市の実像を浮かび上がらせる「演劇」である。出演者は一般市民であり、いわゆる俳優ではない。また物語らしい物語もない。二時間弱の舞台は、一〇〇人の出演者＝東京都民が、「知事になりたいかどうか」「同性婚を支持するかどうか」といった政治的な問いから、「浮気をしたことがあるかどうか」といったきわめてプライベートな問いまで、演出家が掲げるさまざまな質問に対して、それぞれの判断で選択肢を選び、舞台上を移動する（イエスなら右、ノーなら左といったように）ことで進む仕掛けになっている。

筆者は、この公演を観たあとで「ポストドラマ演劇」なる概念を知った。どうやらこの作品はその典型らしいが、付け焼き刃で語るのは自重する。いずれにせよ、その概念を知らなくても、この作品の目的は簡単に理解できた。演劇の「上演」は、英語では representation、すなわち「代表」や「代理」と同じ言葉である。リミニ・プロトコルは、演劇的な representation（上演）を、政治的な representation（代表）と重ねることで、演劇の概念の拡張を図っている。つまりは、せっかく東京で演劇をリプレゼンテート＝上演するのだから、東京の現実をリプレゼンテート＝代表するような作品を作ってしまおうというわけだ。

さて、そのような狙いで作られている以上、本作の完成度は、出演者の魅力や舞台の美しさによってだけではなく、「東京の現実をきちんとリプレゼンテートしているか」、その成否によっても測られることになるだろう。じっさいに演出家は、公演時に配布されたパンフレットで、「嘘、大嘘、そして統計まみれの世界で、この社会の縮図は、グラフでは決して表すことのできない現代の東京生活の本当の有様を語ることができるかもしれない」と述べている。この点では本作は、演劇というよりむしろ社会学の研究発表に近い。それでは、『一〇〇％トーキョー』は東京の「本当の有様」を描き出すことに成功していただろうか。

残念ながら、成功とはいいがたい。筆者がこう判断する理由はきわめてシンプルである。演出家は、舞台上の一〇〇人が、東京都区部在住の都民九〇〇万人を「代表」すると主張している。しかしじっさいには、東京の現実を知る人間からすると、出演者たちの判断はあまりにも政治的に偏っている。たとえば、公演のなかほどで、出演者に、女性の天皇を認めるかどうかという質問が投げかけられる。出演者は九割が肯定を選ぶ。続いて、同性婚を認めるかどうかという質問が来る。それに対しても八割が肯定を返している。しかし、たとえ東京に住んでいなくても、多少とも日本に住み、日本語が読める人間であれば、この結果がかなり極端なものであることはすぐわかるはずである。その答えは世論調査の結果からかけ離れており、あまりにもリベラルに偏っている。さらに驚くのが、なんと一五人もの出演者が、東日本大震災後、東北でボランティア活動を行ったと答えていたことである。一〇〇人のうち一五人、それは九〇〇万人のうち一三五万人に相当する。一三五万人の都民がボランティアに出かけていたとしたら、震災後の光景はまったく異なったものになっていたことだろう。『一〇〇％トーキョー』は、東京の現実をほとんど上演＝代理できていない。

では、この失敗の原因はなんだろうか。前述のようにこの作品は、一〇〇人の出演者が、都民九〇〇万人の生活や思想や趣味を「代表」することを前提としている。そのため演出家は、出演者を集めるにあたり、人口構成や年齢構成、家族構成、そして居住地のバランスが東京の縮図となるように気を配っており、配布資料を読むかぎりそれはかなりのていど実現されている。にもかかわらず、結果として出演者の思想や趣味はあきらかにフィルタリングされており、舞台は政治的に偏ったものになった。

ここからさきは根拠のない推測でしかないが、筆者の思うに、その失敗の原因はふたつある。ひとつは、ヨーロッパ人である演出家が、東京の地政学的な特徴をうまく捕まえていなかったこと。前述のように、演出家は、出演者を選ぶにあたり居住地のバランスをたいへん重視している。その理由はおそらくは、ヨーロッパのたいていの都市においては、居住地の選択が居住者の階級や政治信条と連動しているからである。高級住宅街からスラムまで、あらゆる場所から出演者を連れてくれば、それだけであるていど政治的な多様性が保証される、ヨーロッパの都市はそのような構造になっている。けれども東京にその条件はない。たしかに、世田谷区の住民は豊かでリベラル、足立区の住民は貧しくて保守的といったイメージはあり、その対照はときおりマスコミやネットで大げさに書かれはするが、現実にそれほど明確な対立を形成しているわけではない。二三区の全体から等しく出演者を集めてきたとしても、それはこの都市ではなにも意味しないのである。

そしてもうひとつは、舞台冒頭で示されているとおり、出演者の多くが、日本の公演関係者の友人から始まり、その友人、そのまた友人といったように私的なネットワークを介して集められたことである。この方法がなぜ選ばれたのか、なんらかの積極的な理由があったのか、筆者にはその背景はわからない。しかし、いずれにせよ、この方法は、生活や政治信条の多様性の反映にはまったく不向きである。人間は似た人間と群れる。保守は保守で群れるし、リベラルはリベラルで群れる。フェスティバル／トーキョーはそもそも、文化的意識の高い都心住民に支持された先進的なイベントである。チケットの値段は高く、無職の学生やブルーワーカーが娯楽のため訪れるようなイベントではない。その関係者（しかも大学教員）から出発して友人関係で出演者を募れば、全体がリベラルに偏るのは必然である。結果として『一〇〇％トーキョー』は、フェスティバル／トーキョーの参加者や聴衆がいかにも喜びそうな、「リベラルで先進的な東京」を描き出すだけの自慰的な舞台に終わってしまった。

以上、ずいぶん辛口に記してしまったが、『一〇〇％トーキョー』の試みそのものは興味深いと思っている。だからこそ、もし二回目があるとすれば、こんどはぜひ、出演者の選出方法を変えて、東京の厄介な現実を抉《えぐ》り出してほしい。『一〇〇％トーキョー』が上演＝代理した東京はずいぶんと平和でのんびりした街だった。しかし現実には、この都市ではいま新たな保守が急速に台頭しており、鬱屈した貧しい若者も多く、街頭では毎週のようにヘイトスピーチがなりたてられている。「ポストドラマ演劇」にはその現実をこそ抉り出してほしい。女性天皇を認めるかどうかという質問に対し、もし出演者が九割肯定で返したのだとすれば、すぐに客席から失笑が漏れブーイングが飛び交いツイッターで中傷を書かれる、それこそがほんとうの『一〇〇％トーキョー』だったはずなのである。

2014

性は政治的に正しくありうるか

永山薫『増補　エロマンガ・スタディーズ』ちくま文庫版解説

マンガはもはや子どもの娯楽にとどまるものではない。マンガが、現代日本文化の震源地のひとつであり、主要な産業にとどまらず重要な外交カードでもあることについては、いまやだれも異論を挟まないだろう。「コンテンツ立国」「クール・ジャパン」「ソフトパワー」といった言葉がマスコミを賑わせて久しい。来るべき二〇二〇年の東京五輪でも、マンガがなんらかのかたちで大きな役割を果たすことはまちがいない。わたしたちはいま、マンガについて触れずには、日本について語ることができない時代に生きている。

とはいえ、マンガがいまだに、どこかあやしく、「いかがわしい」存在だと思われていることもたしかである。その理由は、マンガとはそもそもだれのための表現なのか、その位置づけがあいまいであることに起因している。

マンガが子どもだけのものである時代は終わった。けれども、子どものためのものであるべきだという先入観は、国外はいうに及ばず、国内でさえ強く残っている。じっさい、いまでも多くのマンガは子どもに読まれている。他方、いまの日本では、マンガ的表現は社会のあらゆる場所に進出しており、そのなかには、けっして子どもが読まない、また読むべきでない（と多くの市民が考える）ものが多数含まれてもいる。子どものためのはずの表現が、子どもではない読者によって、子どもが接触すべきではない作法で読まれているとき、多くの市民は、とまどいを覚え、目を逸らし、ときにその現実にむかい激しい攻撃を繰り出すことになる。

本書が扱うエロマンガは、そのようなマンガの「いかがわしさ」を代表する、もっとも論争的なジャンルである。著者の永山薫は一九五四年生まれ。一九七〇年代に上京し、松岡正剛に師事したあと、宝島社と白夜書房をきっかけにエロ業界に足を踏み入れた編集者である。その後三〇年以上にわたり日本のアンダーグラウンドシーンに伴走し、近年はエロマンガへの法的規制に反対する諸活動でも知られている。エロマンガはいまや「オタク文化」の重要な一部になっているが、永山はいわゆるオタク第一世代（一九六〇年前後生まれ）よりも年上で、「オタク」または「おたく」という言葉が一般化するまえから活動を開始している。そのため本書は、エロマンガの起源についてより広い視野を提示しており、類書にありがちな「オタクがオタク目線でオタク文化について語る」という自閉性を免れている。

本書は、一九七〇年代から二〇〇〇年代にかけて隆盛を誇ったエロマンガを概観した、著者の知るかぎり最初の（もしかして唯一の？）一般読者向け通史であり解説書である。エロマンガの三〇年の歴史には、子どもと大人、記号と身体、暴力と性、商業出版と同人流通、表現の自由と法規制といった、現代日本文化を語るうえで欠かせない多くの論点が、クリアかつコンパクトに現れている。それゆえ本書は、マンガ表現やオタク文化に関心のある学生や研究者だけではなく、「コンテンツ立国」「クール・ジャパン」といった言葉に違和感を覚えるひとにも、また逆にそれら政策に関わっているひとにも、ぜひ広く読んでいただきたい良書になっている。

エロマンガをどこまでよしとするか、日本ではこの一〇年ほど長い論争が続いている。表現の自由をどのようなものとして考えるか、なにを猥褻で反社会的だと感じるか、たしかに意見は分かれよう。しかしいずれにせよ、エロマンガはマンガのたんなる鬼っ子ではないし、「世界に誇る日本マンガ」からたやすく切り離せるものでもない。性的身体の描写は戦後マンガの本質と深く絡みあっており、それは二〇〇〇年代の「萌え」に、そして二〇一〇年代のアイドル（AKB48）やヴォーカロイド（初音ミク）の文化にも直結している。わたしたちがもしいま、マンガについて触れずには日本について語ることができない時代に生きているとするのなら、それはエロマンガについても触れずにはいられないことを意味している。

永山は、多くの読者の狭い「マンガ」観を、そして性愛表現観を切り崩す、たいへん刺激的で包括的な議論を行っている。もし店頭でこの解説から立ち読みしている読者がいたら、迷わずレジにもっていっていただきたい。後悔はしないはずだ。

ところで、本書の単行本版は二〇〇六年に出版されている。この文庫版は二〇一四年に出版されているので、八年が経過している。そのあいださまざまなことが起きた。政権交代が起き東日本大震災が起きた。本書にかかわるところでは、出版市場が縮小し、マンガの売り上げも大きく減った。他方で「萌え」はますます力を増し、反動としてエロ表現への風あたりも強くなった。しかし、とくにここで記しておきたいのは、その八年のあいだに起きた「人文的言説のグローバルスタンダード化」、ひらたくいえば「優等生化」である。

日本では伝統的に人文思想の中心は文学が担ってきた。そして文学は本質的に脱社会的で反社会的なものだった（少なくともそう見なされてきた）。したがって日本では、知識人層は基本的に、社会の周辺で生じる、犯罪と見紛うばかりの異形で変態的な行為に対してあるていど寛容だった。本書自体が、そのような長い伝統のもとで著された書物だ。

しかしその伝統は、二〇〇〇年代に急速に力を失うことになった。北米由来の「政治的正しさ」（ポリティカル・コレクトネス）の感覚は、一九九〇年代にはアカデミズムの一部にとどまっていたが、二〇〇〇年代後半に入ると若い世代の知識人に広く共有されるようになる。それそのものはよいことだともいえる。ただそれは日本では、ネットで強化された匿名の同調圧力と相まって、あまりに強く抑制として機能したきらいがある。かつてこの国では文化人といえば破天荒な生活や暴言が売りになったものだが、二〇一四年のいま、状況はがらりとかわり、若い世代の知識人の多くは「だれも傷つけない」「建設的でポジティブな」ことしかいえなくなってしまっている。たとえどれだけ註釈をつけたとしても、ロリコンやレイプについて肯定的に言及するなどもってのほかだ。

そのような現在から読み返すと、本書の記述はじつに自由でのびのびとしているように見える。なによりもここでは暴力が否定されていない。ロリコンもレイプも断罪されることがない。女性が誘拐され洗脳され、ハラスメントを受け身体改造が施されペットとして調教され、つまりは弱者として徹底的に陵辱され搾取されたとしても、それもまた倒錯のひとつとして受け入れる、そのようなある意味で「無頓着」な視線が本書を貫いている。おそらくはいま二〇代や三〇代の研究者は、同じエロマンガを主題にしたとしても、ここまであけっぴろげにその暴力を受け入れることはできないのではないかと思う。

むろんその無頓着は限界も定めている。たとえば永山は、本書の冒頭で、エロマンガには「マチズモとヘテロセクシズムの崩壊過程が如実に反映されている」と記している。第二部ではそれを受けて刺激的な分析が多くなされており、とりわけ、ロリコンマンガの読者がじつは犯す男性ではなく犯される幼女に同一化しているのではないかとの指摘は、のちの「男の娘」ブームを予告するものともいえ重要である。永山によれば、エロマンガの男性読者は、かならずしも女性を犯したいだけではない。むしろ女性になって犯されたい。これはたしかに卓見で、「マチズモの崩壊」といえるかもしれない。しかしそれでも、本書が男性が読む（少なくとも流通的にそう想定されている）作品ばかりを扱っていることはたしかで、現在の研究者であればむしろそこにこそ執拗なマチズモを見て取るだろう。本書は男性向けエロ表現しか分析していない。一九九〇年代に台頭したはずのＢＬ表現の分析は慎重に避けられており、そしてその選択に潜む暴力にも気を配っていない。この点では、本書の記述に違和感を覚える女性読者も多いだろう。

けれども、筆者としては、以上の限界を認めたうえでも、それでもなお本書の自由さを高く評価したいと思う。永山は性愛と暴力の結びつきを拒否しない。エロマンガの妄想を否定しない。いや、それどころか、ときには永山自身それらの表現に興奮を覚えることを告白してしまっている。だからこそ彼は、性愛と暴力がわかちがたく結びついていること、他者の主体性の否定が快楽の源泉になりうること、つまりは「性の快楽は他者をモノ扱いすることに（も）あること」を、道徳的な糾弾の対象としてではなく、たんなる文化史的な事実として、無数の表現を例に雄弁に描き出すことができるのだ。それはほんとうは、人間の性を考えるうえでとても大切なことのはずだ。「政治的に正しい」研究者や言論人は、その事実から目を逸らすことしかできないけれど。

マンガはいま急速にグローバル化しつつある。同時にマンガ研究もグローバル化しつつある。おそらくはこれから、永山が愛したような「自由」なエロマンガはますます発表がむずかしくなるだろうし、またマンガ研究もその自由さを素朴には肯定できなくなるだろう。本書は、その意味で、二〇〇六年にしか書かれえなかった貴重な証言でもある。

わたしたちはいま、性愛について、つねに政治的に正しく語り、ふるまうように指導される時代に生きている。けれども、性とはそもそもが政治的に正しくないものでしかないのではないか。『エロマンガ・スタディーズ』は、そんな問いを投げかけている。

遅れてきたゼロ年代作家

海猫沢めろん『左巻キ式ラストリゾート』星海社文庫版解説

2014

本書の著者、海猫沢《うみねこざわ》めろん（以下敬称は省略させていただく）と知りあったのは、たしか二〇〇二年の初夏、中野で行われたイベントの打ち上げでのことである。イベントには、大塚英志がいて新海誠がいて佐藤友哉《ゆうや》がいて西島大介がいて、つまり当時創刊直前だった『新現実』の執筆メンバーが勢揃いしていた気がするが、記憶は定かではない。『ほしのこえ』の上映が行われ、佐藤や西島とともに壇上に立った気もするのだが、異なったふたつのイベントの記憶が混在しているのかもしれない。とにかく、ぼくはそのとき、まだ無名だった海猫沢に、中野駅前の小さな居酒屋の片隅で絡まれ、「おれホストだったんですけどオタクなんスよ、それで萌えってもっとデス系に行くべきだと思うんスよ」とかいうわけのわからない話を聞かされたことを鮮烈に記憶している。

二〇〇〇年代をカタカナ表記して「ゼロ年代」とすると、たんなる年代の名称ではなく、アニメや美少女ゲームなどオタク系作品を参照項にしながら勃興した、若い世代の文芸・批評運動を表すことが多い。海猫沢と出会った二〇〇二年は、まさにそんな「ゼロ年代」が急速にかたちを取り始め、ふしぎな熱狂に包まれていた時代だった。『AIR』が出たのが二〇〇〇年、舞城王太郎が現れたのが二〇〇一年、『ほしのこえ』が出て西尾維新が現れたのが二〇〇二年、谷川流《ながる》が現れ『ファウスト』が創刊され「セカイ系」という言葉が普及したのが二〇〇三年である。二〇〇一年に『動物化するポストモダン』を出版したぼくも、前述の大塚や、のちに星海社を立ち上げることになる講談社の太田克史《かつし》を介して、その熱狂に巻き込まれることになった。まだツイッターもフェイスブックもなく、情報拡散の速度はいまよりはるかに遅かったが、そのぶんだけ「知っているひと」のあいだの共感は強かった。いまやなにもかもが懐かしい。

さて、二〇〇四年に初版が出版された本書は、海猫沢の小説家としてのデビュー作であるとともに、そのようなゼロ年代の熱狂を凝縮し、みごとに作品化した傑作である。本書はきわめて完成度の高い「メタゼロ年代」小説だ。それは初出時にも感じたが、二〇一四年のいま読み返してさらに確信を深めた（ここからさきはネタバレを含むので注意されたい）。

本書『左巻キ式ラストリゾート』は、そもそもは海猫沢自身が開発に加わったあるPCゲームのスピンオフ小説として出版されたものである。今回は星海社より新装版で出版されているが、初出はポルノ小説のレーベルからの刊行だった。そのため、本編を読んだかたはご存じのように、冒頭からかなり激しい性と暴力の描写が連続する。しかし同時に本書は、美少女探偵が活躍する学園小説でありミステリであり、また複雑なメタフィクションでもある。そしてなぜか前向きなポエムで終わる。

性と暴力に満ちていながら、思弁的で難解な会話も交わされ、美少女と探偵が登場し、主要な事件はすべてセカイ系を思わせる閉鎖空間で生じ、ギミックは近接ジャンルからのポストモダン的な引用に満ちていて、おまけに全体が一種の二次創作であり最後はなんとなく「泣ける」というこの構造は、のち批評家たちにゼロ年代に特有だといわれることになるほぼすべての特徴を網羅している。『左巻キ式ラストリゾート』は、舞城王太郎にも佐藤友哉にも麻枝准《まえだじゅん》にも元長柾木《もとながまさき》にも似ている。流行を先取りしている箇所もある。ＤＴＰを駆使した書体による表現はほぼ同時に『ファウスト』が採用し広がった。プレイヤーがキャラクターの世界に入り込み、キャラクターから逆に倫理を問われるという後半のトリックは、いまではメジャー作品にも拡がっており、二〇一三年に話題になったニトロプラスのアドベンチャーゲーム『君と彼女と彼女の恋。』では大々的に取り入れられている。このような作品が、まだ「ゼロ年代」という括りが一般化していなかった一〇年前に、しかもまだ無名の作家によって書かれていたというのはほんとうに驚きである。本書の存在は、ゼロ年代の想像力を構成する諸要素（データベース）が、二〇〇四年の時点でかなり完成され洗練されていたことを示している。本書はこの点で、ゼロ年代のサブカルチャー史に関心のあるすべての読者に必読の書である。立ち読みでこの解説を読んでいる読者は、いますぐカウンターにむかってほしい。

　しかしこれはかならずしもよい話ではない。『左巻キ式ラストリゾート』がメタゼロ年代小説としてすでに完成度が高いということ、それは裏返せば、ゼロ年代の想像力が、本書の出版以降もはや大きくは変化していないということを意味するからだ。二〇一四年も二〇〇四年も、同じような小説が読まれ、同じようなアニメが見られている。岡田斗司夫が二〇〇六年に宣言したように、オタクの進化は止まり、その進化に依存したゼロ年代の文芸・批評運動もすっかり失速している。

ゼロ年代の想像力は、二〇〇四年にはすでに行き詰まりを迎えていた。これはとくに新しい認識ではない。宇野常寛は二〇〇八年の著作で（用語が入り組むので厄介な説明になるが）、ここで「ゼロ年代」と呼ばれるオタク系の文芸・批評運動は、ゼロ年代のものというよりもむしろ『新世紀エヴァンゲリオン』ほか一九九〇年代のサブカルチャー的想像力の名残りにすぎず、ほんとうの「ゼロ年代の想像力」はべつのタイプのものになるはずだと主張している。セカイ系にしろ『ファウスト』にしろ美少女ゲームにしろ、たしかに想像力の根は一九九〇年代の作品に求められる。したがって、それは本質的にゼロ年代のものではない、という宇野の指摘は正しい。ただ宇野がそこで書き逃した（あるいは意図的に書き漏らした）のは、ゼロ年代的＝一九九〇年代後半的な想像力のあとに来たのは、新しいコンテンツ（想像力）ではなく、端的に新しいコミュニケーション（環境）であったという事実である。そしてコミュニケーションの革新は、かならずしもコンテンツの革新を意味しない。

二〇〇四年から現在までの一〇年は、コミュニケーションの革新がコンテンツの革新を圧倒した時代である。一九七〇年代ならば『ヤマト』、一九八〇年代ならば『ガンダム』、一九九〇年代ならば前出の『エヴァンゲリオン』と、日本では長いあいだそれぞれの年代を代表するオタク系のコンテンツがあったが、二〇〇〇年代を代表するコンテンツを挙げることはむずかしい。とりわけ二〇〇〇年代後半以降は、ミクシィ、ＹｏｕＴｕｂｅ、ニコニコ動画、ツイッター、ＬＩＮＥといったつぎつぎに現れるプラットフォームが、オタクかオタクでないか、サブカルかサブカルでないかに関係なく若者文化の全体を呑み込んでいき、文章も映像もキャラクターもすべてがコミュニケーションの「ネタ」としてのみ存在が許される、新しい視聴／消費環境が生まれている。ここでいう「ゼロ年代」のコンテンツのなかには、そのなかでうまく「ネタ」になれたもの（たとえば西尾維新）もあればそうでないもの（たとえば舞城王太郎や佐藤友哉）もあるが、いずれにせよその差異は社会学の研究対象ではあっても批評的には重要ではない。ぼくたちはこの一〇年で、コンテンツの消費様式を劇的に変えた。たとえばかつてアニメはひとり孤独に見るものだったが、いまやそれはツイッターやＬＩＮＥで「実況」しながら見るものになった。それは大きな変化である。だがコンテンツには関係ない変化でもある。日本社会はいまは、新しいものを生み出すというよりは、古いものをいかに新しい環境のなかで再利用するか、コンテンツのリサイクルのほうにばかり関心を向けている。二〇〇四年から二〇一四年、それは文化史的には、環境のあまりの変化がむしろ想像力の変化を不必要にしてしまった、きわめて異様な一〇年間だった。

海猫沢は、そんな停滞のはじまりのときに、その直前の時代の想像力を自己言及的に総括するメタフィクションをぶら下げて現れた、本質的にはきわめて技巧的な作家である。しかし彼のその技巧は、デビューした瞬間にはもう理解される場所が消え始めていた。いやむしろ、時代はそのような技巧を嫌うようになっていた。メタフィクションほどコミュニケーションのネタになりにくいものはない（ゼロ年代のメタフィクションはむしろネタ化への抵抗なのだというのが、ぼくが『ゲーム的リアリズムの誕生』で展開した主張だった）。海猫沢はこの点で、きわめて「ゼロ年代的」で、それゆえ逆に現実の二〇〇〇年代においては時代に反した資質の作家だということができる。じっさい、本書以後の海猫沢のキャリアは順風満帆とはいいがたい。

　環境の革新が想像力の革新を圧倒し、塗り潰す。その状況がよいものなのか悪いものなのか、またどれほど長く続くものなのか、ぼくとしては判断できない。村上裕一の『ゴーストの条件』やさやわかの『一〇年代文化論』のように、その変化を肯定的に捉える議論もある。若い世代はそれでいいと思う。けれどもぼく個人の好き嫌いでいえば、現在の状況はけっして好みではなく、四三歳にもなったいま、残る時間を新しいコミュニケーションプラットフォームの追跡で潰したくないという思いが強い。

　ぼくは、コミュニケーションよりもコンテンツが、環境よりも想像力が好きだ。だからゼロ年代の運動も支持した。海猫沢がもういちど『左巻キ式ラストリゾート』のような技巧的な小説を書き、そしてそれが正当に評価される時代が来るとよいと思う。一〇年前は、新しい作家にとって最大の障害は、文学と文学の外を隔てる流通の壁だった。その壁はコミュニケーションの革新で壊れた。いまや最大の障害は、人々のコンテンツへの無関心なのだ。

『鳳仙花』のタイムスリップ

池澤夏樹＝個人編集『日本文学全集23　中上健次』によせて

2015

この原稿を書くため、『鳳仙花』を読み返した。ぼくはこの小説を以前に二度読んでいる。いちどは学生時代、もういちどは三〇代になってからだ。『鳳仙花』は中上健次の小説のなかでいちばん好きだと、いくつかの機会に述べたこともある。

けれども今回読みなおして、ぼくはいままで、その魅力のごく一部しか理解していなかったとあらためて思い知らされた。これはたいへんな傑作である。

もともとぼくが『鳳仙花』に惹かれたのは、主人公のフサがじつに魅力的に描写されているからだった。

ぼくの年代の読者にとって、中上健次の名は、同世代の批評家である柄谷行人とわかちがたく結びついている。ぼくが中上を知ったのも、まずは彼の批評を通じてだった。そこでは、近代小説はそもそも無根拠で中上文学はそれと格闘して云々といった議論がなされており、『岬』『枯木灘』『地の果て至上の時』三部作の主人公秋幸《あきゆき》は、まさにその無根拠性を象徴する人物だと解釈されていた。けれども、そんななかぼくは、たまたま読んだ『鳳仙花』にまったく異なった印象をいだいたのである。柄谷の三部作批評は、秋幸と父・龍造の対立ばかりに注目していた。しかし、そもそものその肝心の主人公の母親が、こんなにも瑞々しく、かわいらしい少女だったとは！『鳳仙花』のあと三部作に戻ると、脇役でしかなかったフサが独特の官能性を帯びて立ち現れる。それはまるで、前記のような「男性的」な批評に対し、作家自身が仕掛けた痛烈な罠のように思われた。中上が紀州サーガで描きたかったのは、ほんとうは女性たちの物語だったのではないか。

以上の印象は今回も再確認できた。けれどもそれだけではない。三度目の読解でぼくがとりわけ驚き、深い感銘を受け、筆力に震撼したのは、この小説全体を貫くすぐれた時間感覚に対してだった。どういうことか。この小説がたどるフサの半生は、誕生から死に向かって、ただまっすぐに伸びるのではなく、螺旋を描き循環し、幾重にも縦に重なり構成される（いささか矛盾した表現になるが）時間横断的な時間のなかに置かれている。それはたとえば、結末近くのつぎの一節にみごとに現れている。「一瞬、フサは、十五のフサが汽車の走る方向とは逆に、古座から新宮にむかって走る船の中にいて、今、フサが陸の上から見る海岸を海から見ているかもしれないと思って、そんな事があり得るはずがないと分っているのに眼を凝らした」。三〇歳を超えたフサには、一五歳のフサ、二〇歳のフサ、二五歳のフサが重なって描かれる。同じように吉広《よしひろ》に勝一郎が重なり、勝一郎に龍造が重なって描かれる。そしてその重なりこそが、個人の死を超えた世代の連なりを保証する。三部作が、秋幸という個体の生を描く物語だったとするのならば、『鳳仙花』はそれを包む「群れの生命」を主題とした小説だといえるだろう。

それにしても、中上はどこでその感覚を手に入れたのだろうか。ぼく自身は、そのような重なりあう時間について、娘を育てるなかではじめて意識するようになった。故郷の街でも行楽地でもどこでもいいが、ぼくがある景色を見る。娘も同じ景色を見る。娘と同じ年齢のとき、自分が同じ景色をどのように見ていたのか記憶をたどる。記憶のなかの父に自分を重ね、また同時に、娘がぼくと同じ年齢になったときに、その光景をどのように思い出すかを考える。ひとつの光景を梃子《てこ》にして、過去と現在と未来を行ったり来たりするその想像力は、子育ての経験者ならだれでも経験するものだと思うが、『鳳仙花』の世界はまさにそのような往復運動で貫かれている。この小説を記したとき中上は三三歳。そんな若さで、なぜ重なりあう時間を書けたのか。

——と、ここまで記して気がついた。当時の中上はたしかに若かったが、すでに八歳の娘をもつ父でもあった。だとすれば、やはり彼も、娘との接触のなかでその感覚を手に入れたのかもしれない。フサのモデルは実母といわれる。しかし、もしその推測が正しいのだとすれば、フサには母の過去だけでなく、また娘の未来も重ねられていたのかもしれない。だからこそ、この小説のフサは、いくら夫の死を重ね、いくら老いたとしても、ずっと瑞々しい少女＝娘のように描かれ続けているのかもしれない。

『鳳仙花』はぼくたちを一種のタイムスリップへといざなう。そして生きるとは、きっとつねにタイムスリップをし続けることなのだ。当時の中上とほぼ同じ、九歳の娘をもついまのぼくにはそう思われる。気がつけば、ぼくもまたフサに娘を重ねて読んでいた。

からっぽの引き出しに見ていたもの

2014

藤子・F・不二雄との出会いがいつだったのか、記憶は定かでない。ぼくは、物心ついたときには『ドラえもん』のコミックをむさぼるように読んでいた。幼稚園のころは、親戚の集まりでケーキが出ると、ケーキは要らないからかわりに小遣いをくれといって未読の『ドラえもん』を買いに走る、そんな子どもだった。小学校に上がると母に頼み込み、上履き入れも防災ずきん入れもランチョンマットもなにもかもをドラえもんの刺繍入りにした。『コロコロコミック』が月刊になると、小遣いの大半が購読に消えた。年賀状には色鉛筆でドラえもんを描いた。

ところでそんなぼくには忘れられない記憶がある。以上のように『ドラえもん』の熱烈な支持者だったぼくは、いつごろからか、いつかドラえもんが顔を出すことを夢見て、四畳半の狭い自室に置かれた勉強机の引き出しをつねにからっぽにしておくようになった。『ドラえもん』の第一話のように、タイムトンネルが引き出しに通じたとき、私物がなくなるのをおそれていたのだ。その習慣は四年生まで続いた。四年生といえばけっこうな年齢だ。ドラえもんが現実ではないことぐらい理解できるはずだし、じっさい理解していた。にもかかわらず、ぼくはどうしても引き出しにものを入れることができなかったのである。

藤子・F・不二雄の作品をめぐっては、似た記憶がほかにもある。八歳ぐらいのころ、『ドラえもん』か『キテレツ大百科』かどちらかの影響だと思うが、自宅から学校まで地下鉄を掘ろうとしたことがある。スコップを抱えて近所の空き地に行き、三時間ほど試みたところで日が暮れて帰宅した。『みきおとミキオ』の影響で、半年ほどつねにタイムスリップに備えメモ帳や懐中電灯を持ち歩いていたこともある。このコミックには、双子のように似た二〇世紀のみきおと二一世紀のミキオが、防空壕跡の奥でタイムスリップで出会い、身辺情報をメモで交換しあう印象的な場面があるのだ。そのころのぼくは、防空壕跡（幸いなことに近所にひとつだけあった）や暗渠の暗闇を見るたびに、未来の分身が顔を出さないかと胸をときめかせていた。しかしこれらの例にしても、当時のぼくが地下鉄が掘れたり未来に行けたりすると本気で信じていたとは思いがたい。ではぼくはなにをしていたのか。

結論からいえば、そこでぼくが行っていたのは一種の「祈り」だったのだと思う。虚構の力を召喚する祈り。

当時ぼくは、『ドラえもん』や『キテレツ大百科』や『みきおとミキオ』の世界を表面だけでもまねることで、「この現実」と藤子・F・不二雄の世界が地続きだと必死で思い込もうとしていた。現実と虚構を混同していたということではない。むしろ、年齢を重ね、常識がつき、夢が夢でしかないことを理解し始めていたからこそ、逆に必死で夢を現実に引き入れようとしていた。人間の無意識はときにそのようにして現実に抵抗する。『ドラえもん』の世界ではなにもかもが自由になる。あらゆる世界のふしぎに出会うことができる。四畳半の自室をのび太の部屋に重ね、来るはずのないドラえもんのため引き出しをからっぽにし続けることで、ぼくはそのような万能性への絆を守ろうとしていたのだ。

藤子・F・不二雄の作品は、ぼくの人生において万能の幼年期の記憶そのものだ。その結びつきは、彼の作品の多くが一九六〇年代から七〇年代にかけての東京都下を舞台としていることとも関係している。七一年に生まれ、都下の三鷹市で幼少期を過ごしたぼくにとって、『ドラえもん』が描く街や家や空き地の風景は、身の回りの現実にかぎりなく近かった。ぼくは、現実の自室よりものび太の部屋のほうが自室らしいと感じ、現実の友だちよりもスネ夫やジャイアンやしずかちゃんのほうが友だちらしいと感じるような一種の錯覚のなかで、子ども時代を生きた。思春期が始まる手前、いまだ性の悩みも死の不安もないものの、現実は少しずつ強ばった顔を見せ始め万能感もまた徐々に失われていくその時期に、ぼくはその「もうひとつの現実」を用いて抵抗を試みていたのだと思う。

ぼくはここで、個人的な思い出を記している。だからこれは作品批評ではない。むしろいま、四〇歳を過ぎた大人として読めば、藤子Fの作品のなかにけっして幼児的な万能性だけではない、より複雑で、より猥雑で、より危険な（それこそ性や死と近い）想像力が含まれていたことがたやすく見て取れる。しかし同時に、ぼくは、藤子Fの作品が幼年期の象徴で、それを断ち切ることによってはじめて思春期に足を踏み入れることができた、そんな経験をしているのはかならずしもぼくひとりではないようにも思う。政治の季節が終わり、高度経済成長も終わり、とはいえいまだ円高不況もバブルの狂騒も遠い平和で安定した七〇年代、それが『ドラえもん』の万能性に重ねられノスタルジーの対象になることには、けっしてぼく個人の特殊例にとどまらない、なんらかの社会学的な意味があるはずだ。

ぼくの実家は、八二年、四年生から五年生にかけての一〇歳の春に、三鷹市から横浜市青葉区の新興住宅地へ引っ越した。自室は四畳半の和室から六畳の洋間に替わり、窓際にはベッドが置かれた。空き地もコンクリート塀も防空壕もなくなった。机は新居にそのまま運び込まれたが、ぼくは引き出しに私物を入れ始め、読み古しの『ドラえもん』は転居のどさくさで行方不明になった。子どものころあれだけ好きだったのに、一〇代から二〇代にかけて、ぼくは藤子・F・不二雄の作品をほとんど読み返さなかった。そのことの意味をいまは考えている。

小ささの時代に抗して
レム・コールハース『S, M, L, XL+』によせて

2015

コールハースの『S, M, L, XL』の抄訳が出版されるという。原書は、一九九五年に出版された厚さ四センチメートル、重量二・七キログラムの怪物的著作だ。とにかくデカくて重く、話題の本だと手に入れたものの、持ち運ぶだけで腕が痛くなったのを覚えている。むろん、その「デカさ」は内容とも深く関係していたのだが、このたびの抄訳では、ブルース・マウによるそんな伝説のエディトリアル・デザインはすべて消え、文字中心の論文集として文庫に収録されるとのこと。少し残念に思ったが、ゲラを読み懸念は消えた。原書のもつインパクトの核心は、文字だけになっても変わらずに残っている。

本書には、二〇世紀の消費社会が実現した空前の「デカさ」(Bigness)をまえに、幻惑され、とまどい、そして立ち向かおうとしたひとりの建築家の思考の歩みが、断章形式のメモ書きから歴史的な考察を含む論文まで、さまざまなかたちで収められている。ここで「デカさ」とは、具体的には、空

港であり、巨大物流施設であり、ショッピングモールであり、テーマパークであり、あるいはニューヨークでありシンガポールでありドバイである。二〇一五年のいまであれば、そこにグーグルやフェイスブックの名を加えることもできるだろう。それらはすべて、古典的建築とはべつの規則にもとづき、古典的建築家の想像力を超えた規模で「デカさ」を実現している。コールハースは、そのような「デカさ」の出現こそが二一世紀のもっとも重要な問題であるということを、ごく初期の段階で見通していたすぐれた建築家、というよりも思想家のひとりである。疑うひとは、巻頭の「ジェネリック・シティ」だけでも読んでもらいたい。二〇年前に書かれたとはとても思えない、先駆的な問題意識に満ちている。

コールハースの問題提起にもかかわらず、この二〇年間、建築家の多くはむしろ「デカさ」について考えなくなっていった。少なくとも日本では好まれなくなった。二〇一一年の震災のあとはますますその傾向が強くなり、いまやこの国では、コミュニティを大切にし、クライアントの話に耳を傾け、行政との交渉や人間関係の調整に長けた「小さな」建築家ばかりが求められているように見える。そのような流行のなかでは、本書の問題意識は、時代遅れで、誇大妄想的で、下品にすら見えるかもしれない。

けれどもぼくは、そんないまでも、エコでおしゃれで快適な建物を設計するだけではない、都市や資本や世界の未来に通じる、偉大＝Bigな建築家になりたい学生も少しはいるのではないかと信じている。本書は、そんな人々のために書かれている。

死を超える虚構の力

筒井康隆『聖痕』新潮文庫版解説

2015

筒井康隆氏の文庫に解説をよせるのは一六年ぶりである。一九九九年に『邪眼鳥』の解説を担当したことがある。ぼくはまだ二〇代だった。

一六年前のその原稿を読み直すと、背伸びが目立ち顔が赤くなる。いまならばちがったふうに書けると思うし、じっさいに今回はちがう文体で書こうと試みている。けれども、そんなこの解説も、一六年後に読み返せばやはり的外れで赤面することになるかもしれない。

そもそも一六年後でも、的確な解説が書けるかどうかたいへん心もとない。ぼくはそのときでも筒井氏の年齢に追いついていない。一六年後でもぼくは六〇歳。筒井氏は前掲書表題作の「邪眼鳥」の初出時で六二歳、本書収録の『聖痕』初出時では七八歳を迎えている。老境を迎えた作家が、言葉や文学に、そして人生にどのような思いをいだくものなのか、ぼくはなにもわかっていない。

と、年齢の話から始めたのは、ぼくはじつは「老い」こそが、「邪眼鳥」以降、この二〇年ほどの筒井氏の作品を読み解くうえでもっとも重要な論点だと考えているからである。

筒井氏の作品歴をどのように区分するか。ひとによって考えはいろいろだろうが、八一年の『虚人たち』を大きな転機とすることにあまり異論はないと思う。六〇年代に始まった筒井氏の作家活動は、『虚人たち』の成功を画期として、それ以前のSF／エンタメ／ナンセンス作家としての時代と、以降の純文学／前衛／メタフィクション作家の時代に大きく分けることができる。前者の代表作が『東海道戦争』であり『時をかける少女』であり『家族八景』だとすれば、後者の代表作は『虚航船団』であり『夢の木坂分岐点』であり『残像に口紅を』だということになろう。むろん、同じ作家が書いている以上作風は連続しているのだが、ふたつの時代ではおもな発表媒体が変わっているし、読者層も変わっている。おそらくいま四〇歳以下の読者には（一部のマニアを除き）、筒井康隆がSFのひとであるという認識はほとんどないのではないかと思われる。

そしてぼくは、この後半の純文学／前衛／メタフィクションの時代もまた、大きくふたつの時期に分けられるのではないかと感じている。その画期はこんどは一九九三年の断筆宣言である。この時期に筒井氏は三年ほど創作を止めており、前掲の中編「邪眼鳥」はそこからの復帰第一作となる。

断筆からの復帰以降、氏の小説は、同じメタフィクションといっても微妙に実質を変えている。ひとことでいうと、「邪眼鳥」以降の筒井氏は、『虚人たち』以後、いやそれ以前のSF作家時代から長く続けてきたナンセンスでメタな文体への志向を、文学的な実験としてではなく、むしろ「老いのリアリズム」として捉え返そうとしているように見えるのである。そもそも、一人称と三人称の混淆、時間の錯綜、記憶の混濁、性的な連想に満ちた粘着質の語りといった氏の作品の特徴は、視点を変えてみると、老人のいささか「惚《ぼ》け」の入った世界観そのものだということができる。おそらく筒井氏は、あるときそれをはっきり自覚したのではないか。「邪眼鳥」はすでに老人（正確には死者）を主人公にしているが、その意図は九八年の『敵』や二〇〇八年の『ダンシング・ヴァニティ』でよりはっきりとしてくる。そこではメタフィクションは、試みられているのではない。痴呆として生きられているのだ。

　これはなにを意味するのだろうか。ナンセンスにしても前衛にしてもメタフィクションにしても、この国ではどこか、若い作家が行う「やんちゃ」なものという印象がある。とくに虚構の虚構性だけが取り出されたメタフィクションについては、幼稚な試みとすら思われている。デビュー当時は尖った作風を試みるにしても、ある時点で現実に回帰し落ち着いた「大人」向けの歴史小説や恋愛小説を書くようになる、それが作家の成長であり成熟だというのが多くの読書人の常識だろう。

　けれども筒井氏は、そのような成熟を断固拒否し続けてきた作家である。文壇をおちょくり、批評家をバカにし、断筆を宣言したと思ったら撤回し、問題作を発表し続けてきた作家である。そんな氏が、六〇代七〇代の老境を迎えて、ナンセンスや前衛やメタフィクションこそが老いのリアリズムなのだと再定義を試みている。そういうことなのではないか。いくら成熟がメタフィクションを拒否したとしても、最終的にはメタフィクションの光景こそが現実として戻ってくる。

ぼくたちは虚構が好きだ。そしてぼくたちはかならず老いる。けれども両者はなにも矛盾しない。なぜならば、死ぬときにぼくたちをとりまいているのは、きっと現実ではなく虚構のほうだからだ。筒井氏の近年の文学は、そんなメッセージを届けてくれているのだとぼくは考えてきた。

前置きが長くなってしまった。さて、本作『聖痕』は、そんな筒井氏が二〇一三年に発表した、二〇一五年の秋現在書籍化されている最後の長篇である（最近あらたに長篇が発表されているが、そちらの単行本化は本文庫の刊行直後となる）。本作にもまた、人称の混淆や性の隠喩に満ちた偏執症的な描写など、氏独特の表現が存分に盛り込まれている。物語の柱は『家族八景』から『ダンシング・ヴァニティ』までお馴染みの「一族もの」であり、加えて、いまはもう使われない雅語や隠語を注釈つきで挿入するなど、『残像に口紅を』を想起させる実験もしかけられている。それゆえ、この小説は典型的な筒井文学であるかのような印象を与える。

けれども、以上のように「邪眼鳥」以降の歩みを「老い」の問題として理解すると、あらためて本作の特異性が見えてくる。

本作ではいっけん老いはテーマになっていない。登場人物に老人（になっていく人物）は何人かいるが、語りの起点となるのは彼らではない。『聖痕』は、いまだ高度経済成長の名残りのあった六〇年代から震災後の現在まで、四〇余年の日本社会をひとつの家族の物語を通して描いた小説である。その記述には作家自身の経験が反映されており、本作は部分的に自伝の要素ももっている。にもかかわらず作家は、なぜか主人公を自分よりも三〇歳以上年下の若い世代に設定している。主人公「葉月《はづき》貴夫《たかお》」の誕生年は、八五年のプラザ合意、九五年の地下鉄サリン事件など、本文で参照される事件から逆算するに、六七年から六九年のあいだだと推定される。物語が結末を迎えても、貴夫の年齢は四〇代半ばにすぎない。

これは、作家が主人公を息子の分身として設定していることを意味している。息子というのは、文字どおり筒井康隆氏の現実の息子のことである。じつは本作は初出が『朝日新聞』の連載小説であり、そこで挿絵を担当したのが、息子である画家の筒井伸輔《しんすけ》氏だった。伸輔氏は六八年生まれであり、前述の貴夫の年齢とぴたりと符合する。つまりは、この『聖痕』という小説はそもそも筒井親子のコラボレーションとして構想された作品なのであり、そこで筒井氏はパートナーである息子を主人公の原型に設定しているのだ。

小説を読まれた読者ならわかるように、これはなかなか凄みのある構図である。というのも、主人公の貴夫は、冒頭で性犯罪者によってペニスと陰嚢を切除され、機能だけでなく性欲そのものも失ってしまうという設定になっているからだ。筒井氏は、いわば、息子（伸輔氏）の目のまえでその分身を去勢しているのである。

小説内では去勢はかならずしも否定的な意味をもっていない。貴夫の成功は性欲から解放されたことに起因するし、無欲は彼に聖者の風貌を与えている。けれども同時に、『聖痕』は失われたペニスを探す物語にもなっている。小説の最後、貴夫は、ホルマリン漬けになった萎びた性器に震災後の東北で再会し、「ぼくの贖罪羊《スケープゴート》」と呼ぶことになる。一九七〇年代に去勢された主人公が、二〇一一年の震災を機にペニスを取り戻す、ただし萎びて機能を失ったものとして――そう要約すれば、本作のプロットはあたかもこの四〇余年の日本社会を寓話化したかのようにも読める。そこからは興味深い日本論や戦後論をいくつもを引き出すことができるだろうが、けれどもここで問いたいのは、むしろ筒井氏はなぜいま息子を主人公にして小説を書かねばならなかったのか、という問いである。なぜ作家は、昭和から平成にかけての「去勢された国」の歩みをたどるにあたって、父殺しならぬ息子殺しを描かねばならないと考えたのだろう？

ぼくの考えでは、その答えはつぎのようなものである。前述のように、本作ではいっけん老いはテーマになっていない。表面的にはメタフィクションの構造も見られない。にもかかわらず、本作はやはり、「邪眼鳥」以降の問題系を正面から引き継ぎ発展させた、ある種独特なメタフィクションなのだ。なぜならば、ここで作家は、自分の現実の半生を振り返るにあたり、現実に存在する息子を虚構化し、その視点を乗っ取り去勢化するという、とても入り組んだ手続きを経ているからである。

老いたひとはときに自己と他者の区別がつかなくなる。年齢がわからなくなり、妻を母親と、夫を父親と取りちがえる（ぼくのまだ存命の九九歳になる祖母がそうなっている）。妻を母親と取りちがえるということは、自分を息子と取りちがえるということだ。けれどもそれは単純な悲劇でもない。自分を息子と取りちがえるということ、それはべつの見方をすれば、自分の魂が、身体の死を超えて次世代へと引き継がれてゆくとも解釈できるからだ。筒井氏は本作でその惚けこそを希望として描こうとしたのではないか。

魂は、輪廻《りんね》のためには、身体＝欲望を断念しなければならない。貴夫の去勢＝聖痕はおそらくはその断念の証《あかし》として導入されている。そしてそれはまた、七〇年代から二〇一〇年代まで、日本社会と作家自身が経験した空虚さの寓意でもあるだろう。老いた父親が、自分と息子の区別がつかない状態で夢うつつに虚構の半生を回顧する、『聖痕』を支えるのはおそらくはそのような感覚である。


最後にもうひとつ。分析なく思いつきを記せば、この『聖痕』という小説で、ぼくは筒井氏は、なにかしら「老いの彼方」を、つまり死を超えたものについて書きたかったのではないかとの印象を受けている。

さきほども記したように、『聖痕』までの筒井氏は、死ぬときにぼくたちのまわりにあるのは虚構なのだ、だからこそ虚構は尊いのだとメッセージを発していた。けれどもこの小説では氏は、現実は死を超えないけれど虚構のほうは死を超えるのだと、だからこそぼくたちは文学を読むのだと、そんなメッセージを発し始めているように思うのだ。

そしてぼくには、まさにそのメッセージこそが、さきほどちらりと存在に触れた未刊行の最新長篇『モナドの領域』のテーマそのものであるように思われるのだが——しかし、これ以上の読解はここでは控えよう。『聖痕』を経て、『モナドの領域』以降の筒井氏がどこに向かうのか、読者として、そしてまた人生の後輩として、楽しみに待ち続けたい。

ウェルカムアートのユートピア

2016

大地の芸術祭に最初に出会ったのは、二〇〇九年の春、越後妻有のとあるキャンプ場に、妻と幼い娘とともに出かけたときのことである。

学生のころは現代美術をけっこう見ていたが、ゼロ年代にはかなり熱が冷めていた。一方では村上隆が「スーパーフラット」を掲げてグローバルな美術市場に打って出て、他方では補助金漬けの社会参加型作品が隆盛を極める、その両極端な状況を見るなかで、どちらにもだんだん退屈を感じてきたからである。もしも美術家の成功の道が、荒々しい資本主義に身を投じて露悪的にファッションリーダーを気取るか逆に文化行政に身を寄せて「政治的に正しい」アクティビストに収まるか、そのどちらかしかないのだとすれば、そこにはもはやほんらいの美術の喜びは存在しないのではないか。個人的にはそのような思いが募っていた。

だから大地の芸術祭も見ていなかった。キャンプ場を選んだときも、そこが芸術祭の開催地だとはまったく意識していなかった。ところがドライブをしていると、違和感のある物体がそこかしこで目に飛び込んできた。クリス・マシューズのかかしがあった。ジョン・クルメリングと浅葉克己の巨大な看板があった。美術の営みが、市場も政治も介することなく直接に風景を変えているように感じられて、ぼくは興味をいだいた。ネットで調べ、はじめてそこが大地の芸術祭の開催地だと知った。そして、半年後の第四回にはかならず訪れることを誓った。それ以降二〇一二年も二〇一五年も、一般客として訪れている。

ぼくは大地の芸術祭の鑑賞にあたっては、この「一般客として訪れる」ことがなによりも重要だと考えている。なぜならば、この芸術祭の本質は、地域住民や観光客とできるだけ近い目線に立つことからしか見えてこないからである。

繰り返すが、ぼくは虚栄の論理（これがハイソでおしゃれなんだぞ）と政治的な正しさ（これがリベラルなんだぞ）の二分法にうんざりしていた。そんななか大地の芸術祭に興味をいだいたのは、そこで美術家が、虚栄にも政治にも頼ることなく、じかに住民とのコミュニケーションを強いられていると感じたからである。越後妻有では「美術ってなんの役に立つんですか」という素朴な問いに対して、「かっこいいよ」や「えらくなれるよ」といった答えでごまかすのではなく、真摯に、かつ粘り強くつきあわざるをえない、そのような環境が作られているように見えた。

その姿勢は作品や風景に具体的に現れている。けれどもそれ以前に、この巨大なイベントが、越後妻有「アートトリエンナーレ」であると同時に、大地の芸術「祭」として、まずは大衆の観光客を相手にしたビジネスとして運営されていることにもっとも雄弁に示されている。祭りでは言い訳は効かない。おもしろくなければ観客は集まらないし、住民の支持がなければ盛りあがらない。失敗すれば巨額の借金が残る。「美術ってなんの役に立つんですか」という問いに、正面から立ち向かわざるをえないのだ。

北川フラムはじつに過酷な試練をみずからに課している。北川はこの芸術祭の実現のため、二〇〇〇を超える住民説明会を開催したという。ぼくはその話をはじめて聞いたとき、鬼気迫る執念に寒気を覚えた。北川は学生時代に熱心な活動家だったことが知られている。逮捕経験もある。いまの彼は、スーツを着、ネクタイを締めた穏やかな紳士でしかないが、おそらくはまだ情熱は衰えていないのだ。彼が越後妻有の地で行っているのは、ほんとうは、地方活性化のための美術の祭典といったものではなく、金融や流行に左右される市場（資本）からも批評家やキュレーターが作る村社会（国家）からも自律した、オルタナティブな公共空間の構築実験、一種の社会改革運動なのではないか。

証拠をひとつ挙げよう。大地の芸術祭にはある変則的な作品群がある。それらは、出展作品の隣に、あるいは観光案内所の入り口に、あるいは駐車場わきの空き地になんの説明もなく置かれている。それは住民が作りあげた「美術作品らしきなにものか」である。現地では「ウェルカムアート」などと呼ばれている。

ウェルカムアートは、子どもが画用紙に描いたような拙《つたな》い絵画のこともあれば、廃校の校庭に聳《そび》え立つ巨大なインスタレーションのこともある。看板が立ち集落の名前が掲げられていることが多いが、なにも書かれていないこともある。制作者は地域住民であり、むろん公式ガイドブックには記載されていない。だから厳密には芸術祭の一部ではない。にもかかわらず、それらは芸術祭が始まると、住民の自発性と「おもてなし」の精神、加えておそらくは集落間の競争心によって、だれに命じられることもなく自発的に制作される。現代美術は、ガイドブックで紹介を読んでもなにが設置されているか予想がつかないものが多い。だから、大規模なウェルカムアートだと、ときに出展作品との混同が起きる。じっさいにぼくは、田圃いっぱいに広がるカラフルな風船のインスタレーションを発見し、パシャパシャと撮影していたら、通りがかりの住民に笑ってそれはちがうよと教えられた。

さきほどゼロ年代にはほんらいの美術の喜びが見えなくなったと記した。ほんらいの美術がなにかはぼくには答えることができない。けれどもひとついえることがある。美術にかぎらず、それが文学でも音楽でも、あらゆる創作において、ひとはけっして金儲けのために作品を作るのではない。また政治的な主張のために作るのでもない。ひとは、ただ作品を作りたいから作るのであって、その「勝手さ」こそが、創作すべてのアルファでありオメガであるはずだ。

ウェルカムアートと呼ばれる野生の作品群は、そのほんらいのすがたにとても近い。制作者はだれの命令も受けていないし、だれの許可も得ていない。作品は一銭も利益を生み出さないし、いかなる政治的メッセージも発しない。おそらく彼らはそれが「作品」だとすら考えていない。ただ衝動だけがある。むろん「質」を批判しようと思えばいくらでもできるだろう。けれども、重要なのは、それらが徹頭徹尾勝手に作られ、置かれたものだということだ。

大地の芸術祭は、おそらくは北川なりのユートピア論である。そしてユートピアとは、そのような勝手さが最大限に許容される場所のことだ。ぼくたちは、勝手になりたいと思えれば思えるほど、勝手になってもいいと思えば思うほど、ユートピアに近づいていく。ウェルカムアートは、そのユートピアへの歩みの象徴である。それは二〇〇九年にもすでに見られたが、回を重ねるごとに大がかりになり、また数も増えている。ウェルカムアートの増殖は、大地の芸術祭が、現代美術を起点にして、「勝手になることの喜び」を住民と観客のなかにつぎつぎと埋め込んでいることを示している。

大地の芸術祭は美術展を超えている。ぼくはその行方に関心をいだいている。だからぼくは、北川のユートピアの成否を観察するためにこそ、匿名の観光客として現地を訪れ続ける。大地の芸術祭の「作品」は、そこに展示されている美術だけではない。訪問者の行動、迎える住民の表情、街や料理屋や宿泊施設の賑わい、そのすべてが、北川の実験の成否を測るうえで貴重な情報なのだ。

最初の訪問で四歳だった娘もいまは一〇歳になった。彼女が一三歳、一六歳、そして一九歳になったときに、越後妻有のユートピアがどこまで「勝手さ」を維持できているか。そこには、けっして大げさな表現ではなく、日本社会の未来のひとつが賭けられていると思う。

政治のなかの文学の場所

加藤典洋『戦後的思考』講談社文芸文庫版解説

2016

本書『戦後的思考』に収められた六つの文章は、いずれも、本書（単行本版は一九九九年に刊行）の二年前に出版された『敗戦後論』を出発点とし、同書に向けられた数多くの批判に対する再批判として書かれている。

一九九〇年代から二〇〇〇年代にかけて、日本の論壇では、政治学者、歴史学者から文学者まで、多様なプレイヤーを巻き込み、第二次大戦の評価や戦後日本の主体性をめぐって大きな論争が起きた。加藤の『敗戦後論』はその幕を開いた書物であり、一連の論争はときに「歴史主体論争」と総称される。本書はその『敗戦後論』の続編にあたる書物であり、論争を振り返るうえで欠かせない文献のひとつだ。

はじめに断っておけば、ぼくはその論争に関してかならずしも加藤典洋のよい読者ではない。それどころか、むしろぼくは、ほんらいなら加藤の「敵」側の陣営に分類されるはずの書き手である。

ぼくは『敗戦後論』が出版された当時、批評誌『批評空間』で論文を発表しつつ、東京大学大学院総合文化研究科に学生として籍を置いていた。前者の編集委員には柄谷行人がいて、後者では高橋哲哉の指導を受けていた。柄谷は加藤が『敗戦後論』で批判対象とした「湾岸戦争に反対する文学者声明」の中心人物であり、高橋はのち加藤に対しもっとも痛烈な批判を向ける哲学者である。つまりぼくは当時、奇しくも、加藤ともっとも敵対するふたりの人物のもとで学び仕事をしていた。じっさいに柄谷と高橋はともに『批評空間』で加藤を批判する座談会を行ってもいて、まだ二〇代だったぼくには、その磁場から抜け出すのはむずかしかった。恥ずかしながら告白すれば、当時のぼくは、『敗戦後論』を、反動的な文芸評論家が記したよくわからない本ぐらいにしか認識していなかったのである。

その認識が変わったのは、つい最近、ようやく昨年（二〇一五年）になってのことである。ぼくはいま、『ゲンロン』という批評誌の編集長を務め、この四〇年ほどの批評の歩みを振り返る連続座談会を行っている。その第二回で一九九〇年代の批評を対象とすることになり、時代を代表する書物として『敗戦後論』の名が挙がった。そこで一八年ぶりに同書を手に取ってみたのだが、一読して大きな衝撃を受けた。かつてのぼくは、この本をいっさい読めていなかった。今回ぼくが解説を書かせていただいているのは、ぼくがその衝撃を『ゲンロン』誌上で語り、その発言が加藤の目にとまったからである。

ではぼくはなにを再発見したのか。だれもが知るように、戦後日本は分裂を抱えている。戦前の日本を肯定する立場と否定する立場の分裂である。一般にはそれは、保守と革新、改憲と護憲、愛国とリベラルといった政治的主張の対立と見なされている。けれども加藤はそれは、イデオロギーの対立というより、むしろアイデンティティの分裂として捉えたほうが正確だと考えた。加藤によれば、戦後日本は、敗戦という外傷のため「人格分裂」を病んでおり、そのせいで言論空間の全体が歪《ゆが》んでいる。したがってぼくたちはまず分裂した人格を統合しなければならない。それが『敗戦後論』の中核にある主張である。

この主張は当時、時代遅れのナショナリズム（国民国家の統合）を説く右派の思想と理解され、おもに左派の言論人によって厳しい批判を受けた。柄谷や高橋もそこに含まれる。いまのぼくにはその批判自体が的外れに思われるが、ここでは詳しくは立ち入らない。

むしろ昨年、一八年ぶりの再読でぼくが気づきあらためて驚いたのは、この本が、いまはおもに社会学や政治思想の文脈で読まれる書物であるにもかかわらず、じっさいには半分近くが文学の話題に割かれており、また加藤もその重要性を繰り返し強調しているという事実に対してである。『敗戦後論』は三章から成っており、第二章と第三章は、独立した論文として発表された第一章に向けられた批判への応答として書かれている。そして第一章はたしかに、歴史主体論争の出発点にふさわしく、靖国参拝や改憲の是非といった、すぐれて政治的な主題について書かれている。しかし、その第一章の続編として書かれているにもかかわらず、加藤が第二章で展開しているのは太宰治論であり、第二章で注目するのも、引用元こそ政治思想家のハンナ・アーレントのテクストではあるものの、「語り口」の質というとても周縁的な問題なのである。加藤はそこで、彼が提起する問題は「フリッパント」（軽薄）な「語り口」抜きには理解できない、それゆえ高橋たちが展開したような論理一辺倒の哲学的批判は無効なのだといった、いっけん奇妙な主張を展開している。

加藤のこの主張の重要性は、論争当時はほとんど理解されなかった。むしろ稚拙なはぐらかしぐらいに受け止められていた。ぼくもそう感じたことを記憶している。けれどもいまのぼくには、そこで加藤が「語り口」に固執したことこそが決定的に重要だったことがよくわかる。なぜならば、それは、なぜぼくたちが「文学」を必要とするのか、その根源的な理由に触れる主張になっているからである。

日本人の自己意識は敗戦という外傷のため分裂している。分裂のため近隣諸国との関係もねじれている。そのねじれは、もはや単純な謝罪や事実確認で解きほぐせるものではない。日本と近隣諸国の関係は、いまや、こじれた夫婦や友人関係のように、あるひとに謝罪することがべつのひとを激怒させ、新たな事実の確認がべつの疑いを生み出す、そのような無限の悪循環に囚われている。このような事態は論理の言葉では解きほぐせない。被害者の心は論理では癒えないし、加害者の猜疑心も論理では解体できない。ではどうするか。

加藤によれば、文学の言葉が必要とされるのはまさにそこである。論理は共同体しか構築することができない。あるひとを共同体に入れ、そのかわりにべつのひとを排除する、そういった境界で世界を整理することしかできない。したがってそこでは、どうしても、あるひとには謝罪してべつのひとには謝罪しないといった、序列や不公平の問題が生まれることになる。戦死者の追悼が厄介なのは、まさにその序列が問題になるからだ。けれども、文学の言葉は、共同体の手前にある「私性」と共同体の彼方にある「公共性」とを排除の論理の媒介なしに直結させてしまう、まったく別種の力をもっている。そこでは、あるひとに謝罪したことが、その特定のひとりへの謝罪であるままに全人類への謝罪となるような、逆説と普遍の回路が出現しうる。キリストの問題がまさにそれである。加藤はそこにこそ、現代の日本が陥った苦境の解消の可能性を見る。だから彼は太宰の話をし、アーレントの「語り口」の話をするのである。

この点で『敗戦後論』は、一種の文学擁護論として読める。けれども、それはけっして文学者の自己弁護のため書かれたものではない。加藤が『敗戦後論』で指摘したねじれや分裂は、出版から一九年を経たいまも、ほぼ変わらずアクチュアルな政治問題として残り続けているからである。日本社会はいまも敗戦を克服していない。愛国とリベラル、改憲と護憲、右派と左派はいまだに罵詈雑言を浴びせあっているし、アジア諸国との関係はますますこじれている。人格の分裂はより先鋭になり、言説の歪みはより深刻になっている。その状況は、加藤の論を敷衍すれば、ぼくたちの社会がいまこそ文学の言葉を必要とし、にもかかわらずそれを与えられていないことを意味している。

いまの日本には娯楽小説はたくさん存在するが、加藤が論じたような「文学」はほぼ存在しない。みなその必要性すら忘れ始めている。けれども、日本社会にいま足りないのは、愛国とリベラル、改憲と護憲、そのどちらが正しいかを決める論理ではなく、ましてや「エビデンス」などでもなく、対立そのものを止揚する和解の言葉なのだ。宗教がほぼ機能しないこの国では、それはおそらくは文学からしか出てこない。ぼくたちは、文学の力を借りなければ、けっして過去の亡霊から身を引きはがすことができない。加藤の指摘は、いまなおこの国に重い課題を投げかけ続けている。

さて、冒頭にも記したように、本書『戦後的思考』は、『敗戦後論』のいわば続編として編まれた評論集である。それゆえ本書には、ここまで見てきたような文学の機能をめぐる思考を、より豊かに肉づけし、より遠くまで引き延ばすための文章がいくつも収められている。読者にはぜひ、本書を右や左といったイデオロギーの二項対立に押し込めるのではなく、以上の複雑なパースペクティブを理解したうえで、加藤の思考をていねいに追っていってほしいと思う。歴史主体論争以降、一部のアカデミズム、とりわけ北米の日本研究者のあいだでは、加藤といえば保守派の批評家であり、「歴史修正主義者」であるという評価が定着していると聞く。すでにおわかりのとおり、それはあまりにも貧しい理解である。

本書の各章では異った固有名が扱われており、それぞれで固有の問題が分析されている。しかし、その前提のうえであえて挙げるとすれば、本書の軸をなすのは、第四章のヘーゲル論および第五章のルソー論だといえる。

ぼくはさきほど、文学の言葉は、共同体の手前にある「私性」と共同体の彼方にある「公共性」とを、論理の言葉とはちがう回路で直結させるものなのだと記した。ところが加藤はこのふたつの章では、まさにその直結のメカニズムを、ヘーゲルとルソーの読解を通じて論理の言葉でふたたび記述しなおそうと試みているのだ。

アーレントは公と私を分けた。いいかえれば政治と文学を分けた。そして公＝政治から私＝文学を排除しようとした（これはアーレントにかぎらず多くの社会思想家に共通する傾向でもある）。けれどもほんとうの公＝政治は、私＝文学のなかからしか、すなわち私利私欲の徹底からしか出てこない。それがヘーゲルとルソーの発見であり、また近代の発見だったというのが、そこで加藤がいおうとしていることである。哲学研究の文脈でその再読がどこまで説得力をもつものなのか、それは専門家の判断に委ねたい。しかし、本書の構成においては、この議論こそが一種の基礎理論として機能している。第一章のヤスパース論、第二章の吉本隆明論、第五章のドストエフスキー論、第六章の三島由紀夫論は、すべて、私＝文学こそが公＝政治につながる逆説の回路を前提としたうえで、私利私欲の徹底が公共的なるものにぱたりと変質する、その「転向」の瞬間を捉えようとした応用篇として読むことができる。加藤の文章は、文芸評論に慣れない読者からは、しばしば論旨が追いにくいとの評価を受けることがある。そのような読者には、ぼくはまず第四章と第五章から読むことをお勧めする。

私利私欲の徹底が公に通じる。それは、べつの言いかたをすれば、ひとは悪いことをしたからといってすべてを告白できるわけではないし、またすべての告白がかならずしも正義につながるわけでもないということである。ひとは、秘密をもつことで、あるいは罪を抱えることで、むしろ公共的になることがある。それが『敗戦後論』と『戦後的思考』の二冊を貫く加藤の人間観である。

ぼくはその人間観に完全に同意する。それは真理である。けれどもそれは同時に、読者の側にあるていどの成熟を要求するタイプの真理でもある。悪いことをしたら謝ればいいじゃないか、事実の認定に齟齬があるならしっかり調べればいいじゃないか、それで和解できないのならばとことん話しあえばいいじゃないか、それが苦痛だったとしてもそれが加害者の責務であり倫理というものじゃないか、若いころはそんなふうに考えがちだし、またそれがかならずしも誤りというわけでもない。ただ、年齢を重ね、経験を重ねると、人間の心がそのようにまっすぐにはできていないこともまたわかってくる。加藤の議論はその経験を前提にしている。だからぼくは、さきほどは柄谷や高橋の磁場について記したが、ほんとうはそんな磁場がなかったとしても、二〇代の大学院生のぼくには『敗戦後論』や本書はもともと理解できなかったのではないかとも思う。

加藤の評論は若い読者には向かないかもしれない。むろん論理は追うことができる。けれどもどこかで決定的に経験の蓄積を必要とするところがある。そんなふうに読者を選ぶ文章は批評の名に値しないと退けるのもいい。それもまた読者の権利だ。

けれどもそうでなければ、ぼくは本書を、むしろ若い、頭でっかちの、かつてのぼくのような理屈っぽい読者にこそ読んでもらいたいと思う。理解しなくてもいいので、文章を覚えておいてほしいと思う。なぜならば、きみたちが本書を読み躓《つまず》くであろう場所、そここそがいつかきみたちが現実でも躓く場所だからである。

『虚航船団』の呪い

2018

筒井康隆の小説から「わたしの一冊」を挙げるようにと依頼を受けた。同世代の多くと同じく、ぼくもまた筒井作品はかなり読んでいる。『時をかける少女』に感動し、『家族八景』に唸り、『虚人たち』『夢の木坂分岐点』『残像に口紅を』で舌を巻き、断筆宣言に驚かされ、『邪眼鳥』での復帰に快哉を叫んだ。文壇や大学に関わるようになってからは、『大いなる助走』や『文学部唯野教授』の辛辣さに震えたりもした。そんなぼくの読書遍歴から、一冊だけを選ぶのはたいへんむずかしい。それでもあえて挙げるとなれば『虚航船団』になる。

『虚航船団』の初版は一九八四年に新潮社から出版された。「純文学書き下ろし特別作品」と銘打たれ特別の函《はこ》に入っていた。ぼくはその函を中学の図書館で手に取り、一読し魅了された。

なぜ手に取ったかは覚えていない。前年に原田知世主演による『時をかける少女』の映画版が公開され、筒井の名は中学生のあいだでもかなり知られていた。単純にそのせいかもしれないし、あるいは函に巻かれた帯文のせいかもしれない。ぼく自身忘れていたが、いまネットで書影を検索すると、初版では「壮大なスケールの超虚構小説」と記された帯がついている。超虚構！　いまのぼくはそれが「メタフィクション」の筒井流の訳語であることを知っているが、あらためて見るとじつに「中二病」的な、魔法の呪文のような響きをもつ言葉ではないか。一三歳のぼくならコロリと参ったにちがいない。事実、それから一四年後、ぼくはなぜかはじめて出版した学術書に「超デリダ論」という奇妙な煽り文句を記すことになるのだが（そしてそれを筒井が三島賞の選考で推すことになるのだが）、そこにはこの帯文の記憶が無意識に受け継がれていたのかもしれない。

魔法の呪文、というのはあながち冗談でもない。超虚構とは、要は言葉の魔法を活かした小説のことである。そして『虚航船団』はまさにその魔法に満ちた作品だ。

『虚航船団』とはどんな小説か。物語を要約すれば、宇宙船に乗った文房具たちがイタチの惑星を侵略し、大量のイタチを虐殺する一大歴史悲劇（のパロディ）となる。しかし、文房具が宇宙船を操縦するとはどういうことなのか？　下敷きやノギスやペン皿が占領軍として惑星に進駐するとはどういうことなのか？　未読の読者はこの説明ではわからないと思うが、じつはそれは読んでもさっぱりわからない。おそらく作者にもわかっていない。そもそも文房具はそれぞれ大きさがちがうし、手足もないのだから戦闘場面が成立するわけがない。

けれども小説にはそもそも、そのような物理的な実現可能性とは関係なく、「ナンバリングと赤鉛筆と三角定規と消しゴムが会議をする」と文章を記せばなにかが起きたことになってしまうし、「糊がイタチを犯し子供が生まれた」と文章を記せばなにかが生まれたことになってしまう、そんな力が宿っているのだ。超虚構=言葉の魔法とは、この「なってしまう」力のことである。

その力はぼくたちを現実から解き放つ。しかし同時に現実を見失わせもする。筒井はその両義性にきわめて敏感な小説家である。ぼくの考えでは、筒井が理論や批評に一方で深い関心を寄せ、他方で一貫して反発を表明し続けているのは、彼がこの両義性にあまりに敏感だからである。批評は現実と虚構をつなぎなおす。たとえば『虚航船団』であれば、文房具の描写を日本人の寓意として、イタチの歴史を戦後日本批判として解釈したりする。それが批評の仕事である。筒井は一方で、そのような作業が必要なことを痛いほど知っている。虚構はすぐに超虚構になり、現実を見失い無意味の彼方へ飛んでいってしまう。その手綱を取れるのは批評の言葉しかない。けれども他方で、筒井はそのような手綱こそが退屈で、無意味なものだとも確信しているのだ。『虚航船団』は、そんな筒井の文学観が存分に発揮された怪作である。

ぼくはこの怪作に、まだ一〇代の前半で触れることができたことをたいへん幸せに感じている。だから筒井作品で一冊と尋ねられれば、いつも迷いつつも『虚航船団』を挙げる。

けれども同時にそれは呪いでもある。『虚航船団』はおそらくはじめて読んだ「純文学」の新刊単行本で、だからぼくは純文学のイメージをこの作品で刷り込まれた。一〇代のぼくは、純文学とは超虚構=言葉の魔法を扱う文学のことで、純文学作家はみな多かれ少なかれ筒井に似たことをやっているのだと想像することになった。けれどもそれは、あらためていうまでもなく、文壇の実態からはずいぶんと離れた認識で、ぼくはのちその齟齬によっていろいろと苦労することになった。ぼくはいまだに私小説よりも超虚構に惹かれるが、それはあきらかにぼくの世俗的な成功を蝕んでいる。ぼくは『虚航船団』によって、現実より虚構を愛するように呪いをかけられてしまった。その呪いはいまも消えていない。

この小説こそが批評である

高橋源一郎『今夜はひとりぼっちかい?』について

2018

本書はじつに奇妙なテクストである。いちおう小説という体裁になってはいる。けれども、作者の似姿である「ぼく」「タカハシさん」が頻繁に登場し、震災やツイッターなど時事も扱われる。その点では小説というより評論に近い。

作者の高橋源一郎氏はポストモダン文学の旗手で、むかしから小説と評論の境界を横断するようなテクストを書き続けてきた作家である。小説はなんでもできるジャンルであり、評論も含めてなにもかも呑み込むことができる、というのは氏の信念だろう。だから本書もまたその実践のひとつとして読むことができる。けれども、ぼくは本作にはそれらポストモダンの試みとはまた異なった印象をいだいた。というのも、ぼくにはこの作品が、小説が拡張した結果として評論に近づいたテクストではなく、その逆に、評論が拡張した結果として小説に近づいたテクストのように思われたからである。

どういうことか。本書の主題は文学の崩壊あるいは消失ということになっていて、作者自身とおぼしき登場人物が、大学の授業で学生の圧倒的な無知に出会い驚く場面から始まっている。学生たちは武田泰淳も野間宏も島尾敏雄も埴谷雄高も知らない。安部公房の名前すら知らない。これでどうやって文学を教えればいいのか。そもそも文学なんて存在するのか。否、それ以前に、かりに文学なるものがある時期の日本に存在していたとするのなら、その正体は結局はなんだったのか。そう自問自答するところから、この小説＝評論は書き出されている。

この問いは前作の『日本文学盛衰史』より論理的に深まっている。じつは本書は、二〇〇一年に出版された長篇『日本文学盛衰史』の続編であり、その「戦後文学篇」という位置づけになっている。じっさい『日本文学盛衰史』もまた小説と評論が混在した奇妙なテクストで、共通点が多い。けれども前作の試みでは文学史の存在はまだ前提とされている。そのことは、たとえば石川啄木や田山花袋や森鷗外（の名前を借りたヘンテコな人物たち）がなんの説明もなく登場人物として導入されていたことにはっきりと示されている。作家はそこではまだ、読者が啄木や花袋や鷗外の名を知っていることを信じることができていた。

ところが本作では冒頭からその信頼が崩されている。たとえば作家はもはや「武田泰淳」という固有名を無前提に書くことができないと記す。だからこの作品では武田泰淳はつねに「武田泰淳という人」として表記されている。この表記の変更が意味するのは、たんなる読者への親切な配慮ではなく、本作の試みが、もはや文学史を参照することができず、したがって文学史のパロディを行うこともできず、文学史の「外」の現実を直接に参照するものにならざるをえなかったという残酷な事実である。その結果本作は、『日本文学盛衰史』の続編といいつつも、小説よりはるかに評論に近いものに、つまり、虚構よりはるかに現実との距離が近いテクストに変わってしまうことになった。『日本文学盛衰史』は文学史の脱構築を試みた作品だった。しかし『今夜はひとりぼっちかい？』は、脱構築すべき文学史が存在しないという現実から始まるしかなかった作品なのである。

なぜこの二作の文学史への態度はこれほどちがうのだろうか。ひとつ考えられるのは、対象となる時代の差異である。『日本文学盛衰史』は明治から戦前までの文学を扱っている。『今夜はひとりぼっちかい？』は戦後の文学を扱っている。戦前と戦後の文学では前者のほうが強いのはあきらかである。武田泰淳や安部公房の名を知らない若者も、森鷗外の名なら知っていたかもしれない。だとすれば、『日本文学盛衰史』を戦後文学にまで拡張しようという試み、それそのものに無理があったということになろう。

けれどもぼくには、本質的なのはやはり執筆時期のちがいのように思われる。『日本文学盛衰史』は一九九七年から二〇〇〇年にかけて書かれた。それに対して『今夜はひとりぼっちかい？』は二〇〇九年から二〇一二年にかけて書かれている。両者のあいだにはゼロ年代の一〇年が挟まっている。

ぼくは去る（二〇一八年）七月末に高橋氏にお会いしている。公開対談の場で、氏はしきりとゼロ年代の変化についてぼくに尋ねていた。そのときのぼくは本作について連載時の断片的な記憶があっただけで、返答もぼんやりしたものになった。しかしいまならば、なにが問われていたのかはっきりとわかる。高橋氏はおそらくは、『日本文学盛衰史』と『今夜はひとりぼっちかい？』のあいだに起きた変化について語ろうとしていたのだ。

ゼロ年代の「文学」にはじつに大きな変化が起きた。そしてその変化は、人々が小説を読まなくなった、といったよくある愚痴には還元できないものだった。そもそも、その表現や流通経路がかつての文芸業界の常識では理解できなくなっただけで、いまでも読まれている「小説」は大量に存在する。だから問題は文学の有無ではなく、文学の質的な変化である。そしてそれは具体的には言葉の変化である。ゼロ年代には、日本語の環境そのものが大きく変わった。それが小説だろうとビジネス書だろうとあるいは政治家の演説だろうと、日本語全体から、ぼくたちが長いあいだ「文学的なもの」と呼んでいたなにかの感覚がごっそりと消えた。高橋氏はその変貌の光景を、たとえば武田泰淳とホリエモンの文章を比較することで的確に描き出している。『今夜はひとりぼっちかい?』は、そのような「文学の消失」に対して、無力感をもって嘆くのではなく、また無意味に抵抗するのでもなく、現実を冷静に受け止めたうえで、その消失の意味について考えようとしたテクストである。

それはほんらいは批評の責務である。だからぼくはさきほど、この作品は小説よりも評論に近いと記した。いまの日本には、残念ながら、以上のような現実に正面から向かいあっている批評家は存在しない。だから高橋氏はその責務をみずから引き受けてこの「小説」を書いたのではないかと、ぼくは思う。

ぼくはもともとポストモダンの、小難しい文章で評論を書いていた人間である。けれども歳を重ねるにつれて、そのようなスタイルがばからしく見えるようになってきた。そのように思うようになったのは、評論が開かれた読者に向かうべきだと、すなわち大衆を相手にするべきだと考えたからだけではない。ぼくがいま小難しい「批評」を軽蔑しているのは、なによりもまず、単純にそのようなスタイルで文章を書くのが安易だからである。それはゼロ年代の言語環境の変化を無視した現実逃避である。ほんとうの批評家は、その変化の現実にこそ向かいあい、新たな批評の文体を発明するべく悪戦苦闘しなければならないのだ。それこそ、『日本文学盛衰史』が描いた、言文一致を生みだした明治の文豪たちのように。

だから本書は、『日本文学盛衰史』の正しい継承であるとともに、いまの文芸批評の怠惰に対する痛烈な批判にもなっている。そしてそれはまた希望でもある。本作のような、小説と見まごうばかりの新しい批評のスタイルがありうるということ、それが示されたことは、ぼくにとって個人的に大きな喜びであり、またたいへん力づけられるものだった。それゆえぼくは、本書を、小説好きの若者だけでなく、多くの批評好きの若者にも読んでもらいたいと思う。みなさんが批評だと信じているものの、その多くはたんなる現実逃避なのである。

幸せな戦後の終わり

小松左京氏を悼んで

2011

訃報を耳にしたとき、最初にいだいた感慨は、ああ、やはりそうなるんだ、という奇妙なものだった。

むろん死を予感していたわけではない。病状を存じあげていたわけでもない。けれどもぼくには、この震災と原発事故の年に小松左京が旅立ってしまうのが、とても「自然」なことのように思われたのである。

小松左京はSF作家として知られる。『復活の日』や『日本沈没』といった題名はだれでもいちどは耳にしたことがあるだろう。小松抜きに日本SFの歴史を語ることはできない。

しかし、彼を作家のイメージだけで捉えるのもまた不十分である。小松はじつに多才な人物だった。たとえば彼は一九六八年に梅棹忠夫らとともに未来学会の設立に参加している。七〇年には岡本太郎とともに大阪万博のテーマ館をプロデュースしている。メディア出演も多く、八〇年代には大型映画の原作と脚本と総監督をすべて務めたこともある。エッセイや対談は無数にあり、学者や政治家を相手に頻繁に文明論や日本論を交わしている。そのすがたは思想家や運動家を思わせる。

その八面六臂の活動を束ねる情熱はどういうものだったのだろうか。ひとつはまずは人間の知性に対する強い信頼だった。小松は啓蒙主義者だった。科学を信じ、技術を信じ、教育を信じ、大衆の知性が開く明るい未来社会の可能性を精力的に説いた。そしてもうひとつは日本と日本人への深い愛だった。小松は日本を舞台に多くの小説を書いた。古典芸能を愛し、ＳＦとの融合を試みた。小松が日本ＳＦの代表者と見なされているのは、たんに人気があり多作だったからではない。彼が目指したものが、日本で、日本人にしか書けないＳＦだったからでもある。

小松は知性を信じる。日本も信じる。その二面性は、いま振り返ると、小松の個人的資質というだけでなく、戦後日本のある時期の力強さを反映したものだったように思われる。小松は三一年に生まれた。一〇代で敗戦を迎え、焼跡に直面した。戦後の混乱期に青年時代を過ごし、作家活動を始めたのはようやく三〇代、高度経済成長期に入ってのことだった。そして六〇年代に代表作の多くを書き、八〇年代以後は執筆ペースはがくんと落ちた。つまりは小松は、日本人が自分たちの知性と未来を信じることができた時代にこそ輝き、支持された作家だった。彼は、「科学技術立国日本」の時代精神をもっとも巧みに娯楽小説へ落とし込んだ作家であり、またもっとも純粋に体現した思想家だったのである。

だからぼくは、そのような作家が、この震災と原発事故の年に世を去ることに、偶然を超えた符合を感じざるをえなかった。小松の死は、科学を信じ、技術を信じ、明るい未来を信じることができた「戦後」という幸せな時代が、もはや完全に終わりを告げたことを示している――いまはそのように思われてならない。

小松左京は、ぼくがもっとも尊敬し、もっとも影響を受けた作家のひとりである。一〇歳のときに彼の小説に出会って以来、ずっと小松のような存在になりたいと願ってきた。その願いはいまだ実現していない。そしてこれからの日本では、「小松左京であること」はますますむずかしくなるだろう。幼いぼくの願いはこれからも宿題として残り続ける。

小松左京先生のご冥福を心よりお祈りいたします。長いあいだありがとうございました。

哲学者は自由でいい

梅原猛氏を悼んで

2019

二〇一二年に、NHKの企画ではじめて梅原猛氏にお会いした。京都市内のご自宅を訪問し、震災後の哲学についてうかがう番組だった。ハイデガーから世阿弥や縄文まで、洋の東西を自在に往還する刺激的なお話はいまでも忘れられない。ぼくは一九七一年生まれで、氏の四六歳下にあたる。孫でもおかしくない年齢差だが、そんなぼくに氏は対等に接してくれた。哲学には流行も世代も関係ない。哲学をやっていてよかった、と感じる至福のひとときだった。

哲学には流行も世代も関係ないと記した。ただ、じつはここ半世紀ほどは哲学の様子がおかしくなっていた。実存主義、構造主義、ポストモダニズム、ポストコロニアリズムと流行が目まぐるしく変わり、百年千年単位で思索を深めることはむしろ忌避されるようになっていた。

加えて日本では敗戦があった。戦前は、東西の伝統を融合し、新たな哲学を構築する大胆な挑戦が試みられていた。しかしその多くは、政治的な危うさを抱えていたため、戦後は抑圧され忘却されてしまった。むろん第二次大戦での京都学派の責任は小さいものではなかった。ただ、それを反省するあまり、この国の哲学者は他国にもまして浅薄で小さな哲学しか展開できなくなってしまった。梅原氏は、そのような逆風のなか、かつての哲学の野望を引き継ぎ、守り続けた最後の哲学者だった。その死により、ひとつの時代が終わったと感じる。

梅原氏の業績は多岐にわたり、大胆な主張が多いために反発も多い。代表作である『隠された十字架』も『水底の歌』も、刊行当時には激しい批判に晒されたと聞く。ぼくは日本史の専門家でなく、批判の是非を判断する立場にない。ただ、かりに細かな事実の記述に瑕疵があったとしても、「怨霊史観」「梅原日本学」と呼ばれるそれらの仕事が、いま日本に生きる哲学者がなにをなすべきなのか、その問いに正面から向きあった傑出した「歴史哲学」であったことはまちがいないと思う。事実の集積は歴史にならない。ひとは過去を物語に変えてはじめて未来に進める。そしてその物語の創出は哲学者の責務である。戦後の日本は戦死者の慰霊に失敗し続けた国で、その歪《ゆが》みはいまだわたしたちを苦しめている。日本史を怨霊の観点から再構成する歴史哲学は、そのような現代日本への批判を含んでいたのではないか。それは同時に、安全な「研究」しか行わなくなった同時代の学界への苛立ちも含んでいたことだろう。

哲学者は自由でいい。大胆でいい。ぼくは梅原氏の著作からその勇気をもらった。二〇一二年の対談で、氏は、アリストテレスは動物でも昆虫でも性の話ばかり書いている、スケベだよねとニヤリと笑った。そんな冗談が、つぎの瞬間に日本神話の多神教的性格の考察へ変わり、デカルト批判につながる。哲学者とは、そういうアクロバットができる職業なのだ。梅原氏の死が哲学の死を意味しないように、残されたわたしたちはあらためて勇気を振るい起こさねばならないように思う。

5
批評とはなにかⅡ

運営と制作の一致、あるいは等価交換の外部について

2018

1

去る（二〇一八年）一二月二一日、ゲンロンの代表を降りた。詳しい理由については、二三日早朝の友の会総会で話したし、その場にいなかったひとも、すでにツイッターなどであるていど状況を察していることと思う。ひとことでいえば、ぼくは、ゲンロンという法人のため、これ以上自分を犠牲にするのが辛くなってしまった。

ぼくはゲンロンという会社の創業者で、大株主で、代表なので、ゲンロンを解散することも考えた。じっさい、ツイッターでも記したように、一二月の半ばにはかなりその選択に近づいていた。けれども、周囲の友人の、そして友の会会員のみなさんからの強い支援の言葉があり、ぎりぎりで思いとどまることができた。とはいえ、いつ解散をいい出すかわからない人物が代表ではまずいので、ぼ

くはゲンロンの代表を退くことにした。健康を取り戻すまでの一時的な措置ではあるが、後継の代表を快く引き受けてくれた上田洋子に深く感謝したい。

ところで、今回のぼくの苦境は、一二月に入っていきなり始まったものではなく、じつは夏あたりから静かに進行していた。経営者としてのぼくの望みと社員の要求が乖離するようになり、さまざまな場面で、ぼくの負担が一方的に増えていると感じることが多くなっていた。

とりわけこの二ヶ月ほどは、毎週のようにトラブルが勃発し、新たな社員が退社を申し出る異常事態で、つぎはだれが辞めるのか、だれのどの発言が信じられるものなのか、疑心暗鬼になりながら事業計画を二転三転させねばならず、精神の安定を保つのがむずかしかった。ぼくはそのころから、ツイッターで弱音を吐くようになった。本誌『ゲンロンβ』の読者のなかには、その時点で心配していたかたが多くいるのではないかと思う。

ゲンロンの経営の混乱はあくまでも社内の事情で、外部に晒すものではない。それでも、友の会の会員に対しては一定の説明責任がある。それゆえ、ぼくは、今回の解散騒動が起こるまえに、すでに、なぜぼくが苦境に陥ったのか、ゲンロンは今後どうあるべきなのか、あるていど社内事情を開示したうえで説明する長い原稿を書き記していた。それが二週間ほどまえのことだ。それは、この半年の苦境を、よくある経営者の悩みとして片づけるのではなく、そこからなんらかの「意味」を引き出すことで乗り越えようとする、ぼくなりの苦闘でもあった。

にもかかわらず、その苦闘も虚しく、ぼくは心を病み、経営を放り出してしまった。加えて、この二週間でわかったことは、今回の苦境にはそもそも深い意味などなく、考えてもそれこそ意味がないのではないか、という絶望的な事態だった。この原稿を最後まで読んでくれればわかるように、いまぼくはその絶望からも新たな教訓を引き出そうとしている。けれど、とりあえずいっときはそう感じた。

ゲンロンには働かない社員が多かった。かつては働いていた社員も、最近の会社の成功のせいで働かなくなった。ぼくは統治能力が低く、社員とのコミュニケーションが下手で、彼らを増長させた。そして彼らは、自分たちが楽に仕事ができないとわかったら、いろいろイチャモンをつけて退社をいい出した。いまのぼくにはそれがすべてのように思える。そのあまりの単純さが、ぼくの心を折ってしまった。

とはいえ、認識に的を外したところがあったとはいえ、二週間前に試みた議論そのものは、いまでも発表の価値があるのではないかと考えている。そこで今回はまず、問題の原稿の要旨を、社内事情に言及した箇所を省いて紹介することにしたい。ぼくはゲンロンを、以下のような考えで運営していたのだ。

2

その原稿は「運営の思想」と「制作の思想」という対立の説明から始まっていた。

この対立は、黒瀬陽平が二〇一三年に出版した『情報社会の情念』に登場するものである。「運営の思想」は、SNSや動画投稿サイトにおいて、コンテンツの投稿や生成を最大化するように仕組みを整える、文字どおり「運営」の発想を意味する。他方で「制作の思想」は、そのような仕掛けに抵抗しつつ、あるいはそれを利用しつつ、独自の作品を作ろうとするクリエイターの試みを意味する（黒瀬自身はここまで明確な定義は与えていない）。つまり、運営の思想とは、プラットフォームのほうがコンテンツよりも優位だと考える立場のことで、制作の思想とは、コンテンツのほうがプラットフォームよりも優位だと捉える立場のことである。

黒瀬の著作の主題はネット時代の創造性にある。だから「運営の思想」と「制作の思想」の対立は、ネットでは前者が圧倒的に優位だが、それだけでよいのかという問題提起のために導入されている。けれども、この概念の対立そのものは、ネットカルチャーやポップカルチャーにとどまらず、より広く文化の分析一般に応用することができる。

運営の思想とは、ひとことでいえば、商品開発の思想であり、資本主義の思想のことである。現代は運営の思想が優位な時代だが、しかしそれだけでは、文化「産業」は栄えても文化そのものは痩せ細るとぼくは考える。

なぜか。それは、プラットフォームからすれば、コンテンツはあくまでも代替可能で交換可能な「商品」でしかないからである。たしかに制作者には、運営のいうことを聞かない自由がある。しかし、運営者のほうにも制作者を交替させる自由がある。そして両者の葛藤が起きたとき、力関係は明白である。

とくにネット時代の現代は、両者の力の非対称が極端である。いまはクリエイター志望者は無数にいる。しかしプラットフォームは少数しかない。したがって、クリエイターは数少ないプラットフォームに殺到するほかないが、プラットフォームのほうは、運営の意向に忠実なクリエイターをいくらでも市場から調達できることになる。そしてプラットフォームは、数の論理にどこまでも忠実である。結果として、市場では、大衆が求めるものばかりが増殖し、コンテンツの多様性は消えることになる。SNSや動画投稿サイトの実態を知らなくても、この状況認識を共有する読者は多いだろう。

運営の思想と制作の思想というこの対立を導入すると、ゲンロンの特異性を簡単に理解することができる。

ゲンロンではぼくは経営者である。そして同時に、書籍やトークイベントといった主力商品の制作者でもある。つまりはゲンロンでは、運営の思想と制作の思想の担い手が一致している。

これは、ゲンロンという組織のもっとも顕著な特徴である。ゲンロンと同規模の小出版社やイベントスペースは多くある。また、ぼくと同じていどの知名度でコンテンツの管理を法人化している著者も数多くいる。けれども、ぼくと同じように、現役のコンテンツ制作者であり続けながら、同時に自分以外の制作者を招くプラットフォームを作ろうとしている人間は、ぼくの知るかぎりほとんどいない。この点で、ゲンロンは、いまの日本の言論界のなかで、きわめて特異な立ち位置を占めている。これはけっして創業者の贔屓目ではないと思う。

けれども、その一致に対してはしばしば疑問が寄せられてきた。具体的には、東さんは執筆や登壇に専念すべきで、ほかに経営を担うひとを探すべきだといわれてきたのである。今回の騒動でも、多くのひとがそのような忠告を寄せてくれた。

それらの忠告には感謝している。ぼく個人の能力を高く買ってくれているからこそ、そのようにいってくれているのだからだ。じっさい、先日の総会でも話したように、ぼくが今回潰れた原因のひとつは、社員たちが、執筆し登壇するぼく、すなわちコンテンツ制作者のぼくに対して、あまりに配慮を欠いていたからでもあった。運営と制作の一致がいかにむずかしいかは、身に沁みてわかっている。

にもかかわらず、ぼくはいまでも、もしゲンロンをこれからも続けるのであれば、かならず経営に復帰すべきだと考えている。なぜか。

それは、ぼくが、運営と制作を切り離すこと、それそのものが罠だと考えているからである。

どういうことだろうか。じつは、さきほど述べたような「運営の思想の優越」に危機感をいだいている人々はたくさんいる。それこそ、文系の大学教師や小さな出版社の編集者に会えば、たいがい似た話をする。そしてそのような人々の多くは、運営の思想が入り込まない、制作の思想優先の場を確保することが問題解決の方法だと信じている。具体的には、大学の文系学部や美術館、人文系の出版社やNPOなどが、そのような「外部」として想定されることが多い。

けれども、ぼくの考えではその戦略は有効に機能しない。なぜなら、ぼくたちはじつは、運営の思想すなわち資本主義の外部に出ることとは、原理的にできないからである。運営の外部なるものを作る試みは、現実には「運営の外部を守ってくれる運営者」に依存することしか意味しない。具体的には、金のことなんて気にしなくていいよといってくれる、金のことを気にするひとに依存することしか意味しないのだ。教員のユートピアは大学が経営方針を変えたら終わりだし、編集者のユートピアは出版社が経営方針を変えたら終わりである。赤字文芸誌の出版はヘイト本の売り上げに依存しているし、若手演劇の世界では、助成金の申請に強いスタッフが重宝されるとの話も聞く。現代の「文化」の多くは、そのような脆弱な基盤のうえで維持されている。

運営だけでは文化は滅びる。けれども運営の外部を作ろうとする試みは、ますます運営への依存を深める。金勘定をしないクリエイターは、金勘定をする運営の奴隷となる。ではどうすればいいのか。

ゲンロンはこのような認識を出発点にして設立されている。だからぼくは運営と制作を切り離すことはしない。

ではどうするのか。かわりにぼくがゲンロンで試みてきたのは、運営の思想そのものを変形することである。

それは具体的にはつぎのようなことである。運営の思想は資本主義の論理である。もう一歩踏み込んで哲学的に定義すれば、「等価交換」の論理ということになる。運営者は、消費者に対価に応じたコンテンツを提供し、対価に応じた責任を負う。そしてその責任しか負わない。コンテンツを引き渡し、消費者がクレームをつけなければ、そこでプラットフォームとしての責任は終わる。コンテンツが「商品」だというのは、つまりはそういうことである。

ゲンロンはその論理に抵抗しない。ゲンロンは無料の書籍を配布したり、無料の市民講座を開いたりはしない。むしろ商品を作る。そして売る。書籍を売り、トークショーを売り、ツアーを売り、スクールを売る。それは等価交換のなかにある。消費者は、知識や快楽を求めて、ゲンロンに金銭を支払う。ゲンロンは対価を受け取るかわりに、知識や快楽を提供する責任を負う。そのようにして、ゲンロンは、金勘定を自分のものとし、運営の奴隷となることを避けている。

けれども、その営みは完全に等価交換のなかにあるわけでもない。なぜならば、ゲンロンのコンテンツは、じつは商品であって、同時に商品でないからである。ゲンロンはコンテンツの提供にあたって、つねにそこに、等価交換以上の「なにか」を、すなわち、消費者が支払いのときに事前に欲望＝予想していたものとは異なる経験を忍び込ませるように試みている。たとえば、二時間のトークショーだといわれてカフェに来たら、五時間を超えて日付をまたいで話が続く。たとえば、原発事故についての本を買ったはずが、いつのまにか被災地の歴史をたどる旅に誘われる（『新復興論』）。たとえば、マンガ家育成の講座を受講したはずが、いつのまにか音楽イベントに参加させられたり、手打ちうどんを食べさせられたりする（ひらめき☆マンガ教室）。そのような「意外な展開」がゲンロンのコンテンツの最大の特徴であることは、多少とも弊社の「商品」に親しんでいる読者であれば、これ以上例を挙げなくても頷いてくれるのではないかと思う。

ゲンロンは、商品を売りながらも、つねにそこに余剰を忍び込ませている。そして、その余剰によって、購入者を等価交換の外部へと誘っている。これがぼくが考えた運営の思想への抵抗戦略である。

これは、等価交換を意図的に「失敗」させるということでもある。消費者は、ゲンロンにおいては、商品を買うことで、少なからぬ確率で、最初に欲望＝予測していたものとはちがうなにかを受け取ってしまう。それは等価交換の失敗である。けれどもその失敗は、同時に、購入者の欲望＝予測が「変形」され、新たな創造性の回路が開かれるということでもある。ぼくはしばしばそれを「誤配」と呼んでいる。

これを、つぎのようにいいかえることもできる。制作の思想は、運営の思想の外部に静的に存在するのではなく、その失敗において動的に開かれる。

だから、ゲンロンは、商品のふりをして商品ではないものを売っている。NPOでも特殊法人でもない「ふつうの中小企業」として、金儲けをしているふりをして、金儲けと関係がないことを行っている。

これは、ふつうにはたんなる無理な要請のように聞こえることだろう。だから、以上の議論を説得力のあるものにし、その戦略を持続可能なものにするためには、さらに一歩進めて、その「運営の変形」が、ゲンロンという企業にとってはけっして不可能への挑戦ではない、むしろ合理的な選択肢になるような、そういう環境を作り出さなければならない。

ゲンロンは、じつはこの数年でその環境を作り出すことにも成功し始めていた。それは、ゲンロンにとって、いまやそれら等価交換の失敗＝「意外な展開」が、かならずしも商品販売の妨げになるものではなく、むしろもっとも強力な競争力の源になり始めていたことによって証明されている。これも具体例を考えてみればわかる。もしもトークショーが告知どおりに二時間で終わる場所だったら、カフェのいまの成功はあっただろうか。もしもチェルノブイリツアーのプログラムがたんなる原発観光だったら、五回も続いただろうか。ゲンロンの試みがまがりなりにも八年を超えて継続しているのは、等価交換の失敗こそを商品の競争力へと「変形」する、アクロバティックな回路を作り、拡張することに成功してきたからにほかならない。

そして、ここが大事なところなのだが、そのようなアクロバティックな戦略は、運営と制作を一致させる体制によってしか可能にならない。

なぜならば、運営者はコンテンツを商品としてしか見ないからである。そして等価交換の失敗は失敗としてしか見ないからである。かりに経営のプロが招かれたら、すぐにゲンロンは、ぼくの本だけを出版し、ぼくのイベントだけを開催する小さな会社に生まれ変わることだろう。常識で考えたら、それがもっとも消費者の期待に応えているし、もっとも利益率が高いからだ。じっさいに多くのひとがそうするように勧めてくれている。しかしそれは、ゲンロンが、「東浩紀」というひとりのクリエイターへの消費者からの期待に、正しく効率よく応える会社になることを意味している（最近流行のオンラインサロンがまさにそのようなものだ）。それが悪いというのではない。金も儲かるだろう。けれどもそこに誤配の可能性はない。そして制作の思想の実現もない。ぼくひとりがコンテンツを効率よく「生産」することは、ぼくの考える制作の思想の実現となんの関係もないのだ。

運営と制作の分離は、かならず運営の思想の勝利をもたらす。そして誤配を不可能にする。誤配がなければ創造も発明もない。

ゲンロンで運営と制作の一致が原理となっているのは、このような考えのもとでのことなのである。

3

――と、二週間前に、おおかたこのような内容の原稿を書いた。当時のぼくは、一連の社内の混乱は「運営と制作の一致」の思想が社員に理解されないことによって起きたのだと、そう考えていたのである。

冒頭に記したように、いまは考えをあらためている。混乱の原因は、一部の社員が仕事をサボり、ツケを全部ぼくに回していたからであり、それ以上でも以下でもない。まったくもってくだらない話である。

とはいえ、そのくだらない話からも教訓は引き出せる。ぼくは今回、ひとを雇う立場とはじつに弱いものだと実感した。最後にその気づきについても記しておこう。

雇う立場は弱い。このように書くと、反感をいだく読者が多いかもしれない。むろん、一般に経営者が従業員よりも弱いと主張するつもりはない。けれども、ぼくは今回のトラブルで、少なくともゲンロンのようなアクロバティックな事業体にとって、現在の雇用をめぐる環境（法や制度だけでなく、人々が雇用なるものにいだく考えも含めて）はときに致命的な障害になると感じたのである。

どういうことか。現代はすべてにおいて流動性が善だとされている時代である。そこには雇用も含まれる。労働者は、労働環境が気に入らなければ、職場をいつでも自由に変えることができる。経営者のほうも、労働者のその自由を前提にして、派遣や外注を多用しできるだけ正社員を採用しないようにする。それが善だというのが、いまの市場の考えかたである。

これは、さきほどまでの言葉で整理すれば、労働が「商品」の一種として理解され、雇用が「等価交換」の論理のなかで理解されていることを意味している。労働者は労働力という商品を売る。雇用主は賃金を支払ってそれを買う。雇用とはその交換の別名にほかならない。だから労働力＝商品はつねに匿名的で交換可能である。労働力＝商品を売るのはAさんでもBさんでもいいし、労働力＝商品を買うのもCさんでもDさんでもいい。その条件があるからこそ、労働者はいつでも雇用主＝買い手を交換することができるし、雇用者もいつでも労働者＝売り手を交換することができる。

このような労働＝商品観は、資本主義の本質から導かれるもので、さまざまな社会問題を生み出している。マルクスをはじめ、無数の思想家がその悪を指摘してきた。そのかぎりで、いまここでぼくがしようとしている話はまったく新しくなく、むしろ古くさい問題提起である。とはいえ、そのような労働＝商品観は、二一世紀になって、あらためて社会を隅々まで覆い尽くし始め、そのせいでぼくたちの生活もまたいままで以上に不自由になり始めているように思う。

労働力を匿名の交換可能な商品と見なす考えかたは、かつては「疎外」を生み出すイデオロギーとして厳しく批判されたものだし、いまも左翼系の運動家はそう考えている。けれども、現代ではそれはかならずしも資本家だけの主張ではない。むろんいまでも雇用の流動化に反対する政治勢力は存在するし、労働組合はその支持母体として大きな力をもっている。けれども同時に、少なからぬ労働者が、そのような労働＝商品観を積極的に受け入れ、むしろ流動性の確保こそが自分たちの主体性の発露だと考え始めている。ひらたくいえば、職場でなにか問題が起きたときに、経営者と粘り強く交渉し環境の改善を勝ち取るというよりは、こんな職場、嫌になったらすぐに辞めてやる、おれだって自由な個人なんだからな、とつねにそう考えているような、そういう人々が増えてきている。

ゲンロンにも、そのような考えをいだく若いスタッフが集まっていた。その考えそのものはいいとも悪いとも判断できない。嫌な仕事を無理して続ける必要はない、とぼくも個人的には思う。けれども、その労働＝商品観は、ゲンロンのようなアクロバティックなプロジェクトを遂行している組織の場合、経営者＝雇う立場の負担を何倍にも増すことになる。

なぜならば、さきほど強調したように、ゲンロンが販売している「商品」は、ほんとうは商品ではないからである。つまり、いま商品を売って、いま現金が入る、それで終わりという性質のものではないからである。そして、これまたさきほども記したように、そのような「商品でないものを商品として売る」ためには、等価交換からの逸脱こそを商品の魅力だと捉えるような、特殊な購入環境の構築と維持が不可欠だからである。

この条件が意味するのは、ゲンロンにおける「仕事」が、ただたんに本を作り、トークイベントを企画すれば終わるようなものではありえないということである。それは、商品を作るだけではなく、

「商品でないものを商品として売る」ための環境作りも含む。すなわち、ゲンロンに関係する広義の「関係者」——執筆者や登壇者などの取引先だけでなく、友の会会員のような支援者、そしてそのさらに外側に広がる読者や観客一般まで含む——と長期的な関係を築き、ときには人格的なコミュニケーションをとるなかで「誤配」を「受け入れてもらう」ような、そういう地味でていねいな作業の積み上げを含む。それができないとゲンロンでは仕事にならない。これは精神論ではなく、完全に具体的な話である。ゲンロンは、かつてだれかが（おもにぼくだが）そのようなコミュニケーションの積み上げをしてきたからこそ、いま逆説的な商品を販売し、金銭に換えることができている。つまり給与を払うことができている。だから社員は、まずは給与の源泉であるその逆説的コミュニケーションの責任こそを、ともに負わねばならないのだ。

にもかかわらず、ゲンロンの今回の混乱であきらかになったのは、そのような組織維持の根本的条件が、肝心の社員たちにまったく理解されていなかったという貧しい事態である。

社員は労働と賃金の等価交換だけを信じていた。いま働いて、いま給与をもらい、それで終わりだと考えていた。商品でない商品を売っているのにゲンロンがなぜ給料を支払えているのか、その謎には直面していなかった。だから会社に飽きたらすぐに辞めることができると考えていた。けれど社員が放り出した人格的関係は、それが壊れたらゲンロンそのものが壊れてしまう以上、すべて暫定的にでもぼくが引き受けるしかない。ぼくはこの冬、つぎからつぎへと押し寄せる人格的業務の振り替えに疲弊し、潰されてしまった。

以上はつぎのように整理することもできる。ゲンロンは、社外に対して、商品のふりをして商品ではないものを売ってきた。

それはふつうに考えて逆説である。だとすれば、その対外的な逆説を成立させるためには、ほんとうは対内的にも逆説が成立していなければならなかったのではないか。具体的には、ゲンロンの社内においても、労働＝商品と賃金の等価交換が成立しているふりをしつつ、じつはそれを労働＝商品ではないものへ変形する（できる）社員が一定数いなければ（いるように環境を整えなければ）いけなかったのではないか。

ところがいままでは、そのような社員があまりに少なかった。多くの社員が、ゲンロンを「ふつうの会社」だと、つまりは、命令された業務を行い、対価として一定額の給料をもらい、嫌になったらいつでも辞めることができる組織だと考えていた。すなわち、ゲンロンは、社外に対しては等価交換を超えるものを提供していたのに、社内においては等価交換の論理に支配されていた。それゆえ、社外に発信する交換の論理を超える部分、思想用語でいうところの「贈与」の部分の負担が、すべてぼく個人に集中することになってしまったのである。これをわかりやすくいえば、社員が仕事をサボり、社長にそのツケがすべて回ってきたという表現になるわけだ。

社外への贈与と社内からの贈与。そのように整理することで、ぼくは今回の騒動から、社員が働かなかったというだけではない、もう少し普遍的な教訓を引き出せそうに感じている。

ゲンロンはいままで組織の外部に対して、商品のふりをして商品ではないものを与えてきた。それが、ぼくなりの運営の思想＝等価交換の論理への抵抗であり、ゲンロンの成果だった。

だとすれば、これからはそれに加えて、組織の内部に対しても、雇用のふりをして雇用ではない経験を与える可能性を考えねばならないのだろう。ゲンロンでの労働を、匿名で交換可能な「労働」ではなく、むしろ人格的で交換不可能な経験であると、アーレントの言葉を借りれば「仕事」や「活動」であると、そのように思わせるように社内統治の方法を変えていかねばならないのだろう。それが具体的にどのようにしたら可能になるのか、まだアイデアはない。もしかしたら、その理想のためには、社内統治以前に、組織や契約のかたちそのものを再発明しなければならないのかもしれない。あるいはそもそも制度を工夫しても意味はなく、結局は能力のある社員を雇うことだけが解決策なのかもしれない。ただ、そこに新たな課題があることだけはたしかだ。

労働者を等価交換から解放すること。これは労働環境を「ブラック」にし、社員を給与以上に働かせるという話ではない。そうではなく、一定時間の労働を提供し、それを賃金へと変換する、その等価交換だけが仕事だと考える狭い労働＝人間観から、人々に解き放たれてほしいということなのである。ゲンロンの業務は、飽きたから辞めるというのにはあまりにも豊かなものであるはずだと、これはさすがに創業者の贔屓目かもしれないが、ぼくはそう考えている。

むろんぼくは、ひとは等価交換から解放されるべきだという発想そのものが、ある観点からは危険でブラックだと非難されかねないものであることもまた承知している。というよりも、いまのネットでは、むしろそう非難するひとのほうが多いだろう。時代の常識は多数派が決めるのだから、だとすれば結局、ぼくはブラックだと非難されてもしかたないのかもしれない。しかし、そのような非難を寄せる人々は、そもそもゲンロンの逆説を、というよりも文化の逆説を理解していないのだから、最初からぼくたちに近づくべきでないとも思う。

文化は等価交換の外部にある。等価交換を善と見なす世界からは、それは原理的に悪となる。文化とはそもそもそういうものなのだ。ゲンロンの試みは、まずはその認識を前提としている。

4

ぼくたちは等価交換の外部を必要としている。これは倫理の問題ではない。原理の問題である。等価交換の思想が批判されるのは、それが金儲け主義を導くからではない。数値化を前提とするからである。ある世界が等価交換の思想で支配されると、数値化のむずかしいものは構造的に排除される。たとえば、金銭的価値に換算がむずかしく、ハラスメントなどのリスクを抱える人格的交流は、価値が認められなくなる。

これは具体的に大学や出版の現場で起きていることである。いまの大学事務からすれば、教員が授業料の対価として提供すべきは授業であって、それ以外はコストやリスクでしかない。同じく出版社の経営陣からすれば、編集者が給与の対価として行うべきは書籍の制作であって、それ以外はコストやリスクでしかない。結果として、教員は学生との交流を避けるようになっているし、編集者も著者と必要以上に接触しなくなっている。

しかし、それでほんとうに哲学や芸術が生まれるだろうか。哲学や芸術は、本質が自然科学と異なる。哲学的な命題や芸術的な表現は、かならずその制作者の固有名と、すなわち人格と結びついている。

これは、それがいいとか悪いとか、ほんとうの哲学や芸術はだれのものでもないのではないかとかいった議論以前に、「ぼくたちの時代においてはそもそも哲学や芸術はそのようなものとして定義されている」ということである。むろん、哲学者が提起した命題でも、提唱者の名と関係なく真の命題として流通するものはあるし、芸術家が残した表現でも、制作者の名と関係なく美の表現として流通するものはある。近代以前はむしろそのような例が多い。かつて哲学者は科学者や数学者を兼ねていたし、古典古代の絵画や彫像はそもそも制作者が知られていない。けれども、近代以降の社会は、そのようなとき、それらをもはや、いい意味でも悪い意味でも哲学や芸術とは呼ばなくなってしまった。匿名的な真理や無名の美は、たんなる正しさや美しさの表出として、まるで自然物を鑑賞するかのような視線で分析し鑑賞するようになってしまった。その視線こそ「科学」と呼ばれる。近代は哲学や芸術を、その外部にあるものとして再定義した。というよりも、「人間」そのものを、そのような外部として再定義した。だから、哲学や芸術は、もはや制作者の固有名＝人格と不可分に結びつくほかなくなったのである。

その人間観がいいのか悪いのか、ぼくは判断することはできない。人工知能だシンギュラリティだと喧《かまびす》しい人々は、そんな人間観こそもう古く、更新されるべきだと主張するのかもしれない。そんな彼らは、哲学も芸術も、未来では運営の思想と等価交換の論理から出てくるようになるはずだというのかもしれない。たしかに、シンギュラリティはほんとうに来るのかもしれない。それはわからない。

ただ、いずれにせよ、未来が現在とちがっていたとしても、それはかならずしも未来がよりよいことを意味しない。だからぼくは、単純にいま、二一世紀前半の世界に生きる人間として、この数世紀のあいだ引き継がれてきた人間や哲学や芸術の定義を尊重したいと思う。

哲学と芸術は人間に関わるものである。人間の表現は固有名を必要とする。等価交換は固有名を排除する。したがってぼくたちは、哲学と芸術を手にし、人間であり続けるためには、つねに等価交換の外部を必要とし続ける。これは倫理の問題ではない。原理の問題である。

ゲンロンは、以上の認識のもとで、人間が人間であるために、等価交換の外部を回復するためのプロジェクトである。それは具体的には、匿名の商品交換の内部に誤配として人格的関係を滑り込ませるプロジェクトであり、運営の思想の内部に誤配として制作の思想を滑り込ませるプロジェクトである。運営と制作の一致だけが、その試みを可能にする。

数ヶ月後、ぼくはふたたび、ゲンロンの代表に復帰することになるだろう。それからあとは、まずはゲンロンそのものの改革が課題となるだろう。ゲンロンは二〇一〇年に創業した。それから八年半で、社外に誤配の種を蒔くことには成功した。これからは、社内から誤配の種が生まれる環境を作らねばならない。

あとがき

本書は、二〇一一年三月の東日本大震災以降、ぼくが書き溜めてきた原稿から時事性の高いものを除き、批評と社会の関係を考察したものを中心に集めた評論集である。再録にあたってはほとんどの原稿に加筆修正を施した。修正が多すぎて書き下ろしに近いものもある。関連インタビューもふたつ収録した。

本書には四七の原稿が収められている。この「あとがき」を含めれば四八となる。本書が刊行される直前の五月に、ぼくは四八歳の誕生日を迎える。せっかくなので数を合わせた。一九七一年生まれのぼくにとって、本書は四〇代の経験が詰まった評論集でもある。

本全体のタイトルは、二〇一二年から二〇一三年にかけて記した評論から借りて『テーマパーク化する地球』とした。表題作となった評論は軽めのエッセイだが、『弱いつながり』や『観光客の哲学』につながるアイデアを最初に公表した原稿でもあり、本書を代表するテクストとして最適だと考えた。

とはいえ、本書はけっして、これからはなにもかもテーマパーク化していくんだ、それでいいんだというお気楽な書物ではない。世界にはテーマパーク化に抵抗する場所が数多くある。歴史的暴力の現場や巨大災害の被災地はその一例である。ぼくの関心はそちらにも向けられている。

それでもやはり「テーマパーク化」という言葉をタイトルに据えたのは、いくらテーマパーク化への抵抗が重要だとしても、現実にはその抵抗の記憶そのものがテーマパーク化を通してしか後世に伝わらない、その逆説こそが現代社会の条件であり、また本書全体に通底する主題だと考えたからである。だとすれば、言葉のすわりは悪いが、『テーマパーク化するしかなかった地球』とでも題したほうが正確だったのかもしれない。

最近は評論集は流行らない。ワンイシューで、面倒な説明を飛ばし、短時間で結論だけを与えてくれるシンプルな書物が歓迎されている。ぼくも長いあいだ評論集は出してこなかった。

けれども、批評や哲学という表現にとって、結論にたどりつくまでの過程を記録した雑多な文章は、ときに主著以上に重要である。そしてSNSやブログは、後世のアクセスという点でたいへん心もとない。そこでぼくもそろそろ評論集や対談集を出版し始めることにした。

本書はそのふたつめの出版である。ひとつめは『ゆるく考える』と題された評論集で、本書刊行の四ヶ月前に河出書房新社から出版されている。そちらには二〇〇八年から二〇一八年にかけて書かれた、おもに文芸読者むけのエッセイが収められている。対して本書には、どちらかといえば、社会問題や他者の作品に関心を向けた批評的なエッセイが集められている。とはいえ、同じ時期に同じ人間が書いたものなので、関心や問題意識はほとんど共通している。それゆえ、両者をあわせて読んでいただければ、大学を離れ、テレビにも新聞にも出なくなり、ゲンロンという小さなコミュニティにひきこもったこの八年間のぼくがなにを考えてきたのか、より立体的に理解していただけるのではないかと思う。

それは、批評家がゆるく考えるしかなかった時代であり、世界がテーマパーク化するしかなかった時代だった。そのなかでぼくは、批評家はどのようにしたら世界と関われるのか、自分なりに考え行動してきた。本書はその歩みの記録でもある。

本書は五つの部に分かれている。第一部と第二部、第三部と第五部が内容的に対になっており、第四部は比較的独立している。いずれの部でも、テクストはかならずしも初出順には並べておらず、内容を考慮してゆるやかに前後とつながるように配置されている。かわりに各章冒頭には、執筆時点があきらかになるように初出年を記している。べつに初出一覧も設けた。

第一部は「テーマパーク化する地球」と題されている。この部には、表題作をはじめ、本書の議論の出発点となるテーマパーク化や観光地化、あるいはより広く現実の虚構化について記した文章を集めている。続く第二部は「慰霊と記憶」と題して、逆に、そのようなテーマパーク化への抵抗、いいかえれば、いくら虚構化しようとしても虚構化しきれない「残余」について考えた文章を集めた。慰霊と記憶は、そのような抵抗＝残余の代表的な例である。

とはいえ、この二部の議論はけっして対立関係にあるのではない。世界のテーマパーク化が進めば進むほど残余が生まれるし、逆に残余を残そうとすればするほどテーマパーク化は不可避になる。さきほども記したように、本書の主題はその逆説にある。だから、第一部と第二部は、そのようなねじれた関係を意識しつつ、あくまでもひとつづきのものとして読んでもらえるとありがたい。なお、この二部に収めた原稿は、ほとんどがゲンロン友の会の会員向け媒体を初出とするものなので、多くの読者ははじめて目にするのではないかと思う。少しでもおもしろいと感じたなら、友の会入会を検討していただければ幸いだ。

第三部と第五部はともに「批評とはなにか」と題されている。タイトルのとおり、ここには、批評とはなにか、哲学や人文学にはいかなる役割が求められているかについてさまざまなかたちで考えた文章を集めた。インタビューもふたつ再録した。内容的にはひとつの部にまとめるべきだろうが、二〇一八年に発表した「運営と制作の一致、あるいは等価交換の外部について」と題する文章については、本書の巻末にこそ置くべきだと考えたので独立の部を立てた。なぜそのような判断が行われたかは、読めばすぐにわかる。

最後に第四部には、第一部・第二部の主題とも第三部・第五部の主題とも直接には関係しないが、他方でゆるやかにテーマパークや慰霊や批評の存在意義について語っているようにも見える、そんな短めの文章を選んで収めた。結果としてこの部には書評や文庫版解説が多く集まることになり、他者の仕事をぼくがどのように自分の問題意識につなげているのか、そのコミュニケーションの痕跡が見えるものになった。そこで「誤配たち」と題することにした。あらゆるコミュニケーションには誤配＝誤解が含まれ、その誤配＝誤解こそが文化の源であるというのが、ぼくのかねてからの主張だからである。

おそらくはぼくはここでも、筒井康隆や加藤典洋や北川フラムやあるいはほかの人々について、読むひとが読めば誤配＝誤解だと眉を顰《ひそ》めるような奇妙な読解をやってしまっているにちがいない。けれどもその奇妙さこそが、ぼくの文章が「批評」であり、たんなる紹介や解説ではないことの証《あかし》だと信じている。

さて、この文章は「あとがき」として書かれている。あとがきを本編よりさきに読む読者は多くいる。ぼく自身もときにそうしている。とはいえ、ここでは、あとがきはあとがきであり、この文章もあくまでも本編のすべてを読んだあとに読まれていると仮定することにしよう。

だとすれば、みなさんは第五部を読んだはずである。二〇一八年の年末にぼくが調子を崩し、ゲンロンの代表を降りたことをご存じのはずである。したがって、そのあとゲンロンの経営はどうなったのか、ぼくとゲンロンの関係はどうなり、なぜいまなにごともなかったかのようにこの著作が出ているのか、経緯を知りたい読者が多いはずである。そのような読者のために、いわばあとがきのあとがきとして、かんたんに現状を記しておきたい。

結論からいえば、ぼくは復調している。そして経営にも戻っている。ゲンロンとの関係も回復している。だからこそ本書はゲンロンから出版されている。ただし代表には戻っていない。代表は上田洋子のままである。

第五部の読者は訝しむかもしれないが、これはけっして「運営と制作の一致」の理想を捨てたことを意味しない。むしろ逆である。

そもそもぼくが第五部で記したのは、運営と制作を一致させるとは、具体的には制作の思想が運営を「変形」することであり、そこからこそ誤配と贈与が生まれるという話だった。だとすれば、運営と制作が一致するためには、まずは運営の思想が自立していなければならない。つまりは、社員がきちんと運営の思想＝等価交換の論理を理解し、ビジネスがまわっていなければならない。ところがいまのゲンロンは、残念ながらその手まえにある。ぼくたちはまずその状況を変える必要がある。そしてそのためには、東浩紀は代表に戻らないほうがいい、そのほうが社員の依存心を切断できるし、社外的にも東浩紀が代表だからつきあうという属人的な取引先を整理できるので身軽になると上田がいい、ぼくはそれに説得されたのである。たしかに、東浩紀が代表だから働こうという社員や東浩紀が代表だから仕事をしようという取引先に囲まれたままでは、ゲンロンはまともなビジネスに成長しないだろうし、誤配も贈与も生まれないだろう。

これはつぎのようにいいかえることもできる。そもそも運営と制作の一致だけが目的なのであれば、ぼくは会社などつくる必要がなかった。ひとりで本を書きひとりで売るのであれば、運営も制作も対立しようがない。

けれどもぼくはそのような孤独をめざしたのではなかった。誤配も贈与もひとりからは生まれない。それらは交換の失敗からしか生まれない。誤配も贈与も、それを生みだし経験するためには、いちど他者が支配する匿名のコミュニケーションを通過しなければならない。だからこそぼくは、ひとりで物書きとして生きることを選ばず、ゲンロンという組織を立ちあげたのである。だから、もしゲンロンが、東浩紀がなにもかも自由にできる個人事業に近い会社だと思われているのだとすれば、そこではけっしてぼくの理想は実現できないのだ。それゆえぼくは、ほんとうの「運営と制作の一致」を実現するためにこそ、代表を降り続けることを承諾した。


冒頭に記したように、本書は、二〇一一年の震災以降、ぼくが書き溜めた原稿から抜粋し編集した評論集である。

けれども、震災から八年、ぼくの関心の中心はじつは執筆にはなかった。では中心はどこにあったのかと問われたら、ぼくは迷わずゲンロンの経営にあったと答えるだろう。ゲンロンはぼくにとっては、たんなるビジネスではなく、批評家としての自己表現そのものだった。まわりはみなゲンロンとぼくを区別せずに扱ったし、ぼくもまたゲンロンはすべてぼくのものだと考えていた。

しかしいま振り返ってみれば、あるときからのちは、そのようなぼくの感覚こそが、ゲンロンという組織にとって、そしてぼくの理想にとって大きな障害になっていたように思う。いまや、ぼくとゲンロンの関係こそが変わる必要がある。

それは子育てに似ている。ぼくには二〇〇五年に生まれた娘がいる。ぼくはかつて、あとがきに頻繁に娘の話題を出すことで知られていた。じっさい、幼い娘の未来に思いを馳せたり、謝辞を捧げたりするとある種の文学的余韻が生まれるので、あとがきを締めるのにはとても便利な人物だったのである。

そんな娘ももうすぐ一四歳になる。あいかわらず楽しげに生き、ぼくもかわらず愛情を注いでいるが、いまや独立した個人であり、とてもあとがきで便利に呼び出せる存在ではない。同じように、これから五年後か一〇年後、ふたたび本書のような評論集を編む機会があるとすれば、そのときはあとがきにはまったくゲンロンの話がでない、本編でもほとんど触れられないというのが健全な未来なのだろうと思う。

「運営と制作の一致」、それはきっと、愛する子どもが育ち、大人になったあと、親子のつながりをどのように対等な関係へ変形させていくのかという困難な課題に、不可分に関係している。五〇近い年齢になって、ぼくはようやくそんなことを学び始めている。

二〇一九年四月一二日

東浩紀

初出一覧

1 テーマパーク化する地球

テーマパークと慰霊――大連で考える

『ゲンロンβ』第三三号、ゲンロン、二〇一九年

テーマパーク化する地球＊

「テーマパーク化する地球」第一回、『genron etc.』第一号、コンテクチュアズ、二〇一二年

「テーマパーク化する地球」第二回、『genron etc.』第二号、ゲンロン、二〇一二年

「テーマパーク化する地球」第三回、『genron etc.』第三号、ゲンロン、二〇一二年

「テーマパーク化する地球」第五回、『genron etc.』第五号、ゲンロン、二〇一二年

「テーマパーク化する地球」第六回、『genron etc.』第六号、ゲンロン、二〇一三年

観光地化するチェルノブイリと革命の暴力――第二回ツアーを終えて＊

「観光地化計画が行く」第二五回、『ゲンロン観光地化メルマガ』第二五号、ゲンロン、二〇一四年

「観光地化計画が行く」第二六回、『ゲンロン観光地化メルマガ』第二六号、ゲンロン、二〇一四年

ニセコの複数の風景《スケープ》

「観光地化計画が行く」第二八回、『ゲンロン観光地化メルマガ』第二八号、ゲンロン、二〇一五年

イスラム国はなにを奪うか

「観光地化計画が行く」第三〇回、『ゲンロン観光地化メルマガ』第三〇号、ゲンロン、二〇一五年

ソ連と崇高

「観光客の哲学の余白に」第八回、『ゲンロンβ』第二〇号、ゲンロン、二〇一七年

2 慰霊と記憶

原発と是非の壁

「観光地化計画が行く」第二七回、『ゲンロン観光地化メルマガ』第二七号、ゲンロン、二〇一四年

四年後の三月一一日

「観光地化計画が行く」第三一回、『ゲンロン観光地化メルマガ』第三一号、ゲンロン、二〇一五年

三里塚の怒り
「観光地化計画が行く」第三二回、『ゲンロン観光地化メルマガ』第三二号、ゲンロン、二〇一五年

「フクシマ」へのふたつの道
「観光地化計画が行く」第三四回、『ゲンロン観光地化メルマガ』第三四号、ゲンロン、二〇一五年

観光地化計画はなぜ失敗したのか
「観光地化計画が行く」第三七回、『ゲンロン観光地化メルマガ』第三七号、ゲンロン、二〇一五年

慰霊と脱政治化
「観（光）客公共論」第二回、『ゲンロン観光通信』第二号、ゲンロン、二〇一五年

埋没費用と公共性
「観（光）客公共論」第六回、『ゲンロン観光通信』第六号、ゲンロン、二〇一五年

代弁の論理と『苦海浄土』
「観（光）客公共論」第八回、『ゲンロン観光通信』第八号、ゲンロン、二〇一六年

鉄原《チョルオン》と福島の余白に
『ゲンロンβ』第一号、ゲンロン、二〇一六年

イ・ブルの政治的身体＊＊
「이불의 정치적 신체」,『커넥트1: 스틸 액츠』아트선재센터, 2016（韓国語版）
"Lee Bul's Body Politic," *Connect 1: Still Acts*. Art Sonje Center, 2016（英語版）
『ゲンロンβ』第七号、ゲンロン、二〇一六年（日本語版）

復興とSF
毎日新聞、二〇一四年三月九日

原発は倫理的存在か
ポリタス、二〇一五年　URL=http://politas.jp/features/6/article/392

3 批評とはなにかI

『動物化するポストモダン』のころ
現代新書出版部編『講談社現代新書50周年　1964〜』、講談社、二〇一四年

情報と哲学
『情報処理』五四巻五号、情報処理学会、二〇一三年

人文学と反復不可能性
『現代思想』二〇一六年一月号、青土社

霊と批評
「観（光）客公共論」第五回、『ゲンロン観光通信』第五号、ゲンロン、二〇一五年

批評家が書く哲学書
『群像』二〇一七年五月号、講談社

払う立場
『払う立場』、『しししし』第一号、双子のライオン堂、二〇一七年

虻《あぶ》としての哲学者
「観光客の哲学の余白に」第一一回、『ゲンロンβ』第二六号、ゲンロン、二〇一八年

デッドレターとしての哲学
『現代思想』二〇一五年二月臨時増刊号、青土社

職業としての批評
「職業としての『批評』」、『文學界』二〇一八年一二月号、文藝春秋

批評とはなにか——ゼロ年代の批評・再考＊

「観（光）客公共論」第九回、『ゲンロン観光通信』第一〇号、ゲンロン、二〇一六年

「観（光）客公共論」第一〇回、『ゲンロンβ』第三号、ゲンロン、二〇一六年

「観（光）客公共論」第一一回、『ゲンロンβ』第五号、ゲンロン、二〇一六年

4 誤配たち

「新日本国憲法ゲンロン草案」起草にあたって——『日本2・0』によせて

「起草にあたって」、『日本2・0　思想地図β3』、ゲンロン、二〇一二年

憲法とやかんの論理

「観光地化計画が行く」第三六回、『ゲンロン観光地化メルマガ』第三六号、ゲンロン、二〇一五年

『一般意志2・0』再考——講談社文庫版へのあとがき

「文庫版あとがき」、東浩紀『一般意志2・0——ルソー、フロイト、グーグル』、講談社文庫、二〇一五年

妄想＼——新津保建秀『＼風景』によせて

本書初出

イデオロギーからアーキテクチャへ——猪瀬直樹『欲望のメディア』小学館文庫版解説

「解説　イデオロギーからアーキテクチャへ」、猪瀬直樹『欲望のメディア』、小学館文庫、二〇一三年

あまりにもリベラルな「トーキョー」のすがた——リミニ・プロトコル『一〇〇％トーキョー』について

「あまりにもリベラルな『トーキョー』のすがた」、フェスティバル／トーキョー実行委員会事務局編『F／T13　ドキュメント』、フェスティバル／トーキョー、二〇一四年

性は政治的に正しくありうるか——永山薫『増補　エロマンガ・スタディーズ』ちくま文庫版解説

「解説　性は政治的に正しくありうるか」、永山薫『増補　エロマンガ・スタディーズ——「快楽装置」としての漫画入門』、ちくま文庫、二〇一四年

遅れてきたゼロ年代作家——海猫沢めろん『左巻キ式ラストリゾート』星海社文庫版解説

「〈解説〉遅れてきたゼロ年代作家、海猫沢めろん」、海猫沢めろん『左巻キ式ラストリゾート』、星海社文庫、二〇一四年

『鳳仙花』のタイムスリップ——池澤夏樹＝個人編集『日本文学全集23　中上健次』によせて

「『鳳仙花』のタイムスリップ」、『日本文学全集23　月報［二〇一五・一］』、河出書房新社、二〇一五年

からっぽの引き出しに見ていたもの

「空っぽの引き出しに見ていたもの」、『Fライフ』第二号、小学館、二〇一四年

小ささの時代に抗して——レム・コールハース『S, M, L, XL＋』によせて

「小ささの時代に抗して——『S, M, L, XL＋』刊行記念・連続書評」、Webちくま、二〇一五年　URL=http://www.webchikuma.jp/articles/-/45

死を超える虚構の力——筒井康隆『聖痕』新潮文庫版解説

「解説」、筒井康隆『聖痕』、新潮文庫、二〇一五年

ウェルカムアートのユートピア
北川フラム、大地の芸術祭実行委員会監修『大地の芸術祭　越後妻有アートトリエンナーレ２０１５――地球環境時代のアート』、現代企画室、二〇一六年

政治のなかの文学の場所――加藤典洋『戦後的思考』講談社文芸文庫版解説
「解説　政治のなかの文学の場所」、加藤典洋『戦後的思考』、講談社文芸文庫、二〇一六年

『虚航船団』の呪い
『文藝別冊　総特集　筒井康隆――日本文学の大スタア』、河出書房新社、二〇一八年

この小説こそが批評である――高橋源一郎『今夜はひとりぼっちかい？』について
「この小説こそほんとうの批評である」、『文藝』二〇一八年冬季号、河出書房新社

幸せな戦後の終わり――小松左京氏を悼んで
「知性への信頼と日本への深い愛――小松左京さんを悼む」、毎日新聞、二〇一一年八月一日夕刊

哲学者は自由でいい――梅原猛氏を悼んで
「追悼・梅原猛氏をしのんで」、時事通信、二〇一九年一月一五日配信

5
批評とはなにかⅡ

運営と制作の一致、あるいは等価交換の外部について
「運営と制作の一致、あるいは等価交換の外部について――観光客の哲学の余白に・番外編」、『ゲンロンβ』第三二号、ゲンロン、二〇一八年

本書への再録にあたってはいずれも加筆修正を施した。いくつかの原稿（とりわけゲンロン発行の媒体に発表したもの）は加筆修正が多く、書き下ろしに近いので注意されたい。収録にあたっては初出時のタイトルを変更したものがある。改題したものについては、媒体情報に初出時の表題を併せ示している。＊は、再録にあたって複数の原稿を統合し再構成したものであり、初出が複数にわたっている。＊＊は、初出が韓国語と英語であり、のちに日本語版も発表されているので、三言語の初出を記載した。

編集協力　長田年伸
装丁　川名潤
本文デザイン　LABORATORIES
組版　株式会社キャップス

ゲンロン叢書｜003

テーマパーク化《か》する地球《ちきゅう》

発行日　二〇一九年六月五日　第一刷発行

著者　東浩紀《あずまひろき》

発行者　上田洋子
発行所　株式会社ゲンロン
一四一－〇〇三一　東京都品川区西五反田一－一六－六　イルモンドビル二階
電話：〇三－六四一七－九二三〇　FAX：〇三－六四一七－九二三一
info@genron.co.jp　http://genron.co.jp/

印刷・製本　株式会社シナノパブリッシングプレス

ISBN 978-4-907188-31-3 C0095

小社の刊行物

2019年6月現在

ゲンロン叢書001

新復興論

小松理虔

復興は地域の衰退を加速しただけだった――。震災後、政治的二項対立に引き裂かれた日本で、「課題先進地区・浜通り」から全国に問う、新たな復興のビジョン。第18回大佛次郎論壇賞受賞。

定価2300円＋税

ゲンロン叢書002

新記号論

脳とメディアが出会うとき

石田英敬　東浩紀

洞窟壁画から最新の脳科学までを貫く、白熱の連続講義が待望の書籍化。テクノロジーが生活を規定する現代、人文学はどうあるべきなのか。2人の哲学者が記号論を刷新する、知的冒険の記録。

定価2800円＋税

ゲンロン0

観光客の哲学

東浩紀

ナショナリズムが猛威を振るい、グローバリズムが世界を覆う時代、新しい哲学と政治思想の足がかりはどこにあるのか。著者20年の集大成、渾身の書き下ろし。第71回毎日出版文化賞受賞。

定価2300円＋税

ゲンロン

東浩紀編

かつて、この国には批評があった――。現代日本を批評の命脈に再接続する、新時代の批評誌シリーズ。現代美術論集、ロシア特集も話題。既刊9冊。

定価2300－2400円＋税